U0889757

教育叙事与大学校史研究

——以聊城大学为例

刘冰 著

群言出版社
QUNYAN PRESS
·北京·

图书在版编目（CIP）数据

教育叙事与大学校史研究 ：以聊城大学为例 / 刘冰著. -- 北京 ：群言出版社，2024.3
ISBN 978-7-5193-0933-6

Ⅰ. ①教… Ⅱ. ①刘… Ⅲ. ①高等学校－校史－研究－中国 Ⅳ. ①G649.28

中国国家版本馆 CIP 数据核字（2024）第 067356 号

责任编辑：李 群 张 程
封面设计：麦德森文化传媒

出版发行：群言出版社
地　　址：北京市东城区东厂胡同北巷1号（100006）
网　　址：www.qypublish.com（官网书城）
电子信箱：qunyancbs@126.com
联系电话：010-65267783 65263836
法律顾问：北京法政安邦律师事务所
经　　销：全国新华书店

印　　刷：山东麦德森文化传媒有限公司
版　　次：2024年3月第1版
印　　次：2024年3月第1次印刷
开　　本：710mm×1000mm 1/16
印　　张：14.5
字　　数：240千字
书　　号：978-7-5193-0933-6
定　　价：75.00元

【版权所有，侵权必究】
如有印装质量问题，请与本社发行部联系调换，电话：010-65263836

引　言

有一个著名的公式：成长 = 经验＋反思。没有反思的经验只是过去了的经验，唯有基于反思的经验才能带来观念和行动的改进。通过反思，我们把过去与未来连接了起来。这正是教育叙事的魅力。可以说，个体持续的教育叙事就是一部个人反思史。

一、背景介绍

本书不仅是对历史的记录，更是对大学发展轨迹、文化传统和学术成就的深刻反思。在社会不断发展和大学日益多元化的背景下，大学校史的构建变得尤为关键，涉及历史学、文化学、教育管理和社会认知等多个学科领域。本书旨在通过对聊城大学校史的深入研究，探讨教育叙事在大学校史中的作用和影响，以及其对学校发展的贡献。

二、研究目的

本书旨在通过系统研究大学校史的构建过程，深入探讨在不同文化背景下的校史表达方式及其对大学学术、文化和社会的影响。通过对大学校史的全面分析，旨在更好地理解大学在历史长河中的角色，为其未来的发展提供借鉴和启示。研究旨在深刻理解聊城大学的发展历程、办学理念以及在教育叙事中如何树立和传承学校的核心价值观。通过案例研究，本书力图提供对大学校史研究的新视角，为类似研究提供参考。

三、研究方法

本研究采用了文献综述、案例分析、访谈法等方法，对全球范围内多个大学校史进行了详细考察。通过比较分析，揭示了不同大学校史构建的共性和差异，为制定更科学和系统的校史建构策略提供了理论支持。同时，全面梳理聊城大学的历史发展脉络。通过深入挖掘校史档案和相关文献，结合口述历史，还原聊城大学的发展历程，解读其在不同历史时期的发展战略。

四、全书结构

为了全面探讨上述议题，全书涉及大学校史的理论框架、历史记忆的重构、文化传承的实践、教育叙事在大学校史中的重要性、对未来类似研究的启示等方面。每一章节都有针对性的讨论，以深入剖析大学校史的构建过程及其教育叙事理论对其的深远影响。

大学校史研究作为高校发展过程中教学、科研、育人、社会服务全方位功能的综合展现，是对其历史资料进行科学总结和归纳的过程。自教育部发布关于编写校史的通知以来，众多高校纷纷响应，取得了显著的成就，例如《清华大学九十年》《复旦大学百年志》等校史著作的出版。大学校史研究在全面取得长足进展的同时，面临着资料缺乏和定位模糊的双重困境。一方面，表现在改革开放前史料的严重缺失以及新时期资料的过量导致的信息选择难题，以及图像、音响等非文字资料的稀缺，限制了校史研究成果的多样性和传播力。另一方面，定位问题源于校史研究缺乏明确的自我认识，未能形成系统的理论和方法体系，导致研究成果的推广受限，未能充分发挥其在教育及社会政策中的潜在价值。这些问题的存在不仅使校史工作被边缘化，还限制了其持续发展的可能性，成为需要紧急解决的发展“瓶颈”。

在我国教育领域，特别是在大学校史研究中，教育叙事研究方法日益受到重视。这种方法的倡导者认为，鉴于中国教育环境的复杂多样性，研究者需要跳出常规的研究范畴，探索更加多样化的研究路径，这与国内外人文及社会科学领域的反思性研究相一致。在大学校史研究的过程中，研究人员遇到的学校历史背景、文化传统和地区差异等多样场景，要求他们采用灵活的研究策略以适应这些差异。通过关注大学日常生活的实践、教育活动的具体细节、校园文化的独特性以及教育过程中的人物故事，大学校史研究能够更深入地揭示其独特的教育价值。教育叙事研究深入挖掘大学中个体和集体的教育经验，特别是聚焦于边缘化群体的故事，使得大学校史研究更加接近教育生活的本质。通过自下而上的分享和理解过程，探究教育实践的深层意义，教育叙事研究成为大学校史研究中的一种创新方法。本书探讨教育叙事研究方法在大学校史研究中的应用可能性及其效力，旨在通过这种方法弥补当前研究在理论和方法论上的不足，拓展大学校史研究的理论基础与方法工具，精确捕捉校园生活的多样性与复杂性，从而提升大学校史研究的深度和广度。

目 录

第一部分

理论框架与研究方法

第一章 大学校史研究的理论构建 ························ 2

第一节 大学校史研究的概念与意义 ························ 2

第二节 大学校史构建的挑战与机遇 ························ 11

第三节 传统方法与新时代趋势 ························ 20

第二章 教育叙事理论与大学校史研究的交融 ·········· 33

第一节 教育叙事的理论基石 ························ 33

第二节 教育叙事理论的实践探索和研究方法 ·········· 37

第三节 教育叙事与校史档案的交织 ························ 42

第二部分

地方性大学校史的教育叙事分析

第三章 地方性大学校史叙事内容的构建 ················ 48

第一节 教育政策变迁与大学发展的关系 ················ 48

第二节　重要事件对大学发展的影响 …………………… 60
第三节　校史人物故事的挖掘与呈现 …………………… 70
第四节　教育叙事在校园文化建构中的作用 ……………… 79
第四章　教育叙事结合校史研究的结构与策略 ………… 87
第一节　地方性大学历史叙事的结构特点 ……………… 87
第二节　叙事策略在校史研究中的运用 ………………… 102

第三部分

地方性大学案例研究

第五章　奋进在鲁西大地上的聊城大学 …………………… 112
第一节　随风而来，扎根鲁西 ………………………… 112
第二节　根植鲁西，服务社会 ………………………… 117
第三节　办学理念的发展 …………………………… 128
第六章　校友视角下的教育叙事 ………………………… 176
第一节　口述历史的方法与应用 ……………………… 176
第二节　校友角色在校史中的体现 …………………… 198
第三节　教育叙事与身份认同 ………………………… 203

第四部分

综合分析与展望

第七章　综合分析与研究展望——地方大学转型发展之路
…………………………………………………………… 212
第一节　教育叙事引领明确“转什么” ………………… 213
第二节　教育叙事引领谋划“如何转” ………………… 216
第三节　局限性与未来展望 …………………………… 222

第一部分

理论框架与研究方法

第一章　大学校史研究的理论构建

第一节　大学校史研究的概念与意义

高校校史是地方史和教育史的重要组成部分，是高校校园文化建设的重要内容，具有“留史、资政、育人”的重要作用。一所大学的成果与声望、办学风格与校园文化，与它的历史是分不开的，大学校史是大学传统的积淀、大学精神的承载、大学文化的映照。一部科学、真实、系统的校史，记载着学校创建、发展、壮大的历程，是大学办学特色和大学精神的重要体现，对创建高水平大学具有重要指导意义。

一、大学校史的概念与其研究的内在价值

（一）大学校史的概念

校史是对一所学校发展轨迹的真实记录，是记录学校建立发展和变迁过程的文献资料。大学校史是对某所大学历史事件的记录，更是高等教育发展的一个缩影，反映了社会、文化、经济和政治变迁对高等教育的影响。从中世纪欧洲的大学诞生开始，到现代全球化背景下的国际教育交流，大学扮演着至关重要的角色。作为创造和传播知识的重要场所，大学历史研究揭示了知识跨越时空被保存、传承和创新的历程。从古代学府到现代大学，不同时期的教育理念、学术传统和文化价值观，都在知识传承中扮演了不可替代的角色。因此，对大学校史的研究不仅是回顾历史，更是对知识传承和文化积淀的深刻理解。

在探究大学校史的深远意义之前，我们首先需要理解其基本概念。高校校史不仅是对一系列年代久远的事件、人物或建筑的简单记录，也是一个学校在教学、科研、育人和社会服务等多个方面的综合展现。这一概念的核心更是在于校史不只是对过去的记忆，也是对未来的启示和指引。大学校史详细记载了大学的创立、演变、重要事件、学术成就以及与社会的互动关系。它不仅包括时间线上的重要节点，如创校、重大改革、校园扩张等，也包括校园文化、传统、学术思想及其变迁。大学校史是连接过去与现在的桥梁，为未来的发展提供参照和启示。

大学校史是学术传统和教育理念传承的载体。通过研究历史，我们可以了解学术界如何应对过去的挑战，这对当前和未来的教育实践具有重要的启发作用。大学作为知识的殿堂，在历史上常常是社会变革的先驱或反应器。研究大学校史有助于我们理解社会、政治、经济等外部因素是如何影响高等教育走向的。大学校史不仅是一所学校的历史，它也是一种文化和身份的体现。校史中的传统、象征、仪式等，都是构成校园文化和学术身份的重要元素。大学校史中的重大发现、学术成就和创新行为，激励着学者和学生追求卓越的思想。它们是未来研究和探索的灵感源泉。了解大学的成长和演变历程，对于制定教育政策、进行学校管理和规划具有重要的参考价值。它帮助管理者避免重复过去的错误，并以此借鉴成功经验。

大学校史不仅是一系列历史事件的简单叙述，也是一所大学精神、文化和学术传统的体现。通过研究和理解大学校史，我们能够更深刻地认识到高等教育在社会历史发展中的作用和价值，同时为未来的教育创新和发展提供丰富的资源和灵感。随着社会的不断进步和变迁，大学校史作为一个动态的、生动的历史记录，继续在高等教育领域扮演着不可或缺的角色。

校史研究的目的在于通过对学校发展历程中形成的各种资料的科学总结和归纳，探寻其办学过程中的发展规律，吸纳其经验教训。这一过程不仅对学校现阶段的发展提供借鉴，也为其未来发展筹划蓝图。通过这种方式，校史成为一种强大的工具，帮助学校在变革的时代中稳定发展，同时保持其独特的文化和传统。

（二）大学校史研究的内在价值

“大学记忆”是校史研究中的一个核心概念，它指的是一个大学在其长期发展过程中积累的集体记忆和经验。这些记忆和经验不仅构成了大学的独特文化和身份，而且对学生、教职工以及校友产生深远影响。

校史研究通过挖掘和弘扬这些“大学记忆”，不仅增强了校园社区的凝聚力和归属感，还有助于形成一种共同的认同感。它们成为一种不可或缺的教育资源，能够在教育过程中传达价值观、启发思考和激发灵感。

高等学校校史研究，应遵循以下原则：第一，尊重历史，实事求是。第二，坚持标准与具体问题具体分析的统一，应考虑有利于高等学校声誉的提高，有利于吸引生源，有利于提高学校的凝聚力。第三，应强调整体继承性原则，综合考虑学校整体的继承关系，而非个别因素的继承关系。第四，考察关键因素原则，在追溯高等学校校史的各因素中，主要考虑学校的核心因素，而非学校的次要因素。教师、学生和培养目标（包括学校性质和办学层次）是学校的核心因素。第五，对争议性大的问题留有余地，暂时不做结论，留待以后解决。

1. 大学发展的历史见证

大学作为一个历史悠久的社会机构，其发展历程本身就是对社会变迁、知识进步和文化演变的历史见证。每一所大学的建立和发展，都承载着特定时期人们追求知识和真理的使命与梦想。通过校史研究，不仅可以回顾和纪念大学在不同历史阶段所做出的贡献和经历的挑战，还可以从中吸取经验、启发未来，为大学的持续发展提供宝贵的参考。

“大学记忆”构成了大学文化的核心，是维系校园传统、增强身份认同感、记录和传承大学发展历程的重要载体。通过对这些记忆的挖掘、保存和传播，不仅可以加深对大学历史和文化的理解，更能够激发校园社区成员对于大学精神的认同和对未来的期待。

复旦大学的“百日誓”是指学生在毕业前 100 天的集体誓言活动，旨在回顾大学生涯，展望未来生活。通过集体誓言，鼓励学生反思大学生活，明确未来目标。“百日誓”成为学生情感寄托的重要时刻，增强了学生间的凝聚力。这一活动不仅是个人成长的标志，也是学校文化和传统的传承。参与“百日誓”加深了学生对自己作为复旦一员的认同感；促进了复旦精神和文化的持续传承，加深了学生对学校历史和价值观的理解；激发学生对未来的期待和梦想，为他们走向社会和职场生活提供动力。

由此可见，“大学记忆”在维系校园传统、增强身份认同感、记录和传承大学发展历程中的重要作用。这些传统不仅加深了学生对大学历史和文化的理解，更激发了校园社区成员对大学精神的认同和对未来的期待。未来，大学应继续挖掘、保存和传播这些宝贵的记忆，以促进文化的持续发展和创新。

2. 校园传统与文化的维系

“大学记忆”中一个重要的方面是校园传统与文化的维持和传承。校园传统和文化不仅构成了大学独特的身份和特色，也是连接过去与现在、老一辈与新一辈学子的桥梁。这些传统和文化表现为各种形式，包括开学典礼、毕业典礼、学术讲座、文化节等活动，以及校歌、校徽等象征。它们激发了学生和教职工对大学的归属感和荣誉感，同时是大学对外展示自身价值和理念的重要途径。

比如，美国哈佛大学的“毕业典礼”。哈佛大学的毕业典礼是世界上最为著名的大学传统活动之一，其特有的仪式和庆祝活动不仅是学生学术生活的高潮，也是哈佛文化传承的重要组成部分。其传统特点是历史悠久、社区参与，充满文化象征，毕业典礼的许多元素，如学术服饰的佩戴、特定的进行曲和毕业誓言，都有着数百年的历史；全校师生及校友参与其中，共同庆祝学生的成就，强化了哈佛的凝聚力；典礼中的许多环节象征着学术成就、个人成长和对未来的期许。其产生了重大的作用与影响，增强了身份认同感，通过参与这一传统活动，学生、教职员工及校友的哈佛身份认同感得到了加强。促进了文化传承，毕业典礼作为一种重要的文化活动，成为传承哈佛精神和价值观的载体。

中国的清华大学“园庆日”亦是如此。清华大学每年的“园庆日”是学校最重要的校庆活动之一，旨在庆祝学校的创立和发展。在这一天，学校会举行各种活动，包括文艺演出、学术讲座、校园开放等。园庆日活动展示了清华的学术成就、艺术才华和社会贡献，为校友提供了返校参观、交流的机会，加强了校友之间以及校友与学校的联系以及师生、校友对清华文化和精神的认同。园庆日也是展望学校未来发展的重要时刻，通过各种活动激发学生和教职员工对未来的期待和梦想，促进了学校历史和文化的延续。

3. 身份认同感的统一

大学校史作为记录大学发展历程的宝贵财富，对于加强学术共同体意识具有重要的作用。首先，大学校史能够促进学术传统的传承。大学校史详细记录了大学的创立、演变和重要学术成就，这些历史素材是大学学术传统的体现。通过对校史的学习和研究，可以传承和弘扬大学的学术传统，增强学术共同体成员的归属感和荣誉感。其次，大学校史能够促进学术文化塑造。大学校史中蕴含的大学精神、学术理念和文化特色，是塑造学术文化的重要资源。这种学术文化对于学术共同体意识的形成具有重要影响，能够激发学术共同体成员的学术热情和创新精神。最后，大学校史能够促进学术规范的强化。大学校史中记录的学术规范和学术道德传统，是学术共同体成员必须遵守的行为准则。通过对校史的学习和研究，可以强化学术共同体成员的学术规范意识，促进学术研究的规范化和科学化。

可见，大学校史在提升学术共同体意识方面具有重要的作用。通过对校史的传承和学习，可以弘扬大学的学术传统和文化特色，塑造独特的学术文化，强化学术规范意识，进而推动学术研究的深入发展和创新。因此，各大学院校应充分重视校史在学术共同体建设中的作用，通过加强校史传承和教育、完善学术规范和道德建设等措施，不断提升学术共同体意识，为学术研究的繁荣和发展贡献力量。

以英国牛津大学为例，该校通过校史的传承和学习，成功地加强了学术共同体意识。牛津大学作为世界著名学府之一，拥有悠久的历史和深厚的学术积淀。该校在学术共同体建设方面采取了以下措施：首先，牛津大学注重校史的传承和教育，通过开设校史课程、举办校史讲座等活动，让师生们深入了解学校的学术传统和文化特色。这有助于增强师生们的学术共同体意识，激发他们对学术研究的热情。其次，牛津大学在校史中明确记录了学术规范和学术道德传统，要求师生们严格遵守。再次，该校还设立了专门的学术道德委员会，负责监督和处理学术不端行为，确保学术研究的公正性和科学性。最后，牛津大学鼓励不同学科领域的学者和研究人员开展交流与合作，以促进学术创新和发展。这种跨学科的合作与交流有助于形成更加开放和包容的学术共同体意识，推动学科之间的交叉融合和共同发展。通过以上措施的实践，牛津大学成功地加强了学术共同体意识，形成了独具特色的学术氛围和文化传统。这不仅为该校的学术研究提供了有力的支撑和保障，也为其他大学在学术共同体建设方面提供了宝贵的经验和借鉴。

大学记忆是构成大学文化的核心元素，它通过不断的回顾和传承，形成了一种共同的文化记忆。这种记忆不仅是对过去的回忆，更是一种持续影响着大学社群成员情感和行为的力量。身份认同感的形成，是在个体与这种共同记忆的互动中逐渐建立起来的，其中包括了对大学精神的理解、对校园文化的归属感，以及对未来的共同期待。而其形成机制的关键要素主要有：情感共鸣——大学记忆能够激发成员的情感共鸣，这种情感联结是形成身份认同感的基础。通过参与校园传统活动、纪念仪式等，成员们共享经历，形成强烈的情感纽带。价值观共识——大学记忆中蕴含的价值观和理念，如学术自由、创新精神、社会责任等，成为社群成员认同的核心。这些价值观的共识加强了个体与集体之间的联系。社群互动——大学记忆在社群中进行传承和分享，通过互动交流，个体的经历与集体记忆相融合，加深了个体对大学文化的认同和内化。象征意义——校园中的物理空间、建筑、纪念碑等，作为大学记忆的象征载体，强化了个体对大学历史和文化的认同。这些象征物不仅是记忆的容器，也是身份认同的标志。身份认同感的形成要经历四个阶段，首先是认识阶段，新成员通过参与入学仪式、历史讲座等，开始了解大学的历史、文化和价值观，逐渐形成对大学的初步认同。其次是参与阶段，通过参与校园活动、社团组织和公共事务，个体开始在实践中体验大学文化，加深对大学精神的理解和认同。再次是内化阶段，随着时间的推移，大学记忆和文化逐渐被个体内化，形成深刻的情感连接和价值观共识，身份认同感在这一过程中得到加强和巩固。最后是传承阶段，成员不仅自我认同为大学的一部分，还开始积极参与到记忆的传承和文化的创新中，为后来的成员提供了模范，形成了持续的身份认同循环。

大学记忆的力量还体现在它能够增强个体对自己身份的认同。大学不仅是知识和学问的殿堂，也是学生社会化、形成独立个体身份的重要场所。通过参与学术活动、社会实践和校园生活，学生们不仅积累知识和技能，更重要的是学会如何作为一个有社会责任感的公民和专业人士在社会中定位自己。这种身份认同的形成，是大学教育对个人发展不可或缺的贡献。

比如牛津大学有一个独特的传统，即新生入学时写一封信描述自己的目标和期待，然后在毕业前重新阅读这封信。其具有以下特点：第一，促进个人反思，这一传统鼓励学生在大学生涯开始时设定个人目标，并在结束时进行反思。第二，加强情感联系，这封信成为学生与大学经历之间情感纽带的象征，增强了对大学文化的归属感。第三，激励未来，重新阅读信件的过程，激发了毕业生对未来的思考和期待，强化了学生与牛津大学之间的深厚联系，加深了他们对大学文化的认同。

武汉大学因其校园内盛开的樱花而闻名，每年春季的樱花节成为吸引校内外游客的重要活动。樱花节不仅是欣赏自然美景的时刻，也是体验和传承武汉大学文化的重要机会。学校在樱花节期间对外开放，鼓励社会各界人士参与，促进了校园文化的对外传播。除了观赏樱花，还会举办各种文化、艺术和学术活动，展现学校的学术氛围和文化深度。樱花节已成为武汉大学校园文化的一大标志，增强了人们对武汉大学独特文化的认识和记忆。通过对外开放和文化交流，樱花节加深了学校与社会的联系，提升了学校的社会影响力，也激发了师生和校友对校园的情感依恋，增强了他们对学校的归属感和认同感。

大学记忆在身份认同感的形成中扮演着关键角色。它通过情感共鸣、价值观共识、社群互动和象征意义等要素，促进了个体与大学文化的深度连接。这种连接不仅增强了大学社群成员的归属感和认同感，也为大学文化的持续发展和传承提供了动力。因此，大学应重视记忆的挖掘、保存和传播，通过构建更多共享的文化经历，进一步加深社群成员之间的情感联系和价值观共识，促进身份认同感的形成和加强。

4. 学校品牌的影响

学校品牌形象，作为一所大学在公众心目中的综合印象和感知，是其核心竞争力的重要组成部分。校史研究作为对大学发展历程的深入挖掘和整理，与品牌形象构建有着密切的关联。

一方面，校史研究为大学品牌形象提供了丰富的历史素材和文化底蕴；另一方面，品牌形象的建设也需要借助校史研究的成果，传承和弘扬大学的优秀传统和文化精神。通过对大学历史的深入挖掘和整理，校史研究能够展现出一所大学独特的学术传统、教育理念和文化特色。这些历史素材和文化底蕴是构成品牌形象的重要组成部分，能够为公众提供独特的认知体验和情感共鸣。而品牌形象的建设需要借助校史研究的成果，传承和弘扬大学的优秀传统和文化精神。校史研究中蕴含的大学精神、学术传统和文化价值观等，是塑造品牌形象的重要资源。通过传承和弘扬这些优秀传统和文化精神，大学能够形成具有独特魅力和竞争力的品牌形象，提升公众对学校的认同感和归属感。此外校史研究还可以为品牌形象构建提供策略指导。通过对大学历史的深入研究和分析，校史研究能够揭示出大学在不同历史时期的学校品牌形象特点和变化趋势。这为大学在当前的品牌形象构建过程中提供了宝贵的经验和教训，有助于制定更加科学、合理的品牌形象建设策略。

二、大学校史研究的发展历程

校史研究的历史悠久，它的发展可以追溯到高等教育机构的形成之初。最初，这些研究主要聚焦于重大事件的记录和杰出人物的传记。然而，随着时间的推移，学者们开始意识到，高校校史不仅是单一事件或人物的集合，更是一个动态发展、不断演变的过程。在现代，校史研究已经变得更加系统和全面。学者们开始关注高校如何在不同历史时期适应社会变化，如何在教育和科研方面作出贡献，以及它们是如何塑造和被社会文化塑造的。校史研究不再局限于校园内部的事件，而是扩展到了高校与社会、文化、政治和经济等多个领域的相互作用。

高校校史研究的核心目的在于探索学校的发展规律，吸纳并总结过去的经验教训，为学校的现阶段及未来发展提供参考和借鉴。在这个过程中，研究者不仅需要关注学校的历史事件，还需要对这些事件背后的原因和结果进行深入分析。高等教育机构的基本使命可以概括为两个方面：人才培养和科学研究。人才培养涉及教育的基本规律，包括教育的外部规律（即教育与社会的经济、政治、文化的相互作用）和内部规律（即教育目标与学生身心发展之间的关系）。科学研究则主要围绕服务社会和文化传承、创新展开。因此，在校史研究中，不仅要总结和探索学校在教学改革、学科发展、专业设置等方面的经验，还需要分析这些变化如何适应和影响社会的发展。

（一）初始阶段：收集与记录

大学校史的研究在早期主要集中于收集与记录大学的历史资料。这一阶段，研究者的主要目标是尽可能多地搜集历史文献、档案记录和口述历史，以保证大学历史的完整性和准确性。这些早期的工作为后续的研究提供了宝贵的基础资料。

在方法论上，早期对校史的研究多依赖于文献研究和档案调查，注重事实的搜集和记录，而缺乏深入的分析和理论构建。因此，尽管积累了大量的历史资料，但早期的校史研究成果多停留在表面的叙述和编年史的层面。

（二）发展阶段：系统化研究

随着高等教育研究领域的发展，校史研究开始进入系统化研究的新阶段。研究者开始关注校史研究的理论构建，试图通过分析大学发展的内在逻辑和外部影响因素，揭示大学发展的规律和特点。

这一阶段，校史研究的方法论也发生了重大变革。除继续强调文献资料的重要性外，研究者开始采用更为复杂的分析方法，如定量分析、比较研究等，以期达到更深入的理解和解释。

（三）当代阶段：跨学科融合

进入 21 世纪，随着科技的发展和学科交叉的加深，校史研究开始展现出跨学科融合的新趋势。研究者不仅关注大学自身的发展，还试图从社会、经济、文化等多维度探索大学与社会的互动关系。

在这一阶段，新兴技术的应用为校史研究提供了新的可能。例如，数字人文学的方法能够帮助研究者更有效地管理和分析大量的历史数据，社会网络分析则能揭示历史上大学内部和外部的关系网络。

简而言之，大学校史的研究，作为高等教育历史研究的一个重要分支，经历了从简单的收集与记录到系统化研究再到跨学科融合的发展历程。这一过程不仅见证了高等教育研究方法论的不断进步，也反映了学术界对大学历史研究价值认识的深化。在早期阶段，校史研究主要集中于资料的搜集与整理，目的在于保存知识和传统。随着时间的推进，研究者开始关注系统化地分析这些资料，以探究大学发展的内在规律和特有的社会功能。到了近年来，随着跨学科研究方法的兴起，校史研究开始融合社会学、经济学、管理学等多个学科的理论与方法，以期从更宽广的视角深入理解大学的历史发展及其在社会变迁中的角色。在未来，随着科技的发展和社会变革的加速，校史研究将面临更多的挑战和机遇，需要研究者不断探索新的研究方法和视角。

第二节　大学校史构建的挑战与机遇

在未来，随着科技的飞速发展和社会变革的加速，校史研究将面临更多前所未有的挑战与机遇。这要求研究者不断探索和尝试新的研究方法和视角，以适应这一变化趋势。例如，数字化技术的进步为校史资料的保存和分析提供了新的可能，同时也提出了数据真实性和安全性新的要求。此外，全球化背景下，国际合作与交流为校史研究提供了更为广阔的平台和视野，也带来了文化差异和合作机制等方面的挑战。

哈佛大学作为美国最古老的高等教育机构之一，其校史研究不仅涵盖了该校学术传统和教育理念的发展，还包括了教育模式和研究方法的不断创新。哈佛在面对 21 世纪教育需求和技术变革时，成功地将其悠久的教育传统与创新技术相结合。例如，通过在线教育平台的推出，哈佛扩大了其教育的影响力，同时保持了教育质量的高标准。哈佛采取了包容性策略，通过跨学科合作，将技术创新融入教育和研究中，提高了校史研究的效率和影响力。这种策略不仅加强了哈佛在全球教育领域的领导地位，也为其他高等教育机构提供了将传统与创新结合的模范。哈佛大学的案例展示了高等教育机构如何通过融合传统与创新，应对快速变化的社会和技术挑战，为校史研究提供了新的视角和方法。

而作为中国最早的现代高等教育机构之一，北京大学在校史研究中展现了其在文化传承和全球视野构建中的独特地位。面对全球化的挑战，北京大学成功地将中国传统文化与现代教育理念相结合，推动了中西文化的交流和融合。通过建立多个国际合作项目和研究中心，北京大学不仅强化了自身在全球教育领域的影响力，也促进了文化的多元化交流和理解。这种策略加强了北京大学在国际化进程中的领导地位，同时为其他高等教育机构提供了如何在全球化背景下进行文化传承和创新的参考。北京大学的案例强调了高等教育机构在全球化背景下，如何平衡本土文化传承和国际化发展的重要性，为校史研究提供了重要的比较视角。

通过对美国哈佛大学和中国北京大学两个案例的分析，我们可以看到尽管这两所学校处在不同的文化和社会环境中，它们都成功地通过融合传统和创新来应对当代教育的挑战。这两个案例共同强调了高等教育机构在快速变化的全球环境中，对于创新和适应性的重要性。同时，它们也展示了文化因素在教育创新和传承中的关键作用，提供了丰富的启示和思考角度给未来的校史研究。对于未来校史研究，探索不同高等教育机构适应社会变革和技术进步的策略，以及它们在全球教育资源共享方面的贡献，将是一个重要的研究方向。此外，研究也应关注教育机构如何在保持自身文化特色和传统的同时，拥抱全球化和科技创新的挑战。

大学校史研究的方法论传统上依赖于文献回顾、档案研究、口述历史以及案例研究等。这些方法为理解大学的历史发展提供了坚实的基础，但随着技术的发展和社会变化的加速，这些传统方法面临着一系列挑战，比如数据获取限制，传统档案和文献资料的获取往往受限于地理位置和物理状态，这限制了研究的广度和深度；分析效率低下，手动处理大量历史资料耗时且效率低下，难以应对信息量日益增加的挑战；跨学科整合困难，传统方法论在整合跨学科视角和方法时面临挑战，限制了研究的创新性和全面性。

研究者针对上述挑战，提出并探讨新方法论的可能性及其应用，旨在通过技术创新和跨学科合作，提高研究的效率、深度和广度。比如数字化档案与数据挖掘，利用数字化技术将传统档案资料转化为数字格式，不仅可以突破物理和地理限制，还可以通过数据挖掘技术，高效地处理和分析大量数据。通过扫描和 OCR 技术，将纸质档案转化为可搜索的数字格式，便于远程访问和分析。利用自然语言处理技术对历史文档进行内容分析，识别主题趋势、构建知识图谱等。通过分析历史人物的通信记录和社交网络，深入理解学术社群的形成和影响。跨学科方法的融合，结合社会学、经济学、管理学等学科的理论和方法，为校史研究提供新的视角和分析工具。采用跨学科视角，深入分析大学发展中的关键事件，揭示其背后的社会、经济、文化动因。构建模型模拟大学发展的长期趋势和政策影响，评估不同决策路径的可能后果。比较历史研究方法，通过比较不同国家和时期的大学发展，揭示高等教育发展的共性规律和地域特色。鼓励国际间的研究合作，共享数据和研究成果，提高研究的全球视野。对现有的校史研究进行系统性回顾和分析，识别研究趋势和知识空白，指导未来研究方向。

尽管新方法论提供了诸多优势，但也存在局限性，如数字化资料的真实性和完整性问题、跨学科研究的协作挑战等。解决这些问题需要从以下几个方面着手：在质量控制与标准化方面，建立严格的数字化资料质量控制流程，发展统一的数据格式和标准。在技术和方法培训上，提高研究人员在新技术和跨学科方法上的能力，通过研讨会、工作坊等形式促进知识共享。同时促进跨学科交流，建立跨学科研究平台，鼓励不同学科背景的研究者合作，共同探索新的研究问题和方法。

总而言之，虽然当前的校史研究方法论面临诸多挑战，但通过引入新技术和跨学科合作，我们有机会极大地提高研究的质量和影响力。未来的研究需要在维护学术严谨性的同时，勇于创新，不断探索适应时代发展的新方法论。

一、多元文化背景下的校史表达

在全球化和信息时代的背景下，高校校史研究面临着前所未有的挑战和机遇。多元文化的融合给校史的表达和理解带来了新的视角和内容。学校历史不再局限于单一的文化或国家观点，而是融入了更广泛的国际和跨文化背景。

校史研究需要适应这种多元文化的背景，理解和尊重不同文化对教育的影响。这不仅能够帮助学校更好地适应全球化的趋势，而且能够吸引来自不同背景的学生和教职工，促进校园内的多元文化交流和理解。

（一）文化多样性的反映

在全球化的背景下，大学成为文化多样性的微缩模型，校园内汇聚了来自不同国家、民族和文化背景的师生。这种多元文化背景为校史的编纂和表达带来了挑战，如何公正地反映各个文化群体的贡献和价值，成为校史编纂者需要面对的问题。同时，这也为校史的丰富性和包容性提供了机遇，通过校史的表达，可以展示大学文化的多样性和开放性。

（二）校史编纂中的文化敏感性

在校史的编纂过程中，需要特别注意文化敏感性，避免文化偏见。这要求编纂者具备高度的文化意识和敏感度，能够理解和尊重不同文化背景下的价值观和行为习惯。例如，对于某些文化或历史事件的描述，需要细致考虑用词和表述方式，确保读者不对任何文化群体造成误解或冒犯。

（三）多元文化融合的机遇

多元文化背景为校史的构建提供了丰富的素材和视角，这是一大机遇。通过展示不同文化背景下师生的故事，老师的贡献及师生相互作用，可以增强校史的吸引力和阅读价值。同时，这也有助于推动校园内的文化交流和融合，促进校园文化的多样性和包容性发展。

二、校史建构的时空分析

（一）时空分析的概念

校史建构的另一个关键方面是时空分析。不同历史时期的社会和文化环境对学校的发展产生了不同的影响。通过对不同时期校史的深入研究，可以揭示学校如何适应并影响其所处的社会和文化环境。

例如，校史研究可以探讨学校在不同历史时期如何调整其教育目标和方法，以适应社会的需求。这种时空分析不仅有助于理解学校历史的连续性和变化，而且为未来的发展提供了宝贵的经验和启示。

1. 时间线的构建与解析

校史建构不仅需要考虑文化因素，还需进行详尽的时空分析。构建清晰的时间线，对于理解大学发展的脉络至关重要。这不仅包括大学的重大事件和发展阶段，还应包括那些影响或反映大学精神和价值观演变的关键时刻。时间线的解析有助于揭示大学适应社会变迁、科技进步和教育理念更新的过程。

大学，作为知识的殿堂和文化的传承者，其历史是一部波澜壮阔的史诗。校史建构，不仅是对过去的回顾，更是对未来的展望。在这其中，时间线的构建与解析扮演着举足轻重的角色。它如同一条红线，串联起大学发展的点点滴滴，勾勒出大学精神的演变轨迹。构建清晰的时间线，是理解大学发展脉络的基础。从大学的创立之初，到各个历史阶段的重大事件，再到当下的辉煌成就，每一个节点都是大学历史的重要组成部分。这些节点不仅记录了大学的发展历程，更反映了大学在不同历史时期的特色和风貌。通过梳理这些节点，我们可以清晰地看到大学是如何在时间的洪流中不断成长、壮大的。然而，时间线的构建并非简单的罗列事件。它还需要我们深入挖掘那些影响或反映大学精神和价值观演变的关键时刻。这些时刻，或许是大学在困境中的坚守与奋斗，或许是大学在变革中的创新与突破。它们不仅是大学历史的闪光点，更是大学精神的体现。通过解析这些关键时刻，我们可以更深入地理解大学的内涵和特质，感受大学文化的独特魅力。

时间线的解析，有助于我们揭示大学适应社会变迁、科技进步和教育理念更新的过程。随着社会的发展和科技的进步，大学也在不断地调整自己的发展方向和办学理念。从传统的以教学为主，到如今的产学研结合、国际化办学，大学的角色和功能在不断地丰富和拓展。这些变化，都在时间线上留下了深刻的印记。通过解析这些变化，我们可以看到大学是如何紧跟时代的步伐，不断适应社会的需求，为国家的繁荣和发展贡献自己的力量。

此外，时间线的构建与解析还有助于我们从中汲取智慧和力量。大学的历史，是一部充满智慧和勇气的历史。在大学的发展历程中，无数的前辈们用他们的智慧和汗水，为大学的发展奠定了坚实的基础。他们的故事和精神，是我们宝贵的精神财富。通过学习和传承这些精神财富，我们可以更好地面对未来的挑战和机遇，为大学的发展贡献自己的力量。

总之，时间线的构建与解析是理解大学校史脉络与变迁的重要途径。它不仅能够帮助我们清晰地看到大学的发展历程和特色风貌，更能够揭示大学适应社会变迁、科技进步和教育理念更新的过程。在未来的日子里，让我们继续沿着这条时间线前行，不断书写大学新的辉煌篇章。

2. 空间维度的校园发展史

空间维度是校史建构中的另一个重要方面。校园的地理位置、建筑风格、布局变化等，都是校史的重要组成部分。这些空间元素不仅反映了大学的物理发展，也象征着大学文化和精神的演变。通过分析校园空间的发展史，可以更好地理解大学如何与其所处的社会和自然环境互动。

校园的地理位置是大学空间发展的起点。每一所大学在创立之初，都会选择一个与其使命和理念相契合的地理位置。这个位置可能依山傍水，风景秀丽，为师生提供一个宁静的学术环境；也可能位于城市的中心地带，与社会的脉搏紧密相连，便于大学与社会的互动和交流。无论是哪种选择，地理位置都是大学发展不可或缺的基石。随着大学的发展，建筑风格也逐渐成为校园空间的重要元素。从古朴典雅的中式建筑，到现代简约的西式建筑，再到融合中西元素的独特风格，建筑风格的变化不仅反映了时代的变迁，更展现了大学对于学术和文化的追求。这些建筑不仅是师生们学习、生活的场所，更是大学文化和精神的象征。它们见证了大学的历史变迁，也承载着大学的未来期望。

布局规划的变化则是校园空间发展的又一重要方面。随着大学规模的不断扩大和功能的日益完善，校园布局也在不断地调整和优化。从最初的简单分区，到后来的功能化布局，再到如今的生态化、人性化设计，布局规划的变化不仅提高了校园的使用效率，更提升了师生的生活品质。这些变化反映了大学对于教育理念的更新和对于师生需求的关注，也体现了大学在适应社会变迁中的灵活与智慧。

校园空间的发展史，实际上是大学物理与文化双重演变的印记。在这个过程中，大学不仅与自然环境形成了和谐共生的关系，更与社会环境保持着密切的互动。通过合理规划校园空间，大学不仅为学生提供了一个良好的学习和生活环境，更为社会的发展和进步做出了积极的贡献。

3. 历史节点与转折点的分析

校史的编纂还需要关注历史的节点和转折点。这些节点和转折点往往标志着大学发展过程中的重要变化，如学科设置的调整、管理体制的改革、重大科研成果的取得等。深入分析这些节点和转折点，不仅能够展示大学发展的动态过程，也能够反映大学应对内外挑战、把握发展机遇的能力和智慧。

大学校史构建的挑战与机遇并存，需要编纂者具备广阔的视野、深厚的文化敏感度和严谨的分析能力。通过综合考虑多元文化背景和时空分析，可以构建出既真实又深刻的大学校史，为后来者提供宝贵的知识和启示。

在探索大学校史的构建过程中，转折点历史事件的影响评估显得尤为重要，这不仅因为这些事件本身往往标志着大学发展的重要阶段，也因为它们在多元文化背景和时空维度上对大学的长远影响。具体而言，转折点历史事件，如改革开放后的高等教育政策变革、科技革命以及全球化进程，不仅重新定义了大学的教育理念和学科建设，也重新塑造了大学在国际合作和文化多元化中的角色。例如，改革开放初期的政策变革为大学提供了前所未有的发展机遇，使得大学能够在教育质量、学科建设及国际合作等方面取得显著进步；科技革命引导大学研究方向的调整，不仅加强了大学的科研能力，也提升了其学术地位和社会服务能力；全球化带来的挑战与机遇促使大学深化国际学术合作，推动文化多元化的发展。通过综合考虑这些转折点事件在时间序列和空间分析上的影响，我们可以更全面地理解这些事件如何交织在大学的历史发展中，不仅影响着大学的内部构成，如教育理念的演变、学科建设的优化，还影响着大学与外部世界的互动，如国际合作的扩展、文化多元化的融合。这种时空分析方法的应用，要求编纂者不仅要有广阔的视野，深入地理解历史事件本身及其背后的文化和社会因素，还要具备严谨的分析能力，能够在大量的历史资料中甄别、整合和分析信息，从而构建出既真实又深刻的大学校史。此外，数字化技术的发展为转折点历史的影响评估提供了新的工具和方法，如大数据分析可以处理和分析大量的历史资料，人工智能技术在文本分析和图像识别上的应用可以帮助编纂者更高效地整理和分类资料，云计算和协作平台的使用则使跨地域、跨学科的合作成为可能。尽管面临信息全面性和准确性、文化敏感度以及分析深度和广度等挑战，但通过综合应用时空分析方法和数字化技术，大学校史的编纂工作能够更加全面地反映大学在不同历史阶段的发展轨迹，为未来大学的发展提供宝贵的经验和启示。

（二）时空分析方法在大学校史编纂中的应用

在大学校史的构建中，时空分析方法提供了一种独特的视角，帮助编纂者深入理解大学发展的历史背景、文化内涵和社会影响。通过时空分析，编纂者不仅能够跨越时间的界限回顾历史，还能够穿梭于不同的地理、文化空间，从而构建出既真实又深刻的大学校史。以下内容将探讨时空分析方法在大学校史编纂中的应用。

时空分析是一种综合考虑时间和空间两个维度的分析方法。在大学校史的编纂中，这种方法特别强调：时间维度——关注大学发展的各个阶段，重要事件的时间序列，以及这些事件和阶段如何相互作用、影响大学的长期发展。空间维度——考虑大学在物理空间（如校园地理位置、建筑布局）和文化空间（如学术传统、社会关系）中的位置和变化。

时空分析的应用主要分为三种：时间序列分析、空间分析、多元文化背景下的综合分析。时间序列分析关注大学历史上的关键时间节点，如重大事件、转型期、政策变化等。编纂者可以通过详细记录这些节点，分析其对大学发展的影响，构建出一个动态发展的历史轨迹。空间分析强调大学在不同历史时期所处的地理和文化空间的变化，以及这些空间变化对大学发展的影响。比如探讨某大学校园扩建过程中，如何平衡历史遗产保护与现代教育需求，以及这一过程对学校文化和身份认同的影响。在全球化背景下，大学校史编纂需考虑到学校所处的多元文化环境及其变迁。这要求编纂者不仅关注学校自身的发展，也要考虑到全球教育趋势、国际合作以及文化交流对学校发展的影响。比如分析改革开放后，中国著名大学如何通过国际合作项目和学者交流，引入国际先进的教学理念和研究方法，促进学术创新和文化多元化。

随着时间的推移，时空分析也面临着新的机遇与挑战。比如信息的全面性和准确性——收集和分析大量历史资料的挑战，特别是在考虑到时空变化时，如何确保信息的全面性和准确性成为关键。文化敏感度：在多元文化背景下，如何准确理解和表达不同文化背景下的事件和现象，需要高度的文化敏感度和理解力。分析的深度和广度：时空分析要求编纂者既要深入每个时间节点和空间背景的具体细节，又要把握整体的发展脉络，这对编纂者的分析能力提出了挑战。但也带来了技术支持：数字化技术和GIS（地理信息系统）等工具的应用，为时空分析提供了新的可能，使得处理和可视化大量复杂数据成为可能。多维度的历史叙述：时空分析方法使得大学校史不仅是一种线性叙述，而是成了一种多维度、动态变化的历史叙述，更加生动和真实。促进校史的国际化和多元化：通过综合考虑多元文化背景和时空分析，大学校史的编纂可以更好地反映学校在全球化背景下的角色和贡献，促进其国际化和多元化发展。

通过时空分析方法的应用，大学校史编纂可以构建出既真实又深刻的历史叙述。这不仅需要编纂者具备广阔的视野、深厚的文化敏感度和严谨的分析能力，也需要借助于现代技术的支持。面对挑战与机遇并存的情况，编纂者应积极探索创新的研究方法和途径，充分挖掘和利用大量的历史资料，为后来者提供宝贵的知识和启示，进而深化对大学发展历程的理解和认识。

第三节　传统方法与新时代趋势

一、档案收集的艺术：档案馆与校史

（一）档案整理与分类

档案整理与分类是档案馆工作的基础，直接影响到档案的可检索性和使用效率。在校史研究中，档案的有效整理和分类不仅便于研究者寻找相关资料，还有助于揭示大学发展的脉络。传统上，档案分类依据时间、主题、类型等因素进行，但随着档案数字化和信息技术的发展，分类方法也越来越灵活和精细，能够更好地满足研究者的特定需求。

（二）档案的保存与维护

档案的保存与维护是确保历史资料长期稳定传承的关键。这不仅包括物理环境的控制，如温湿度的调节、防虫防霉的措施，也包括档案修复和数字化保存等技术手段。随着时间的推移，一些珍贵的纸质档案可能会遭受损坏，通过数字化技术，可以为这些档案提供另一种形式，使其“永久”保存，同时便于档案的共享和传播。

（三）档案馆的公共访问

档案馆的公共访问性是衡量其服务社会的重要指标之一。通过提供公共访问服务，档案馆不仅能够支持学术研究，还能促进社会教育和文化传

承。为了提高访问效率和体验，许多档案馆开展了线上资源数据库的建设，使得远程访问成为可能。此外，通过举办展览、讲座等活动，档案馆还能够增强公众对校史和文化遗产的认识和兴趣。

二、教育叙事理论在档案研究中的革新

（一）叙事理论的框架应用

叙事理论提供了一种分析和理解复杂历史事件和人物经历的框架，这在校史研究中尤为重要。通过叙事理论，研究者可以构建出更为连贯和引人入胜的校史故事，不仅能够呈现事实，还能够揭示背后的意义和联系。叙事理论的应用,促进了校史研究方法的创新,使校史故事更加生动和多元。

在校史编纂的领域内，叙事理论的应用不仅是一种创新的尝试，更是对传统档案收集艺术与新时代技术趋势相互补充的一种体现。通过叙事理论，校史不仅是一系列时间、事件和人物的简单罗列，而是变成了一种具有深度和广度的教育叙事，它能够更生动地反映大学的历史发展、文化传承和社会影响。叙事理论在校史编纂中的应用，旨在通过故事化的手法，构建出既真实又引人入胜的校史叙述，为读者提供丰富而深刻的知识体验。

叙事理论的核心在于强调故事的力量，每一个事件都不是孤立存在的，而是与特定的时间、空间、人物和情境紧密相关联，构成了一个完整的叙事体系。在校史编纂中应用叙事理论，首先需要研究者深入挖掘大学历史中的关键事件和转折点，然后通过精心设计的叙事结构，将这些事件串联起来，形成一个连贯的故事线索。这一过程中，不仅需要对历史事实进行准确的记录，更需要对事件背后的动机、影响和意义进行深入的分析和阐释。例如，在探讨某大学在改革开放初期对外开放学术交流的重大决策时，叙事理论的应用可以帮助研究者挖掘这一决策背后的历史背景、学校的内部讨论过程、关键人物的思想斗争，以及这一决策对学校未来发展的深远影响。通过叙事化的呈现，这一段校史不仅记录了一个重要的历史事件，更展示了大学在特定历史时期的使命感、前瞻性以及对内部和外部挑战的应对策略。

此外，叙事理论在校史编纂中的应用还体现在对多媒体与数字化技术的综合使用上。随着技术的进步，校史编纂不再局限于传统的文字记录，而是可以通过图片、音频、视频等多种媒介，为校史叙述增添更多维度和感官体验。例如，通过数字化档案馆展示历史照片和视频资料，可以使读者更直观地感受到历史事件的现场氛围；通过在线访谈和口述历史项目，可以收集到更多第一手的历史见证，使校史叙述更加生动和真实。

在这一过程中，研究者面临的挑战在于如何有效地整合和呈现大量的历史资料，如何在保证历史真实性的同时，通过叙事化的手法吸引和引导读者深入了解和思考。这要求研究者不仅需要具备丰富的历史知识和深厚的文化敏感度，更需要掌握叙事理论和数字化技术的应用技巧，以创新的视角和方法，不断探索和拓展校史编纂的新领域。

总之，叙事理论在校史编纂中的应用，为研究者提供了一种新的思考和实践路径。通过故事化的叙述手法，结合多媒体与数字化技术的创新应用，研究者可以构建出既丰富又深刻的校史叙述，不仅能够更好地保存和传承大学的历史记忆，也能够激发后来者对大学历史和文化的深入探索和思考。在这一过程中，不断的探索和创新是关键，它要求研究者不仅要敏锐地捕捉时代的发展和技术的进步，更要勇于在校史编纂的实践中应用新理论、新方法，最终为大学乃至社会提供宝贵的历史资源和智慧财富。

（二）校史故事的重构

从教育叙事角度来看，大学校史研究不仅是对过往历史事件的记录和回顾，更是一种深刻的文化和精神传承。教育叙事研究的基本特点是研究者以叙事、讲故事的方式表达对教育的理解和解释。它不直接定义教育是什么，也不直接规定教育应该怎么做，它只是给读者讲一个或多个与教育有关的故事，让读者从故事中体验教育是什么或应该怎么做。它通过讲述大学发展的故事、重要事件、标志性人物等，构建起一种独特的教育叙事，以此激发师生校友的认同感和归属感，培养他们的家国情怀和奋斗精神。在这个过程中，大学校史成为连接过去与未来、传统与现代的桥梁，对于大学文化的塑造和育人的功能发挥着不可替代的作用。

在教育叙事理论的指导下，校史故事的重构不仅关注历史事实的准确性，更注重故事的叙述方式和观点的多样性。这意味着校史的编写可以包括不同群体的视角，如学生、教师、管理人员等，从而形成更为全面和立体的校史叙述。通过故事的重构，校史研究能够更好地反映大学的多元文化和价值观。

校史故事的重构，不仅是对历史的再次解读，更是对大学精神与文化内核的重新认识和深化。它要求研究者摒弃传统的、刻板的校史编写方式，转而采用更为生动、鲜活的教育叙事手法，将校史中的每一个事件、每一个人物都赋予新的生命和意义。在重构校史故事的过程中，研究者首先要做的是深入挖掘校史资源，寻找那些能够体现大学精神、展现大学特色的故事。这些故事可能是一次具有里程碑意义的学术突破，可能是一位杰出校友的奋斗历程，也可能是一项改变学校命运的重大决策。无论是什么类型的故事，都需要研究者通过细致的调查和深入的研究，将其完整地呈现出来。同时，研究者还需要运用教育叙事的理论和方法，对这些故事进行精心的重构。这包括确定故事的叙事视角、叙事结构、叙事语言等多个方面。在叙事视角上，研究者可以选择第一人称、第三人称或者多角度叙事，以更加贴近读者的心理和情感；在叙事结构上，研究者可以采用线性叙事、非线性叙事或者多线索叙事等方式，以更加灵活地展现故事的发展脉络；在叙事语言上，研究者应该注重语言的准确性和生动性，以更加精准地传达故事的情感和意义。

通过教育叙事的方式重构校史故事，不仅能够让读者更加深入地了解学校的发展历程和文化底蕴，还能够激发他们的认同感和归属感。当读者在阅读这些故事时，他们仿佛能够穿越时空，亲身参与到那些历史事件中去，与那些标志性人物一起经历风雨、共同成长。这种身临其境的感觉，能够让读者更加深刻地理解大学的使命和责任，更加珍视大学的精神和文化。但重构校史故事并不是对历史事件的随意改编或夸大其词。相反，它应该更加尊重历史的真实性，以客观、公正的态度对待每一个历史事件和人物。同时，我们也要避免将校史故事过于简单化或片面化，而是要全面、深入地展现其内涵和意义。

教育叙事视角下的大学校史故事重构是一项具有重要意义的工作。它不仅能够让大学的历史更加生动、鲜活地呈现在读者面前，还能够激发读者的认同感和归属感，为大学的未来发展提供重要的精神支持和文化底蕴。因此，未来我们应该加强对校史故事重构的研究和实践，为大学的文化传承和育人功能发挥更大的作用。

（三）教育叙事与历史真实性的平衡

教育叙事，作为一种讲述教育经验、揭示教育现象深层意义的方式，其目的在于通过故事的形式，让读者在情感共鸣中理解并接受教育的价值观。而在校史编写的过程中，教育叙事理论的应用则显得尤为重要。校史不仅是对学校发展历程的记录，更是学校文化、精神和价值观的传承与弘扬。因此，如何在保持历史真实性的同时，又能够通过叙事创新让校史更具吸引力和教育意义，成了研究者需要深入思考的问题。

历史真实性是校史编写的基础。校史所记载的每一件事、每一个人物，都是学校发展过程中真实存在的。因此，研究者在编写校史时，必须尊重历史事实，不得随意捏造或歪曲。这要求研究者在进行校史编写前，要进行充分的历史研究，查阅相关资料，了解学校的发展历程，确保所记录的历史事件和人物都是真实可信的。然而，仅仅保持历史真实性是不够的。校史不仅是对过去的记录，更是对未来的启示。因此，在校史编写中，研究者还需要运用叙事技巧，通过生动的情节、鲜活的人物形象、深入的剖析等方式，将历史事件和人物呈现在读者面前，让读者在阅读中能够感受到学校的历史厚重感，产生共鸣和认同感。

叙事创新是校史编写的关键。传统的校史编写往往注重事实的陈述和罗列，缺乏生动性和吸引力。而教育叙事理论的应用，则为校史编写提供了新的思路和方法。研究者可以通过讲述学校发展历程中的典型故事，展现学校的精神风貌和价值观；可以通过对历史事件和人物的深入分析，揭示学校发展的内在规律和经验教训；还可以通过设置悬念、塑造冲突等方式，增强故事的吸引力和可读性。但叙事创新并不意味着可以随意改变历史事实或夸大其词。研究者需要在尊重历史真实性的基础上，进行叙事创新。这也意味着研究者要具备扎实的历史研究能力和创造性的叙事技巧。历史研究能力能够确保研究者所记录的历史事件和人物都是真实可信的；而创造性的叙事技巧则能够让这些历史事件和人物以更加生动、有趣的方式呈现在读者面前。

在校史编写中，保持历史真实性与叙事创新之间的平衡是一个持续的过程。研究者需要在不断的研究和实践中，探索出适合本校特点的校史编写方法。同时，也需要广泛听取各方面的意见和建议，不断完善和丰富校史内容，使其既能够忠实于历史，又能够激发读者的兴趣和思考。

三、多媒体与数字化：校史研究新纪元

（一）虚拟博物馆与在线展览

1. 互动式展览的设计

互动式展览通过引入参与感和体验感，使校史的学习和探索变得更加生动和有趣。设计互动式展览时，可以利用虚拟现实（VR）、增强现实（AR）等技术，让访问者通过虚拟互动体验校园历史和文化，如通过虚拟校园导览来参与历史事件的重现等。

2. 虚拟现实技术的应用

虚拟现实技术的应用为校史的展示提供了全新的可能性。通过创建三维的虚拟校园环境，访问者可以在虚拟空间中自由探索，体验校园的历史变迁和文化特色。这种沉浸式的体验使得校史教育更加直观和影响深刻。

3. 在线教育资源的整合

在线教育资源的整合，使校史的学习和研究不受时间和空间的限制。通过整合文本、图片、音频、视频等多媒体形式的校史资料，建立在线教育平台或虚拟展览，可以极大地提高校史资源的可访问性和教育效果。

（二）数字化档案与互动性

1. 数字化保存技术

数字化保存技术不仅能够有效地保护和保存档案资料，还能提高档案

的检索效率和使用便利性。将纸质档案转化为数字格式，可以确保珍贵的历史资料得到长期的保护，同时便于学者和公众进行在线访问和研究。

在校史研究领域，传统的档案收集工作与新时代的技术趋势相结合，为构建深刻且多维的校史叙述提供了强大的支撑。特别是档案馆数字化的实践，不仅保留了校史研究的基础——实体档案的完整性和可访问性，同时拓展了校史研究的边界，使其能够适应快速变化的技术进步和时代发展的需要。在这个过程中，档案馆的数字化实践案例展示了如何有效融合传统方法与新技术，以及这种融合如何推动校史编纂和研究深化的新方法。

有些高校的档案馆近年来积极推进了档案资料的数字化工作，通过技术手段保护和延续学校的历史记忆。在实践过程中，档案馆首先对其收藏的纸质档案进行了全面的数字扫描，包括历史文件、照片、手稿以及学校历年的出版物等。这一步骤不仅需要精确的设备支持，也需要专业人员对档案材料的属性进行精确识别和分类，确保数字化后的档案能够准确反映原始材料的信息。

在数字化过程中，该档案馆特别注重原始档案的保护与数字副本的质量控制。通过使用高分辨率扫描仪和专业的数字化软件，保证了扫描成果的清晰度和易用性，同时采取了严格的数字资料管理策略，包括文件的命名规则、分类存储以及备份机制，确保数字档案的长期保存和安全。除了对纸质档案的数字化，该档案馆还积极探索多媒体与数字化技术在校史展示中的应用。通过建立数字档案网站和虚拟展览，使广大师生和校友，乃至全球研究者都能够了解利用这些珍贵的历史资源。这个数字化平台不仅整合了文本、图片、音频和视频等多种格式的档案资料，还引入了互动功能和搜索引擎，极大地提高了用户体验感和研究效率。通过这一系列的数字化实践，该档案馆不仅成功地保护了学校的历史档案，也为校史研究提供了新的视角和方法。数字化档案的易访问性和多样性，使得校史研究能够跨越时间和空间的界限，更加深入地探索学校的历史发展、文化传承和社会影响。此外，这种实践还促进了校史研究的跨学科合作，学者们可以依托数字化档案，从历史学、社会学、教育学等多个角度，共同探讨学校历史中的重要问题和主题。

总的来说，档案馆的数字化实践案例不仅展现了传统档案工作与新技术的有效融合，也为校史研究的深化和创新提供了坚实的基础。这一过程要求研究者不断探索和创新，不仅要精通传统的档案学知识，也要掌握最新的技术工具，以适应时代的发展和技术的进步，最终构建出既丰富又深刻的校史叙述。

2. 用户界面设计

在数字化档案与大学校史检索领域，用户界面设计的重要性不言而喻。它不仅关系到用户能否高效、准确地获取所需信息，更直接影响着用户对平台的整体满意度和忠诚度。因此，在设计用户界面时，我们必须充分考虑用户的需求和习惯，打造一个直观、易用的交互环境。

首先，用户需求是用户界面设计的核心。对于数字化档案和大学校史检索平台来说，用户的主要需求包括快速定位目标档案、浏览档案内容、了解档案背后的历史故事等。因此，在设计用户界面时，我们需要提供多种检索方式，如关键词搜索、分类浏览、时间筛选等，以满足用户不同的检索需求。同时，我们还可以根据用户的检索历史和偏好，为其推荐相关的档案和校史故事，提升用户体验。

其次，用户习惯也是设计过程中不可忽视的因素。不同用户在使用检索平台时，可能会形成不同的操作习惯。因此，我们需要通过用户调研和数据分析，了解用户的操作习惯，并在设计中予以充分考虑。例如，对于经常使用的功能，我们可以将其放在显眼的位置，方便用户快速找到；对于复杂的操作流程，我们可以提供清晰的引导和提示，降低用户的学习成本。

再次，直观的界面设计和清晰的导航路径也是提升用户体验的关键。在界面设计上，我们可以采用简洁明了的风格，避免过多的装饰和冗余信息，让用户能够一目了然地了解平台的功能和布局。在导航设计上，我们需要提供清晰的层级结构和逻辑关系，确保用户能够轻松地找到所需的信息。同时，我们还可以利用可视化元素和交互效果，增强界面的吸引力和易用性。

对于数字化档案和大学校史的结合，我们还可以在用户界面融入更多的故事性和情感化设计。例如，在展示档案内容时，我们可以加入相关的校史故事和图片，让用户能够更深入地了解档案背后的历史和文化内涵。同时，我们还可以设计一些互动环节，如用户评论、分享等，让用户能够参与到校史的传播和建设中来，增强用户的归属感和参与感。

最后，我们还需要关注用户界面的可访问性和可维护性。在可访问性方面，我们需要确保界面在各种设备和浏览器上都能正常显示和运行，为不同用户提供一致的使用体验。在可维护性方面，我们需要采用模块化、标准化的设计方式，方便后续对界面进行更新和维护。

总之用户界面设计在数字化档案与大学校史检索中扮演着至关重要的角色。通过深入了解用户需求和习惯，打造直观易用的界面和清晰的导航路径，我们可以为用户提供更加优质、高效的检索体验，促进数字化档案和大学校史的深度融合与传播。

3. 互动性与用户体验

提高数字档案平台的互动性是提升用户体验的重要方式。通过设置在线讨论区、互动问答、虚拟导览等功能，可以增加用户的参与度和互动性，使校史的学习和研究变得更加生动和有意义。

首先，设置在线讨论区是一个有效的互动方式。用户可以在这里发表自己对某个档案或校史事件的看法，分享自己的见解和感受。同时，他们也可以浏览他人的评论，与他人进行交流和讨论。这种开放的讨论环境不仅能够激发用户的思考，还能促进不同观点之间的碰撞和融合，从而深化用户对校史的理解和认识。

其次，互动问答功能也是提升互动性的重要手段。用户可以在平台上提出自己的疑问或问题，其他用户或管理员则可以进行解答和回复。这种即时性的问答交流不仅能够解决用户的疑惑，还能增强用户对平台的信任感和归属感。同时，通过收集和分析用户的提问和回答，我们还可以了解用户的需求和关注点，进一步优化平台的设计和功能。

再次，虚拟导览功能为用户提供了一种全新的互动体验。通过虚拟现实或增强现实技术，用户可以身临其境地游览学校的各个角落，感受校园的历史和文化氛围。在虚拟导览中，用户可以自由探索不同的场景和档案，与虚拟角色进行互动，甚至参与到历史事件的重现中。这种沉浸式的互动体验不仅能够提高用户的参与度和兴趣，还能加深他们对校史的理解和记忆。

而在提升互动性的同时，我们还需要关注整体优化用户的体验。我们需要确保平台的稳定性和流畅性，避免因为技术问题而影响用户的互动体验。同时注重界面的美观性和易用性，为用户提供清晰、简洁、直观的交互界面。此外，我们还需要关注用户的需求和反馈，及时调整和优化平台的功能和服务，确保用户能够享受到最佳的使用体验。

最后，通过提升数字档案平台的互动性，我们不仅可以增强用户的参与度和兴趣，还能促进校史文化的传播和传承。用户在互动中能够更深入地了解学校的历史和文化，感受到学校的独特魅力和精神内涵。同时，他们也能在互动中结交志同道合的朋友，共同参与到校史的研究和传承中来。

（三）教育叙事理论的数字化应用

1. 数字叙事的构建方法

数字叙事，作为现代多媒体技术与传统叙事理论的结合体，正以其独特的方式重塑着故事的讲述方式。对于大学校史而言，数字叙事不仅为其提供了一个全新的展示平台，更为校史的传承与发展注入了新的活力。

在构建数字叙事的过程中，我们首先要明确的是校史的核心内容和主题。大学校史是一部涵盖学术、文化、人物等多方面内容的丰富历史长卷，其中蕴藏着无数值得被铭记和传承的故事。这些故事，有的关于学术巨匠的辛勤耕耘，有的关于杰出校友的辉煌成就，还有的关于学校发展过程中的关键时刻与重大决策。通过深入挖掘这些故事，我们可以为数字叙事提供丰富而深刻的素材。之后运用多媒体技术来构建数字叙事。而文本、图片、音频、视频等多种媒体元素，都是构建数字叙事的重要工具。通过整合这些元素，我们可以将校史故事以更加生动、形象的方式呈现出来。例如，我们可以使用高清图片来展示学校的历史建筑和校园环境，让观众能够直观地感受到学校的历史氛围；我们还可以使用音频和视频来讲述校史故事，通过声音和画面的结合，让故事更加生动感人。

在构建数字叙事的过程中，需要注重故事的逻辑性和连贯性。一个好的故事，不仅要有吸引人的情节和角色，还要有清晰的逻辑关系和连贯的情节发展。因此，在整合媒体元素时，需要考虑元素之间的内在联系和逻辑关系，确保故事的流畅性和连贯性。此外，需要注意交互性和动态性也是数字叙事的重要特点。因此可以通过添加互动环节和动态效果，让观众更加深入地参与到校史故事中来，增强他们的参与感和体验感。例如，设置虚拟导览功能，让观众能够自由探索学校的各个历史时期和场景；还可以设计互动问答环节，让观众在回答问题的过程中了解更多的校史知识。

要关注数字叙事的传播和推广。通过利用社交媒体、网络平台等渠道，我们可以将数字叙事作品传播给更广泛的受众群体，让更多的人了解和关注大学校史。同时，我们还可以通过开展线上线下活动、举办校史展览等方式，进一步推广数字叙事作品，增强校史文化的影响力和感染力。

总而言之，数字叙事的构建方法为我们提供了一个全新的视角和工具来讲述大学校史。通过整合多媒体元素、注重故事逻辑和连贯性、增加交互性和动态性以及加强传播和推广等措施，我们可以构建出更加生动、丰富和有意义的数字叙事作品，为大学校史的传承与发展注入新的活力。

2. *多媒体元素的融合*

多媒体元素的融合是数字叙事的关键。通过巧妙地结合各种媒体元素，可以更好地再现历史场景、展现人物情感，从而增强故事的真实感和吸引力。例如，使用视频记录重要事件、通过音频重现历史人物的声音等。

在校史研究和编纂的新时代，多媒体和数字化技术的应用不仅为传统的档案收集提供了补充，更为校史展示开辟了全新的视野和方法。随着技术的进步和社会的发展，多媒体展示校史已经成为连接过去与现在，乃至未来的重要桥梁。它通过结合文本、图片、音频和视频等多种形式的媒介，使校史的呈现得更加生动、直观和多维，从而极大地增强了受众的参与感和体验感。在这一背景下，探索多媒体校史展示的创新策略成为校史研究者和编纂者面临的重要任务。

首先，多媒体校史展示的创新策略需从内容的丰富性和多样性出发。传统的校史展示往往侧重于文本记录，而多媒体技术的应用使得研究者可以将大量原始档案、口述历史、图像资料以及影音记录等纳入校史叙述之中。例如，通过数字化技术，可以将过去的校园照片、历史文件以及与重要校园事件相关的视听材料进行数字化恢复和编辑，这不仅保存了这些珍贵资料的原始面貌，也使这些资料能够以更加直观和动态的形式呈现给观众。此外，通过对历史事件的多角度展示，如同一事件的不同人物视角、不同时间节点的对比分析等，可以使校史展示更加立体和全面。

其次，创新策略还应包括对展示形式和互动体验的深化。随着虚拟现实（VR）、增强现实（AR）和交互式媒体等技术的发展，校史展示可以超越传统的线性叙述，构建出沉浸式和交互式的体验空间。例如，通过VR技术，观众可以“身临其境”地回到历史上的某个重要时刻，亲自体验校园的历史变迁；利用AR技术，可以将历史照片和现实场景相结合，使观众在现实的校园空间中直观地感受到时间的变化。此外，交互式媒体的应用，如在线时间轴、互动式地图等，可以使观众根据个人兴趣深入探索校史的不同方面，增加了展示的参与度和探索性。

再次，多媒体校史展示的创新策略还需注重技术与内容的有效融合。技术的应用不应仅仅停留在形式的创新上，更重要的是要服务于校史叙述的深度和广度，确保技术的使用能够真正增强校史的教育意义和文化价值。这要求研究者和编纂者在利用多媒体技术时，既要充分发挥技术的优势，又要保持对校史内容的严谨，确保技术应用与校史叙述的内在逻辑和教育目标相协调。

最后，创新策略还应包括对多媒体校史展示平台的持续更新和优化。随着技术的不断进步和受众需求的变化，校史展示的平台也需要不断地进行技术升级和内容更新，以保持其吸引力和教育价值。这不仅需要技术团队的持续支持，更需要校史研究者和编纂者对校史材料的不断挖掘和创新性思考，以确保校史展示能够适应时代发展的需要，持续激发公众对大学历史和文化的兴趣与热爱。

综上所述，多媒体展示校史的创新策略不仅涉及内容的丰富与多样化、形式和体验的深化，也包括技术与内容融合的有效实践以及展示平台的持续优化。通过这些策略的实施，可以使校史展示既能够真实反映大学的历史发展，又能够以更加生动和引人入胜的方式，为广大师生、校友乃至社会大众提供丰富而深刻的校史体验。在这一过程中，研究者的不断探索和创新是关键，这不仅需要他们具备丰富的历史知识和深厚的文化敏感度，更需要他们掌握新时代技术的应用能力，以适应时代的发展和技术的进步，最终构建出既丰富又深刻的校史叙述。

3. 网络平台与社交媒体的利用

利用网络平台和社交媒体可以扩大校史故事的传播范围和影响力。通过在社交媒体上分享校史故事、创建校史主题的网络论坛等方式，可以激发公众对校史的兴趣和讨论，形成校史文化的线上社区。

传统方法与新时代趋势在校史研究中相互补充，共同推动了校史编纂和研究的发展。档案收集的艺术保证了校史研究的基础，而教育叙事理论和多媒体与数字化技术的应用则为校史研究开辟了新的视野和方法。在这一过程中，研究者需要不断探索和创新，以适应时代的发展和技术的进步，最终构建出既丰富又深刻的校史叙述。

第二章　教育叙事理论与大学校史研究的交融

第一节　教育叙事的理论基石

一、教育叙事的定义与特征

（一）教育叙事的定义

教育叙事，作为一种独特的教育研究方法与表达方式，近年来在教育领域引起了广泛的关注。它是一种以叙事的方式对教育现象、教育经验进行描述、分析和解释的研究方法，旨在通过讲述教育故事来揭示教育的本质、价值和意义。

教育叙事的定义涵盖了几个核心要素。一方面，它强调“叙事”这一行为，即通过讲述故事来展现教育现象和过程。这种叙事不仅是对事实的简单陈述，更是对经验和意义的深度挖掘与探寻。另一方面，教育叙事聚焦于“教育”这一领域，关注的是教育活动中的人、事、物及其相互关系。因此，教育叙事可以理解为是一种以故事形式展现教育现象、揭示教育意义的研究方法。

（二）教育叙事的特征

教育叙事，作为教育领域一种独特的研究与表达方式，以其真实、情境、动态、解释与互动等多重特征，深刻揭示教育的内涵与价值。通过讲述教育故事，它不仅能够展现教育的丰富多样，更能触动人心，启迪思考，为教育实践与发展注入新的活力。

第一，真实性。教育叙事的故事来源于真实的教育情境和经验，是对实际发生的教育事件的记录和再现。这种真实性使教育叙事具有更强的说服力和可信度，能够引起读者的共鸣和思考。

第二，情境性。教育叙事注重故事发生的具体情境和背景，通过对环境、人物、情节等细节的描述，让读者能够身临其境地感受到教育故事的魅力和意义。这种情境性有助于揭示教育现象背后的深层次原因和机制。

第三，动态性。教育叙事强调故事的动态发展和变化过程，关注的是教育现象随时间和情境的变化而展现出的不同面貌。这种动态性使教育叙事能够更全面地展示教育的复杂性和多样性。

第四，解释性。教育叙事不仅是对教育现象的简单记录，更是对其背后深层意义的揭示和解释。通过分析和解读故事中的隐喻、象征等元素，教育叙事能够揭示教育的本质、价值和意义，为读者提供新的视角和思考空间。

第五，互动性。教育叙事往往涉及讲述者和听众之间的互动和对话。讲述者通过讲述故事来传达自己的教育理念和经验，而听众则通过倾听和理解故事而形成自己的认识和看法。这种互动性使得教育叙事成为一种双向交流的过程，有助于促进教育思想的传播和碰撞。

教育叙事作为一种独特的教育研究方法与表达方式，具有真实性、情境性、动态性、解释性和互动性等特征。这些特征使教育叙事能够更深入地揭示教育的本质、价值和意义，为教育实践和教育改革提供有力的支持和指导。同时，通过讲述教育故事，教育叙事还能够激发读者的情感共鸣和思考兴趣，促进教育思想的传播和交流。因此，我们应该充分重视教育叙事在教育研究和实践中的重要作用，并积极探索其更多的应用和发展空间。

二、教育叙事的核心原则

教育叙事的核心原则，是指导我们在教育实践中如何有效运用叙事方式，以揭示教育现象、理解教育实践、推动教育发展的基本准则。这些原则不仅为教育叙事提供方法论上的指导，也为教育工作者在教育叙事研究中提供行为规范和价值导向。

第一，真实性原则是教育叙事的核心基石。它强调教育叙事必须基于真实的教育情境和经验，避免虚构和夸大。这是因为只有真实的故事才能反映教育的本质和真实面貌，才能引起读者的共鸣和信任。同时，真实性原则也要求我们在叙事过程中保持客观和公正，不添加个人主观色彩，确保故事的客观性和准确性。

第二，个性化原则是教育叙事的重要特色。它鼓励我们关注个体在教育中的经历和感受，通过讲述个体的故事来展现教育的多样性和复杂性。这不仅有助于我们深入理解教育的微观层面，更能揭示教育对个体成长和发展的影响。同时，个性化原则也要求我们在叙事中尊重个体的差异性和独特性，避免一刀切和刻板印象。

第三，反思性原则是教育叙事的关键环节。它要求我们在讲述故事的过程中进行自我反思和教育思考，不断审视和反思自己的教育实践和行为。通过反思，我们可以发现教育中的问题和不足，进而提出改进的措施和方法。同时，反思性原则也促进了教育叙事与教育实践的互动和融合，使叙事成为推动教育改进和发展的有力工具。

第四，情境性原则是教育叙事的重要特征。它强调故事发生的具体情境和背景对理解教育现象的重要性。在教育叙事中，我们需要详细描述故事发生的环境、人物关系、情节发展等情境因素，以便读者能够更好地理解故事的内涵和意义。通过情境性原则，我们可以揭示教育现象背后的深层次原因和机制，为教育实践提供有力的支持。

第五，开放性原则体现了教育叙事的包容性和创新性。它意味着教育叙事应该是一个开放的过程，允许不同的声音和观点参与其中。这种开放性不仅有助于我们更全面地了解教育现象，更能激发新的思考和见解，推动教育的创新和发展。同时，开放性原则也要求我们保持一种谦逊和包容的态度，尊重他人的观点和经验，共同为教育的发展贡献智慧。

第六，可接受性原则是教育叙事的重要目标。它强调教育叙事应该具有吸引力和感染力，能够引起读者的兴趣和共鸣。通过讲述生动、有趣的故事，我们可以让读者更好地理解和接受教育的理念和实践。同时，可接受性原则也要求我们在叙事过程中考虑读者的背景和需求，采用合适的语言和表达方式，确保故事能够被广泛接受和传播。

综上所述，教育叙事的核心原则包括真实性、个性化、反思性、情境性、开放性和可接受性。这些原则相互关联、相互支撑，共同构成了教育叙事研究的基础和灵魂。在实践中，我们需要遵循这些原则，以科学、严谨、客观的态度进行教育叙事研究，为教育实践和发展提供有力的支持和指导。

三、重构“大学记忆”的教育叙事路径

学校记忆是抽象的概念，只有借助具象化，才能够将其落实到学校的每一件事物上来。皮埃尔·诺拉提出记忆之场的三重维度，即实在的、象征性的和功能性的。借助诺拉的观点，我们可以从物质、象征和功能三个方面入手，系统建构受教育者关于学校的记忆。其一，物质性记忆，承载于实在的物质之上。这些客观外化物，是凝聚学校记忆最显著的存在体。作为学校而言，可以从实物命名、建设场馆、树碑、塑像、造湖等多个方面入手，构建关于学校的记忆。其二，象征性记忆，借助各类教育仪式来承载。保罗·康纳顿认为：“有关过去的意象和有关过去的记忆知识，是通过（或多或少是仪式性的）操演来传达和维持的。”从学校的角度来说，创建并借助各类节日，通过教育仪式的操演，是构建受教育者学校记忆的重要渠道。当然，在学校众多的仪式当中，升旗、入队、入团、入党等常规仪式的操演，是教育者尤为关注的。其三，功能性记忆，一般承载于教科书、教育图画、教育戏剧等场域中。阿斯曼夫妇认为：“主体的构建有赖于功能记忆，即通过对过去进行有选择、有意识的支配。这些主体可以是集体、机构或者个体，但不管怎样，功能记忆与身份认同之间的关系都是一样的。”所以，从这一点来说，功能性记忆更具有选择性与支配性，记忆构建者的主动性也会更加凸显。可见，学校可以形成一套体系化的校本教材，陪伴学生共同成长，与学生的生活世界相融，并最终烙印成为永久的学校记忆。

而从教育叙事视角来对校史档案进行开发，其主要目的是为讲述学校发展历程中的故事，传承学校精神，重构大学记忆。大学记忆重构则需要以下几个阶段：收集与整合—分析与解读—叙事重构—传播与对话

其一，通过对大学档案、口述历史、文献资料的收集与整合，建立关于“大学记忆”的全面数据库。这包括师生的个人经历、重大教育事件、校园文化传统等。其二，通过运用教育叙事的理论框架对收集到的“大学记忆”进行分析与解读，探索其中蕴含的教育价值、社会意义和文化背景。在此基础上，结合教育叙事的核心原则，对“大学记忆”进行叙事重构。通过故事化的表达，将分散的记忆编织成连贯的教育叙事，展现大学历史的多维度和深层次意义。其三，通过书籍、文章、多媒体展览等多种形式，将重构后的教育叙事传播给更广泛的听众。同时，鼓励师生、校友及社会公众参与到教育叙事的进一步解读和对话中，形成教育意义的共同构建。

教育叙事理论为大学校史研究提供了一个新的视角和方法，不仅能够帮助我们更深入地理解大学的历史和文化，还能够促进对大学教育意义的反思和讨论。通过教育叙事的路径，可以有效地重构和传播“大学记忆”，激发对大学历史和教育价值的新认识。

第二节 教育叙事理论的实践探索和研究方法

一、文本分析：教育叙事视角下的校史解读

（一）教育叙事理论的基本分析方法

教育叙事理论在文本分析中的应用，主要关注教育经验和过程的叙述方式，以及这些叙述如何构建特定的教育意义和身份。基本的分析方法包括：叙事结构分析——识别文本中的叙事元素（如情节、角色、设置）以及这些元素如何组织成故事。叙事内容分析——深入解读故事内容，包括主题、冲突、解决方案等，以及它们对教育经验的反映和影响。叙事风格分析——考察叙述者的语言和风格，包括使用的隐喻、语气、视角等，以

及这些因素如何影响教育叙事的接收和解释。

教育叙事理论的引入为大学校史的编纂和研究提供了一种新的视角和方法，通过文本分析和案例研究，不仅可以深入挖掘大学校史中蕴含的教育意义和价值，还能够促进对教育过程、实践和目标的深层次理解。为了有效地应用教育叙事理论于大学校史的研究，建立一个科学、系统的教育叙事分析框架显得尤为重要。这个框架不仅需要能够指导研究者如何收集、分析和解释数据，还需要能够帮助研究者构建具有说服力的教育叙事，从而揭示大学历史发展的深层逻辑和教育实践的内在意义。

首先，教育叙事分析框架的建立应基于对教育叙事的本质和特点的深入理解。教育叙事不仅是对事件的叙述，更是对事件背后的意义、价值和影响的解读。因此，分析框架需要围绕“事件—意义—价值—影响”四个核心维度展开。具体而言，事件维度关注校史中的关键事件和经历，意义维度探究这些事件对个体和集体认同的影响，价值维度挖掘这些事件在教育哲学和理念上的体现，而影响维度则分析这些事件对大学发展和社会进步的长远作用。

其次，教育叙事分析框架应当强调多元视角和跨学科方法的重要性。大学校史的编纂和研究是一项复杂的工作，涉及历史学、教育学、社会学、人类学等多个学科领域。因此，分析框架需要能够整合不同学科的理论和方法，鼓励研究者从多种视角审视和解读大学校史。这不仅能够丰富校史研究的内容和视角，也能够促进学科间的对话和交流，为构建全面、深刻的大学教育叙事提供支持。

再次，教育叙事分析框架还应当关注叙事的构建和呈现方式。在大学校史的研究中，如何有效地构建和呈现教育叙事是一个关键问题。这要求分析框架不仅要指导研究者如何收集和分析数据，还要帮助研究者学会如何通过故事化的方式，将复杂的历史事件和教育实践转化为引人入胜、易于理解的教育叙事。这包括如何设置叙事的情节、如何塑造人物形象、如何构建叙事的时空背景等。

最后，教育叙事分析框架还需要具备一定的灵活性和开放性。鉴于大学校史的多样性和复杂性，以及教育叙事研究方法的不断发展，分析框架不能是一成不变的。它应当能够根据不同研究对象和研究目的的特点进行调整和优化，同时应当鼓励研究者探索和创新，不断寻找新的研究视角和方法。

综上所述，建立科学、系统的教育叙事分析框架是大学校史研究的重要基础。通过这个框架的指导，研究者不仅能够深入挖掘大学校史中的教育意义和价值，还能够促进对教育过程、实践和目标的深层理解，最终为全球教育叙事的交流和共鸣搭建桥梁。在这一过程中，研究者的不断探索和创新至关重要，他们需要不断适应时代的发展和技术的进步，以构建出既丰富又深刻的校史叙述。

（二）运用教育叙事理论解读大学校史文本

将教育叙事理论应用于大学校史文本的解读，可以揭示隐藏在历史叙述中的深层教育价值和意义：通过分析校史文本中的关键叙述和事件，可以追踪大学教育理念和目标的演变过程。校史文本中的具体案例和故事反映了不同时期的教育实践和方法，教育叙事理论有助于理解这些实践背后的教育观念和社会文化因素。个体在大学历史中的经验和故事，如教师的教学方法、学生的学习经历，通过教育叙事的分析，可以构建起大学共同体的集体记忆和身份。

教育叙事理论在大学校史研究中的应用，为揭示大学的历史脉络、文化特色以及教育变革提供了一种独特的视角和方法。通过叙事分析的途径，研究者能够深入挖掘“大学记忆”，从而构建出一种既丰富又深刻的历史叙述。这种叙事不仅是对过去事件的简单记录，而是一种对大学历史和教育价值的重新解读和反思，它强调了故事性和情境性，使大学的历史更加生动和引人入思。

在进行大学校史的叙事分析时，研究者通常会关注几个关键维度：时间的流转、空间的变迁、人物的行动以及事件的发展。这些维度相互交织，共同构成了大学历史的叙事结构。例如，对于某一著名大学而言，其成立之初的使命和愿景、关键时期的重大事件、重要人物的影响决策以及学校文化的形成和传承等，都是叙事分析的重要内容。研究者通过对这些内容的深入挖掘和细致分析，不仅能够展现大学发展的历史脉络，还能够揭示大学在特定历史时期面临的挑战、作出的选择以及取得的成就。

叙事分析在大学校史研究中的应用，也体现在对大学记忆的重构和传播上。大学记忆不是静态的，而是随着叙事的构建而被赋予新的意义。通过叙事的方式，研究者能够将零散的历史事件和人物经历串联起来，形成一种有机的整体，使校史不只是一段段独立的记忆，而是一个连贯的、有意义的历史叙述。这种叙述能够更好地引发读者的共鸣，激发对大学历史和教育价值的新认识。例如，通过叙述某位重要校长的领导历程和对学校发展的影响，可以深化读者对大学教育理念和领导智慧的理解；通过讲述学校在特定时期的改革措施和教育创新，可以促进对教育变革和发展趋势的反思。

此外，教育叙事理论的应用还促进了多部的校史叙述。不同于传统校史研究可能侧重于官方叙述，教育叙事的路径鼓励包括师生、校友以及其他校园社区成员在内的多种声音的出现。这种多声部叙述不仅丰富了校史的内容和视角，还增加了校史叙述的深度和广度，使大学的历史更加立体和多元。通过收集和分析这些不同的个人和集体记忆，研究者能够构建出更为全面和细腻的大学历史画卷。

教育叙事理论在大学校史研究中的应用，为理解和反思大学的历史、文化和教育意义提供了新的视角和方法。通过叙事分析的路径，不仅能够有效地重构和传播大学记忆，还能激发对大学历史和教育价值的新认识。在这一过程中，研究者的创新和探索至关重要，他们需要不断地挖掘历史资料，运用叙事理论和方法，以适应时代的发展和技术的进步，最终构建出既丰富又深刻的校史叙述。

二、案例研究：全球视角下的校史故事

（一）选取全球范围内大学校史案例

从全球视角出发，精选不同国家和文化背景下的大学校史案例，旨在

捕捉教育叙事的多样性和普遍性。选取标准包括：代表性——选择能够代表特定教育体系、文化或历史阶段的大学案例。多样性——确保案例涵盖不同的地理位置、教育理念、学术特色等，以展现全球教育叙事的宽广视野。可访问性——案例所依据的资料需公开可获得，以便于深入研究和分析。

（二）深入分析教育叙事在案例中的表现

通过对全球范围内的校史案例进行深入分析，探索教育叙事在不同文化和教育背景下的特点和影响：文化差异与共性——分析不同文化背景下教育叙事的差异和共性，探讨文化因素如何影响教育叙事的构建和接收。教育变革与发展——通过案例研究，揭示教育叙事如何反映和促进大学教育的变革与发展。跨文化对话——案例分析有助于促进不同教育体系和文化之间的理解和对话，为全球教育问题提供多元视角和解决方案。

对教育叙事理论的实践探索和研究方法为大学校史的编纂和研究提供了新的视角和工具。通过文本分析和案例研究，可以深入挖掘大学校史中的教育意义和价值，促进对教育过程、实践和目标的深层理解。这不仅丰富了校史研究的内容和方法，也为全球教育叙事的交流和共鸣搭建了桥梁。

教育叙事理论为全球校史研究提供了一种新的视角和工具，使研究者能够通过文本分析和案例研究深入挖掘大学校史中的教育意义和价值。这种方法不仅丰富了校史研究的内容和方法，还促进了全球教育叙事的交流和共鸣。在全球化的背景下，不同国家和地区的大学面临着各自独特的发展历程和挑战，教育叙事理论的实践探索和研究方法为比较这些大学校史提供了新的途径。通过将不同大学的校史放在一起作比较，我们不仅能够看到各自的特色和差异，更能够发现它们之间的共通性和相互影响，从而深化对教育过程、实践和目标的全球视野。

比如，通过对美国某著名大学和中国某历史悠久的大学的校史教育叙事的对比，我们可以发现尽管两所大学所处的文化、政治和经济背景截然不同，但它们在追求学术自由、促进学术创新以及承担社会责任等方面展现出惊人的一致性。美国的大学可能更加强调个人主义和自由竞争的精神，而中国的大学则可能更加注重集体主义和社会和谐的价值，但无论是在东方还是西方，大学作为知识的殿堂和社会进步的引擎这一核心角色是共通的。

通过教育叙事的比较分析，我们还可以深入探讨不同大学在面对全球化挑战时的应对策略和教育创新实践。例如，在数字化和信息技术迅猛发展的今天，许多大学正在探索如何利用在线教育和数字资源优化教学方法和扩大教育影响。通过分析不同大学在这一领域的尝试和成果，我们不仅能够获得关于教育技术应用的宝贵经验，还能够反思和讨论在保证教育质量和公平性的同时反思如何有效利用技术的问题。此外，通过全球校史教育叙事的比较还有助于我们理解和欣赏不同教育体系和文化中的多样性和特色。每所大学的校史都是其文化、传统和价值观的体现，通过比较研究，我们可以更好地认识到教育的多样性和复杂性，以及在全球化时代下维护和促进这种多样性的重要性。

总之教育叙事在全球校史编纂中的实践应用不仅拓展了校史研究的视野，还为全球教育叙事的交流和共鸣搭建了桥梁。通过文本分析和案例研究，我们不仅能够深入挖掘每所大学校史中的教育意义和价值，还能够促进对教育过程、实践和目标的全球视野下的深层理解。在这一过程中，研究者的不断探索和创新是至关重要的，他们需要不断适应时代的发展和技术的进步，以构建出既丰富又深刻的校史叙述，为全球教育叙事的发展做出贡献。

第三节　教育叙事与校史档案的交织

一、校史档案的挖掘与整理

校史档案的挖掘与整理是理解和重构大学历史的基础。这一过程不仅要求研究者对档案材料的物理保存，也涉及对档案内容的理解和分类，以便于未来的研究和引用。而校史档案的挖掘过程，涉及对各种形式的档案材料的搜集，包括正式文件、信件、会议记录、个人笔记、照片、录音录像等。挖掘的关键在于广度与深度，确保材料的全面性和多样性。其整理的方法主要是对材料进行分类、编目和数字化处理。分类依据可以是时间顺序、事件类型或人物。数字化不仅有助于保存，也方便了档案的检索和使用。

校史档案数字化的核心在于利用现代信息技术手段，将传统的纸质档案资料转化为数字格式，从而实现资料的长期保存、便捷检索和广泛共享。这一过程涉及多个关键步骤，包括档案的选取、扫描、元数据创建、数字化存储和在线展示等。在这一系列操作中，既需要考虑到技术的精确性和高效性，也要兼顾档案内容的完整性和可访问性。

以历史悠久的某大学为例，该校在进行校史档案数字化实践时，首先对其丰富的档案资源进行了系统的梳理和分类，包括学校创立的文件、历届校长的演讲稿、重大学术活动的记录、校园文化活动的照片和视频资料等。在此基础上，学校采用了高分辨率的扫描设备和专业的数字化处理软件，对这些纸质档案进行了高质量的数字化转换。每一份档案资料在数字化过程中都被赋予了详细的元数据信息，包括档案的标题、作者、创建日期、关键词等，这不仅有助于提高档案资料的检索效率，也为后续的档案管理和应用奠定了基础。在档案数字化存储方面，该校建立了专门的数字档案库，采用了先进的数据存储技术和安全防护措施，确保了数字化档案的长期保存和数据安全。更为重要的是，学校还开发了专门的校史档案数字化展示平台，通过网站和移动应用等形式，将这些宝贵的校史资料向全球师生、校友乃至公众开放，极大地提升了校史档案的社会价值和教育意义。

校史档案的数字化实践不仅是一个技术操作的过程，更是一次教育叙事的重构和创新。通过对校史档案的挖掘、整理和分析，研究者能够从中发现大学发展的历史脉络、教育理念的演变、学术成就的积累以及校园文化的传承，这些都为理解大学的历史地位和社会作用提供了丰富的素材和深刻的视角。同时，校史档案数字化也为全球教育叙事的交流和共鸣搭建了桥梁，使不同文化和地域背景下的大学历史研究能够相互启发、相互借鉴。

总之，校史档案的数字化实践是大学历史研究和教育叙事构建中的一项重要工作，它不仅能够为校史研究提供丰富的材料和多维的视角，还能够促进对大学在过去、现在乃至未来社会中的角色和意义的深刻理解。在这一过程中，研究者和实践者需要不断探索和创新，以适应时代的发展和技术的进步，从而构建出既丰富又深刻的校史叙述。

二、档案中的教育叙事元素

档案中蕴含的教育叙事元素是连接过去与现在，个体与集体的桥梁。这些元素不仅记录了教育实践和经验，也反映了教育理念和价值观的演变。档案材料中的事件、决策过程和变革时刻等构成了校史的故事情节，反映了大学发展的轨迹。教师、学生、管理人员等校园内外的行动者是教育叙事的主角，他们的行为和互动构成了叙事的核心。档案不仅是冷冰冰的记录，它们也承载着人们的情感和价值判断，如对教育使命的执着、对学术自由的追求等。

教育叙事与校史档案的两者相互交织在大学文化传承中，因为它们提供了丰富的材料和多维的视角来审视大学的历史，而且它们深刻地揭示了大学在过去、现在以及未来社会中的角色和意义。通过深入挖掘、细致整理和系统分析校史档案，我们不仅能够保存那些不可多得的教育记忆，更能在这一过程中反思教育的本质，并探索教育未来的发展路径。在这种探索中，教育叙事作为一种强有力的工具，使得大学的文化传承不再是简单地历史事实的堆砌，而是变成了一种活生生的、能够呼吸的教育实践，它通过故事的形式将大学的历史、文化和价值观传递给每一代人。

在大学文化传承的过程中，教育叙事的运用极大地丰富了校史的表达方式。传统的校史编纂往往聚焦于重大事件的记录、重要人物的传记以及学术成就的展示，而教育叙事则更加注重于教育过程中的人的经历、情感的流动以及价值观的碰撞和融合。例如，通过对一位历史上具有影响力的教授的教学生涯的叙述，可以展现该教授如何通过其教学理念和方法影响学生，这不仅是对个体职业生涯的记录，更是对大学教育精神和文化传承的生动体现。同样，通过对学生运动或学术讨论的叙述，可以反映出大学在特定历史时期的社会责任和学术使命，这些叙事不仅记录了事件本身，更揭示了大学文化在特定社会背景下的意义和价值。

教育叙事在促进大学文化传承中的作用还体现在它能够激发对教育本质的深刻反思。在挖掘和分析校史档案的过程中，研究者不仅会遇到关于大学成就的记载，也会发现关于挑战、失败甚至争议的记录。通过教育叙事的方式，这些“非典型”的教育经历同样被视为大学文化传承中不可或缺的部分。它们引发了对大学教育过程中的复杂性、多样性和不确定性的深入理解，促使我们反思如何在继承传统的同时，也能够接纳变化和创新，使大学文化更加生动、鲜活和具有时代感。

此外，教育叙事与文化传承的结合还为探索教育未来的发展路径提供了新的思考角度。在全球化和数字化时代背景下，大学面临着前所未有的挑战和机遇。通过对过去教育叙事的分析和反思，我们可以更好地理解大学如何适应历史变迁，如何在维护核心价值的同时，也能够开拓创新和发展。这种对过去教育经验的深入挖掘和理解，为我们提供了宝贵的资源和启示，帮助我们构想和规划大学在未来社会中的角色和发展方向。

总之，教育叙事与校史档案的交织不仅为校史研究提供了丰富的材料和多维的视角，更为我们深刻理解大学在社会变迁中的角色和意义提供了深刻的洞见。通过教育叙事的方法，我们不仅能够保存那些宝贵的教育记忆，更能在这一过程中反思教育的本质，探索教育的未来发展路径，从而为大学文化的传承与创新提供了强有力的支撑。

三、校史档案的研究价值

校史档案不仅是历史研究的基础，更是理解大学精神和文化的关键。通过对校史档案的深入研究，可以揭示教育的本质和目标，为当前和未来的教育实践提供启示。从历史长河来看：校史档案使我们能够追溯大学的发展历程，理解其在不同历史时期面临的挑战和作出的响应。从教育理念上来看：通过分析档案中的教育叙事，可以揭示不同时代背景下的教育理念和教学方法的演变。从社会文化方面来看：校史档案反映了大学与社会的互动关系，如何在社会变迁中维持和发展其文化和价值观。

大学校史档案是大学文化的重要组成部分，它不仅承载着大学的历史记忆，也反映了大学的价值观念、精神风貌和社会使命。通过校史档案的学习和研究，师生校友可以更加深入地了解大学的历史背景和发展脉络，从而增强他们对大学文化的认同感和归属感。这种认同感和归属感是塑造大学共同体意识、增强团结协作精神的基础。而大学校史档案的研究和教育活动，如舞台剧、微电影、主题展览等，不仅丰富了校园文化生活，也为教学提供了新的素材和途径。这些活动能够将抽象的教育理念和价值观具象化、情境化，使学生能够在具体的历史故事和人物经历中学习和体悟，实现教学相长。同时，这种育人模式也促进了教师的专业成长和教学创新。大学校史中蕴含的故事和精神，是激发师生校友奋斗精神和社会责任感的重要源泉。通过对那些在不同历史时期为大学发展做出贡献的人物的学习和缅怀，可以激励当代师生更加珍惜来之不易的学习和工作机会，以更加积极的态度面对学习和生活中的挑战。

大学校史档案研究在教育叙事中占有重要地位，它不仅是对大学历史的回顾和总结，更是一种对文化和精神的传承。通过校史档案的研究和教育，可以有效地增强大学师生和校友的文化认同感和归属感，激发他们的奋斗精神和社会责任感，为构建和谐、有活力的大学文化和育人环境提供强大动力。

第二部分

地方性大学校史的教育叙事分析

第三章　地方性大学校史叙事内容的构建

第一节　教育政策变迁与大学发展的关系

教育政策是教育领域政治措施组成的政策文本及其总和：在本体形态上，教育政策是关于教育利益的分配；在过程方面，教育政策是一个动态连续的主动选择的过程；在特殊性质方面，教育政策在活动过程和利益分配方面具有不同于一般公共政策的特殊性。进入 21 世纪以来，大学教育质量改革问题受到社会普遍关注，这与经济和社会发展变化密切相关。一是面对经济全球化、先进技术和创新的国际竞争，社会对高级知识和专业技能人才的需求不断增长。二是随着各国高等教育升学率的提高，高等教育进入普及化阶段，作为其支撑的社会成本也增加了。三是随着上述变化，大学入学者的素质也发生了相应变化，年青一代未来职业的多样化与流动性也随之加剧，大学生的学习动力普遍下降。

一、教育政策的历史演变对校史的影响

校史是一部学校发展的历史，它不仅反映了学校的发展历程，也体现了教育政策的历史演变。在这个过程中，教育政策的变化对学校的发展起到了重要的推动作用。教育政策的历史演变对校史的影响是多方面的，它不仅影响了学校的教学理念、课程设置、教学方法和管理体制，也影响了学校的师资队伍建设和发展。因此，了解教育政策的历史演变，对于我们理解和研究校史具有重要意义。

（一）政策变迁对学校定位和发展的影响

教育政策的历史演变直接影响地方性大学的定位和发展方向。例如，政策对高等教育普及化的推进，可能促使大学扩大招生规模，改变学校的教育定位和服务对象。同时，针对特定学科或研究领域的政策支持，可能导致学校在这些领域的重点发展，从而影响学校的学术方向和专业结构。教育政策的变迁对大学的定位和发展产生了深远的影响。教育政策变迁对大学发展的影响是一个复杂而重要的课题。教育政策变迁与大学发展之间存在着密切的关系。教育政策的变迁不仅影响着大学的办学方向，也对大学的管理体制、人才培养、科学研究等方面产生深远影响。

1. 影响大学的办学理念

在不同的政策环境下，大学对其办学理念进行了调整，以适应时代的发展和社会的需求。我们将回顾教育政策的历史变迁，分析不同时期政策对高等教育体系的影响。这包括政策环境的演变，如招生政策、教育经费分配、学科专业设置等方面的变化。通过对比不同阶段的政策导向，我们可以揭示政策变迁对高等教育机构的普遍影响。例如，在“211工程”和“985工程”建设时期，大学注重提升其科研实力和国际影响力，积极引进高层次人才，加大科研投入，推动学科交叉融合。而在新时代背景下，大学更加注重服务国家战略和地方经济社会发展，积极推动产学研结合，助力国家创新发展。

2. 影响大学学科布局和专业设置

随着国家对高等教育领域的改革，大学在学科布局和专业设置上进行了多次调整，以适应国家需求和市场需求。例如，在“双一流”建设时期，大学优化了学科布局，强化了优势学科，撤并了一些弱势学科，使学科结构更加合理。同时，大学还根据国家战略需求，新增了一些战略性、前沿性的专业，如人工智能、大数据等，以培养国家急需的人才。

3. 影响大学的资源配置

在政策变迁的过程中，大学在师资队伍建设、科研设施、校园基础设施等方面的投入得到了显著增加。还将考察教育政策变迁对大学内部管理体制和运行机制的影响。这包括学校治理结构、决策过程、资源配置方式等方面的变化。将分析这些变化是如何促进或制约大学的管理效率和创新能力的。如在“211工程”和“985工程”建设时期，大学得到了大量财政资助，用于引进和培养高层次人才、购置先进科研设备、改善校园基础设施等。这些投入为大学的快速发展提供了有力保障。

4. 对影响大学的管理体制和运行机制

为了适应政策变迁的需要，大学在管理体制和运行机制上进行了改革，如推进现代大学制度建设、完善内部治理结构、实施绩效考核等，以提高办学效益和质量。为了适应政策变迁的需要，大学通常会推进现代大学制度建设。这包括建立更加民主、透明和有效的管理体制，强调学术自由和学术民主，提高决策的科学性和合理性。在这个过程中，大学可能会完善各级管理机构职能，明确各个管理层级的职责和权限，确保决策的科学性和民主性。大学也会着重完善内部治理结构。这包括建立健全的内部管理制度，规范大学内部的权力运行和决策程序。例如，大学可能会建立科学的财务管理制度、人力资源管理制度，加强对教学科研、学生管理等方面的监督和管理，提高管理的透明度和规范性。此外，大学还会实施绩效考核机制，以评估和激励教学科研人员的工作表现。这种考核机制通常会结合大学的发展目标和政府的政策导向，制定相应的考核指标和评价标准。通过绩效考核，大学可以激励教师积极投入教学科研工作，提高教学质量和科研水平，从而提升大学的整体办学效益和质量。

教育政策的变迁对大学的发展产生了深刻影响。教育政策的变迁为大学提供了发展机遇，同时带来了挑战。在新的历史条件下，大学需要继续深化改革，创新发展战略，为实现其办学目标和使命而努力。这不仅是对国家教育政策的积极响应，也是对新时代发展趋势的深刻洞察。通过不断优化人才培养、科研创新、师资队伍建设等方面，大学将为我国高等教育事业的发展作出更大贡献。

（二）教育政策对校史的影响机制

教育政策的历史演变对学校的发展产生了深远的影响，它们塑造了学校的面貌、教学理念和办学方向。教育政策不仅影响了学校的运行方式和教学模式，还直接关系到学生的学习成果、教师的教学水平以及学校在社会中的地位和声誉。在教育政策的变迁中，学校的历史也在不断地演绎着。教育政策的历史演变对学校的历史发展产生了深远的影响，教育政策对校史的影响机制成为关键因素。在这个过程中，学校需要根据教育政策的变化，调整自身的设置、课程设置、管理模式以及师资队伍建设，以适应新的教育政策，推动学校的发展。

1. 教育政策的变化也影响了学校的师资队伍建设

政策对教师的资质要求、培训和待遇等方面都有所规定，这些规定直接影响了学校的师资队伍结构和质量。学校的师资队伍在不断变化的教育政策影响下，也在不断优化和提升，这也是校史中重要的一环。在素质教育的倡导方面，现代教育政策倡导素质教育，注重学生全面发展。这影响了学校的课程设置和教学方式，学校更加关注学生的综合素质和个性发展，引入了更多的课外活动和兴趣培养课程；在信息技术与教育融合，随着信息技术的发展，现代教育政策也开始强调信息技术与教育的融合。学校需要将信息技术融入教学中，提升教学质量和效率。这导致了学校教学手段的更新和改革，如电子教室、在线教学等的普及。在教育评价与质量保障方面，现代教育政策注重教育评价和质量保障体系的建立。学校需要进行常态化的教育评估和监督，确保教学质量和教学效果。这对学校的教学管理和师资培训提出了更高要求。在国际化教育视野方面，现代教育政策还鼓励学校开展国际化教育交流与合作。学校需要加强国际间的学术交流和合作，拓展学生的国际视野和竞争力。这促进了学校与国际同行的合作，提升了学校的国际影响力。

2. 教育政策的变化对学校的课程设置和教学方法产生了深远影响

政策往往规定了课程体系、教学内容和教学方式，这些规定直接决定了学校的教学质量和学生的学习效果。因此，学校在不断变化的教育政策影响下，必须不断创新和改革课程设置和教学方法，以适应时代的发展和社会的需求。教育政策的变化通常会反映社会对教育目标和价值观的不断调整。例如，随着科技的发展和经济结构的变化，政策可能会强调 STEM 教育或者强调全面发展学生的能力。这就会直接影响学校的课程设置，比如增加科技课程或者加强艺术教育；教育政策的变化也反映了教育改革的方向和重点。政策可能会推动学校实施新的教学方法或者采用新的教材教辅。比如，一些政策可能鼓励学校采用项目式学习或者个性化教育，这就会促使学校改变教学方式，更注重学生的自主学习和探究能力的培养；教育政策的变化也会影响教师的专业发展和培训。政策可能会要求教师接受新的培训或者提高自己的教学水平，以适应新的教育要求。这也会直接影响学校的教学质量和学生的学习效果。

3. 教育政策的变化对学校的管理和运行产生了广泛而深刻的影响

政策往往涉及学校的管理体制、运行机制以及资源配置等方面，这些规定直接塑造了学校的组织结构、决策程序和资源利用方式，从而影响了学校的运行效率和管理水平。教育政策的变化可能会影响学校的管理体制。政策可能会要求学校采取更加灵活的管理模式，比如推行学校自治或者建立学校董事会，以增强学校的管理效能和决策灵活性。另外，政策也可能会规定学校的领导层次和管理人员的职责，进一步规范学校的管理结构和运作模式；教育政策的变化也会影响学校的运行机制。政策可能会要求学校实施更加透明、规范的运行机制，包括制定更加完善的财务管理制度、人力资源管理政策以及学校规章制度等。这有助于提升学校的运行效率，减少资源浪费和管理漏洞；教育政策的变化也会影响学校的资源配置。政策可能会调整学校的财政拨款方式、资源分配标准以及投入重点，以确保资源的合理配置和最大化利用。此外，政策也可能会鼓励学校开展校际合作或者引入社会资本，拓展资源来源，提升学校的发展活力和竞争力。

综上所述，教育政策的历史演变对学校的历史发展产生了深远的影响，这种影响主要体现在学校的办学理念和目标、师资队伍建设、课程设置和教学方法以及管理和运行等方面。这些影响在学校的校史中留下了深刻的痕迹，成为学校历史发展的重要部分。

二、国家与地方政策对学校发展的支持与挑战

国家级和地方级的教育政策为地方性大学的发展提供了支持与挑战。一方面，国家的财政投入、政策倾斜等为学校提供了发展资源，促进了学校的硬件建设和学科建设。另一方面，地方性大学也面临着适应政策要求、满足政策目标的挑战，如提高教育质量、增强科研竞争力等。同时，地方政策的差异性也意味着大学需要在遵循国家政策的同时，考虑地方的特殊需求和条件，寻找适合自身发展的路径。

（一）地方性大学适应教育政策变迁的策略

地方性大学是相对于中央政府主管的部属大学而言的，是指地方政府主管的省属公立大学或市属公立大学。地方性大学关注地方文学建设、总结地方文学成就似乎是应有之义，因此文学地理学研究的主力军往往是在地方性大学。随着教育政策的变迁，地方性大学面临着新的挑战和机遇。为了适应这些变化，地方性大学需要采取一系列策略。

1. 加强师资队伍建设是地方性大学提升教育教学质量、培养更多优秀人才的关键举措

师资队伍的素质和能力直接影响着学校的办学水平和发展潜力。因此，地方性大学应该重视师资队伍建设，并采取一系列措施，包括引进和培养高水平的教师、提高教师的教学和科研能力，以及激励教师积极参与教育改革和创新，地方性大学应该积极引进和培养高水平的教师，包括国内外知名高校的优秀毕业生、海归人才以及具有丰富工作经验的专业人士。引进高水平的教师可以带来新的思想和理念，促进学校的学术交流和创新发展。同时，地方性大学也应该加大对青年教师的培养力度，通过提供良好的学术氛围和科研条件，激发他们的学术潜力和创新能力；地方性大学应该通过不断完善教师培训机制和科研支持体系，提高教师的教学和科研能力。这包括组织教师参加各类教学培训和学术交流活动，提供专业的教学指导和反馈，鼓励教师积极参与科研项目和学术论文的撰写。此外，学校还应该加强教学科研基础设施建设，提供先进的实验室设备和图书资料，

为教师的科研工作提供有力支持；地方性大学应该建立起激励机制，鼓励教师积极参与教育改革和创新。这包括制定符合教师个人发展需求的评价标准和晋升机制，建立起教师评优奖励制度，对教学和科研成果给予一定的奖励和荣誉。同时，学校还应该加强对教师的管理和指导，建立起多方位的教师评价体系，及时发现和解决教师在教学和科研工作中的问题，激发其工作的积极性和创造性。

2. 地方性大学需要调整专业设置和课程体系

随着教育政策的变化，市场需求和行业发展也在不断变化。因此，地方性大学应该根据社会需求和自身优势，调整专业设置，优化课程体系。这样可以确保学生所学的知识和技能与市场需求相符，提高毕业生的就业竞争力。地方性大学需要根据社会需求和学校自身的优势，审慎调整专业设置。首先，要深入了解当前和未来社会的人才需求，重点关注新兴行业和领域的发展趋势。基于这些信息，学校可以考虑开设新的专业，涵盖科技、工程、文化、医学等多个领域，以满足市场的多元需求。同时，对于一些已有专业，也可以进行精细化调整，使其更贴近市场需求，提高毕业生的就业机会。随着社会的发展，职业领域的知识结构也在不断演变。因此，地方性大学需要不断优化课程体系，确保教学内容与市场需求相符。在优化课程时，可以注重引入前沿科技、行业趋势和实际应用案例，使学生能够更好地理解并适应职业发展的挑战。此外，还应注重培养学生的创新意识、团队协作能力和实践操作能力，以满足现代职业对综合素质的要求。

3. 地方性大学应加强产学研合作

通过与企业和科研机构建立紧密的合作关系，地方性大学可以为学生提供实践和创新的平台。同时，产学研合作也有助于地方性大学科研成果的转化，促进地方经济发展。为了更好地培养学生的实际操作能力，地方性大学可以加强实践教学环节。这包括实习、实训、项目实践等形式，使学生能够在真实的工作环境中学到实际应用技能。与企业建立紧密的合作关系，提供学生参与实际项目的机会，不仅可以加深学生对行业的理解，还能够提高他们的职业竞争力。此外，引入企业导师、行业专家等资源，为学生提供更丰富的实践教学体验；为了培养更具综合素质的人才，地方性大学可以考虑开设一些跨学科的课程，使学生能够在不同学科领域间进行交叉学习。这有助于拓宽学生的知识面，提高他们的综合素质和解决问题的能力。跨学科课程也有助于培养学生的创新精神，使他们能够更好地适应未来社会和职业发展的变化。教育是一个不断发展的领域，地方性大学需要不断更新教育理念和教学方法。引入先进的教育技术，如在线课程、虚拟实验室等，以提高教学效果。同时，注重培养学生的自主学习能力和团队协作精神，使其具备适应未来职业发展的能力。

在调整专业设置和优化课程体系的过程中，地方性大学需要充分考虑学校的实际情况和资源状况，确保调整是可行的、可持续的。同时，要与社会、企业等各方面建立紧密的联系，了解市场需求和行业发展动态，以便更加精准地进行调整和优化。

4. 地方性大学需要提升自身综合实力

这包括加强科研能力、提高教育教学水平、优化校园环境等方面。通过提升综合实力，地方性大学可以更好地适应教育政策变迁，实现可持续发展。再加强科研能力方面，地方性大学应当注重科研投入和科研团队建设。加强与政府、企业、社会组织的合作，吸引更多科研项目和资金，培育一支具有国际竞争力的科研团队。建立科研成果转化机制，将科研成果转化为社会生产力，提升学校的影响力和竞争力；在提高教育教学水平方面，地方性大学应不断优化教育教学体系，提升教师队伍的整体素质。加强师资队伍建设，为教师提供更多的教学培训和发展机会，激发教师的教学热情和创新能力。注重教学方法和手段的创新，引入现代教育技术，提高教学效果和教育质量；在优化校园环境方面，良好的校园环境是提升地方性大学综合实力的重要保障。学校应注重校园基础设施建设，包括教学楼、实验室、图书馆、运动场馆等基础设施的建设和改善，为师生提供良好的学习、生活和工作环境。同时，培育积极向上的校园文化氛围，激发师生的学习和创新活力，营造和谐稳定的校园氛围；地方性大学应当积极探索适合自身发展的人才培养模式，注重学生全面发展和能力培养。加强课程设置的针对性和实践性，与行业企业合作开展实习实训，提供更多的就业指导和职业规划服务，助力学生顺利就业和成长发展；在加强校际合作与交流方面，地方性大学应当加强与国内外其他高校的合作与交流，借鉴其先进经验和管理模式，拓展国际视野和合作空间。通过国际化合作项目和交流活动，提升学校的国际影响力和竞争力，促进学校的可持续发展。

地方性大学适应教育政策变迁的策略包括加强师资队伍建设、调整专业设置和课程体系、加强产学研合作以及提升综合实力等方面。通过采取这些策略，地方性大学可以应对新形势下的挑战，实现健康发展。

（二）国家与地方政策协同下的大学发展路径

教育政策的变迁在很大程度上影响了大学的发展。陈允龙学者表示制度政策对于大学发展起到重要的保驾护航作用，其延续的惯性亦对大学发展路径产生重要影响。单一价值取向的高等教育政策也会给高等教育发展带来一定问题，因此，高等教育政策应同时兼顾社会工具价值取向和人本理性价值取向。因此，高等教育政策的制定需要国家和政府一起协调，并且要考虑地方学校自身的特点来确定大学的发展。目前以一些地方性大学为例，我们可以看到在国家与地方政策的协同作用下，大学的发展路径呈现出独特的特点。

1. 政策变迁为大学发展提供了新的机遇

随着国家对教育的重视程度不断提高，一系列有利于大学发展的政策陆续出台。这些政策为大学提供了更多的资源和支持，使大学能够更好地发挥其在人才培养、科学研究、社会服务等方面的作用。政策支持促进科研创新：政府出台的科技创新政策为地方性大学提供了更多的科研项目支持和资金投入。例如，设立科技创新基金、科技成果转化专项资金等，这些政策鼓励地方性大学积极开展基础研究和应用研究，推动科技成果的转化和产业化。

教育改革政策提升教学质量。政府对教育领域的改革政策，例如提倡素质教育、推动课程改革、促进教师专业发展等，为地方性大学提供了发展的契机。大学可以根据政策要求，优化课程设置，加强实践教学环节，提升学生综合素质和就业竞争力。

人才培养政策助推人才培养模式创新。政府提出的人才培养政策，鼓励大学探索创新人才培养模式，培养适应社会发展需求的高素质人才。地方性大学可以依据政策的指导，积极探索实践性强、专业性强的人才培养模式，加强与企业、行业的合作，提升人才培养质量。

校企合作政策促进科技成果转化。政府鼓励校企合作，推动科技成果的产业化和市场化。地方性大学可以依托政策支持，加强与地方企业的合作，共同开展科研项目，加速科技成果的转化和应用，促进地方经济发展。

财政政策支持提升学校基础设施建设。政府加大对教育事业的财政支持力度，为地方性大学提供了更多的资金保障。大学可以利用政府的财政支持，加强校园基础设施建设，提升学校的硬件条件，改善师生学习和生活环境。

2. 政策变迁对大学发展提出了新的要求

在政策变迁的过程中，大学需要不断调整自身的发展方向和策略，以适应新的政策环境。这要求大学具备强烈的政策敏感性和适应性，能够及时把握政策动向，并根据政策要求调整自身的发展策略。制定灵活的战略规划：大学领导层需要密切关注国家和地方政策的变化，及时调整和制定学校的战略规划。这可能包括加强人才培养、加强科研创新，或者与企业、社会合作以满足政策导向。

建立政策研究与解读机制。为了更好地理解政策的内涵和影响，大学可以建立专门的政策研究与解读机制，确保对政策的深入理解。这有助于更精准地调整学校的发展方向，以适应政策变化。

强化对外合作与交流。针对新政策，大学需要加强与政府、产业界和其他高校的沟通与合作。通过建立更加紧密的合作关系，大学可以更好地融入政策实施的过程中，共同推动相关政策的落地。

加强师资队伍建设。随着政策的调整，大学可能需要更具专业性和国际化水平的师资队伍。培养和引进符合新政策要求的高水平人才，有助于更好地完成学科建设和科研任务。

提升治理能力和透明度。强调合规治理和透明度是适应政策变迁的重要一环。大学应建立规范的管理制度，确保决策的透明度，以满足政府对大学管理的新要求。

加强社会责任与可持续发展。政策变迁通常随着对大学社会责任的更高要求。大学需要更加注重可持续发展，关注社会问题，积极参与社区服务，以回应政策对社会贡献的期望。

3. 政策变迁推动了大学与政府、企业等各方的合作

在国家与地方政策的引导下，大学与政府、企业建立了紧密的合作关系，共同推动地区经济社会发展。这种合作不仅为大学提供了更多的实践机会和发展空间，也为地方经济发展注入了新的动力。深化产学研合作：针对新的政策导向，大学与企业之间的产学研合作更加深入。这种合作形式涵盖了共同研发项目、科技创新合作以及人才培养计划，为双方提供了更多的合作机会。

共建科技创新平台。基于政策的引导，大学与政府、企业共同投资建设科技创新平台，以促进科技成果的转化和产业升级。这些平台不仅加速了科研成果的实际应用，也为企业提供了更好的创新环境。

提高人才培养与市场需求匹配度。新的政策可能强调培养符合市场需求的人才，大学与企业需要更密切地合作，确保教育体系能够更好地满足产业发展的需求，提高毕业生的就业率。

开展社会服务与技术转移。大学可以通过与政府和企业的合作，提供专业的社会服务，包括政策咨询、技术培训等，同时推动科技成果的转移与推广，为地区经济社会发展提供更多支持。

共同参与社区发展项目。大学与政府、企业可以共同参与社区发展项目，通过整合各方资源，推动基础设施建设、文化教育等方面的发展，为当地居民提供更好的生活条件。

建立创新生态系统。进一步的合作可促成创新生态系统的建立，形成政府、企业、大学之间相互依存、共赢共享的关系，推动整个地区的创新

与发展。

4. 政策变迁促进了大学的特色发展

不同政策环境下，大学需要抓住机遇，发挥自身优势，形成特色发展路径。以一些地方性大学为例，其在政策变迁过程中，充分发挥了学科优势，形成了鲜明的特色，为国家和社会培养了大批优秀人才。政策变迁对地方性大学的特色发展产生了显著影响。在不同的政策环境下，地方性大学需要灵活应对，充分发挥自身优势，探索适合自身发展的独特路径。这些大学通过深化学科建设、加强产学研合作、培育创新文化等方式，形成了鲜明的特色，为国家和社会培养了大批优秀人才。地方性大学在政策引导下，加强了学科建设，突出了自身的学科特色。这些大学可能在某一或几个领域具有深厚的学科积累和优势，如农业、地质资源、民族文化等，因此，在政策的支持下，它们加大了对这些学科的投入，培育了一批国内领先的学科团队，提升了学科影响力和竞争力。地方性大学通过与地方政府和企业的合作，充分利用地方资源，开展产学研合作，促进了产学研结合。这种合作不仅有助于学术成果的转化和应用，也为地方经济发展提供了有力支撑。通过与地方产业深度融合，地方性大学培养了符合地方产业需求的专业人才，促进了地方经济的持续发展。此外，地方性大学还注重培育创新文化和创新人才。它们通过搭建创新平台、举办创业竞赛等方式，鼓励学生和教师积极参与创新创业活动，培养了大量具有创新精神和实践能力的优秀人才。这些人才在地方经济社会发展中发挥了重要作用，推动了地方产业的转型升级和创新发展。

政策变迁为地方性大学的特色发展提供了重要机遇。这些大学通过充分发挥学科优势、加强产学研合作、培育创新文化等举措，形成了独特的发展路径，为国家和社会培养了大量优秀人才，为地方经济社会发展注入了强劲动力。

教育政策变迁与大学发展关系密切。在国家与地方政策的协同作用下，大学应把握机遇，适应要求，加强与政府、企业等各方的合作，推动特色发展，为地区经济社会发展作出更大贡献。

教育政策的历史演变与地方性大学的发展密切相关，政策的变化不仅塑造了学校的定位和发展方向，也对教学和研究活动产生了显著的影响。面对国家和地方政策提出的支持与挑战，地方性大学需要灵活应对，积极探索适应政策变化的策略，以实现可持续发展。通过深入分析政策变迁与大学发展的关系，可以更好地理解地方性大学在教育体系中的角色和价值，为其未来的发展提供指导和启示。

第二节　重要事件对大学发展的影响

在探讨重大事件对大学发展的影响时，我们首先需要明确重大事件的内涵。重大事件通常指的是那些在历史进程中具有深远影响，能够改变大学发展轨迹的事件。这些事件可能源于学术领域的突破，也可能源自社会文化背景的变迁，如教育政策的重大调整；抑或是由自然灾害、社会动荡等外部因素带来的挑战。高校重要事记是记述和反映一定时间范围内高等学校教育教学、科研管理、社会服务、对外交流合作等各类活动大事要事的档案编研资料。在历史长河中，大学作为社会组织，其发展受到诸多重要事件的深远影响。从古代的大学创建到现代大学的变革，重要事件在推动大学进步的同时，也塑造了大学的特色和传统。

一、开创性事件与历史转折点

开创性事件通常指的是那些在大学历史上具有里程碑意义的事件，它们不仅改变了大学的面貌，而且对整个教育领域甚至社会产生了广泛的影响。开创性事件的内涵丰富多样，包括大学的成立、重要人物的访问、重大科研成果的取得、教育改革措施的实施等。这些事件的发生，往往标志着大学在某一领域的突破和进步，为大学的发展奠定了坚实的基础。历史转折点，指的是在一定历史时期内，由于某些关键事件的发生，导致历史进程发生了重大的变化。这些事件往往会对后续的社会发展产生深远的影响。对于大学而言，在其发展历程中，也会存在一些关键的历史转折点，这些转折点对大学的发展方向、教育理念、学科布局等方面产生了重要的影响。

开创性事件和历史转折点是校史叙事中不可或缺的元素，它们标志着地方性大学发展过程中的重要阶段和变化。这些事件可能包括学校的创立、重大教育改革的实施、新校区的建设等，它们不仅改变了学校的发展轨迹，也影响了学校的文化。

（一）学校创立的意义

开创性事件为大学带来了新的发展方向。学校创立是地方性大学历史中最具开创性的事件之一。通过叙事分析，可以揭示学校创立初期的使命和愿景如何深植于学校文化之中。这些原始价值观和理念，如追求学术卓越、服务社会、促进知识传播等，成为学校文化的基石，影响着学校的决策和发展方向。学校的创立对于大学的发展具有深远的意义。它不仅是大学发展的起点，更是大学精神文化的源泉。学校的创立，往往随着教育理念的提出，这些理念将成为大学发展的核心动力。

学校的创立，意味着新的教育体系的诞生。它为社会提供了新的知识传播方式和学习模式，推动了教育的发展。同时，学校的创立也为学生提供了新的学习机会，使他们能够接触到更广泛的知识领域，提升自身素质。

学校的创立，还意味着新的学术研究和科技创新平台的形成。它吸引了大量的学者和研究人员，推动了学术研究的繁荣。同时，学校的创立也促进了科技成果的转化，为社会经济发展提供了强大的动力。

学校的创立，还对社会文化产生了深远的影响。它为社会提供了一种新的文化形态和文化氛围，推动了社会文化的进步。同时，学校的创立也使大学成为文化交流的重要平台，促进了不同文化之间的交流和融合。

学校的创立对于大学的发展具有重要的影响。它不仅是大学发展的起点，更是大学精神文化的源泉。学校的创立，为社会提供了新的教育体系、学术研究和科技创新平台，推动了社会文化的进步。

（二）重大教育改革

教育改革往往是响应社会需求和科技进步的必然结果。通过叙事方法，研究者可以探讨教育改革如何挑战和转变现有的教育模式和文化。例如，引入新的教学方法或课程体系可能会促进更加开放和合作的学习环境，从而影响学校的文化氛围。教育改革是推动国家教育体系进步和发展的重要驱动力，它涉及课程体系、教学方法、研究方向等多个层面的深刻变革。例如，课程体系的改革不仅是教材的更新，更是教学内容和教学目标的全面升级。根据教育部的一项调查，近年来我国高校课程体系改革的比例逐年上升，许多地方性大学通过引入跨学科课程、实践性教学项目，使课程体系更加贴近社会需求和学科发展前沿。

重大教育改革使大学能够重新审视自身的发展战略。自 1999 年开始，基于解决经济和就业问题的扩大普通高校本专科院校招生人数的教育改革政策时期，我国高等教育面临着从规模扩张向质量提升转型的挑战。许多大学在这场历史转折点上，选择了加强内涵建设，提高教育教学质量，提升科研水平，培养更多的高素质人才。这一战略调整，使大学在适应国家和社会发展需求的同时，也为自身的发展开辟了新的道路。

重大教育改革促使大学重新审视并调整其教育理念。在传统教育模式下，大学注重知识的传授和学术的研究，而忽视了对学生的实践能力和创新精神的培养。然而，随着教育改革的推进，大学开始重视学生的全面素质培养，强调理论与实践相结合，注重培养学生的创新能力和实践能力。这种教育理念的转变，使大学在培养人才方面更具竞争力，为大学的发展奠定了坚实的基础。

重大教育改革推动了大学教育体制的改革。在过去，大学的教育体制往往较为僵化，课程设置和教学方法较为单一。然而，随着教育改革的深入推进，大学开始积极探索灵活多样的教育体制。例如，实施学分制、推行模块化课程、采用案例教学法等，使大学教育更加注重学生的个性化需求和自主学习能力。这些教育体制的改革，为大学的发展提供了强大的动力。

在教学方法上，以学生为中心的教学模式正逐渐成为主流。这种教学模式强调学生的主体地位，鼓励学生主动探索和学习。为了适应新时代人才培养的要求，大学在课程设置、教学手段、评价体系等方面进行了改革。一些地方性大学积极引入MOOCs（慕课）、翻转课堂等现代教育技术，通过推广案例教学、小组讨论、翻转课堂等新型教学方式，推动了教学模式的变革，极大地提高了学生的参与度和学习效果，注重培养学生的创新能力和实践技能。美国教育研究协会的一项研究表明，采用以学生为中心的教学方法能够显著提高学生的批判性思维能力和问题解决能力。

科研政策的变化对地方性大学的科研活动同样具有重要的影响。科研资金的分配机制直接关系到科研项目的发展方向和科研人员的积极性。近年来，我国政府不断加大对基础研究和应用研究的投入，通过设立各类科研基金，鼓励地方性大学开展原创性和应用性研究，加大了科研机构的建设力度，推动了多学科交叉融合，提高了科研项目的质量和数量。同时，科研评价体系的改革也在逐步推进，从传统的以论文数量为主向质量导向转变。这种变化使得地方性大学更加注重科研创新和成果转化，以提高科研质量和学术影响力。

教育改革不仅是教育体系的内部调整，更是与国家整体发展战略紧密相连的重要部分。在“双一流”建设等国家战略的推动下，地方性大学正通过深化改革，提升教育质量和科研水平，以更好地服务于国家的发展需求。教育改革所带来的深远影响，正逐步在地方性大学的教育教学和科研工作中得到体现和落实。

（三）学科建设突破

学科建设的突破不仅展现了学校的学术实力，也能够对学校文化产生深远影响。成功的学科建设往往鼓励创新思维和跨学科合作，促进了一种以探索和创新为核心的学术文化。这种文化影响着教师的教学和研究，激励学生追求卓越和创新。学科建设突破是大学发展的重要阶段，对大学的整体发展产生了深远影响。在这一阶段，大学通过加强学科建设，提高了学术水平，优化了学科结构，提升了学科竞争力，为大学的长远发展奠定了坚实基础。学科建设突破对大学发展的影响主要体现在以下几个方面：

提升学术水平。提升学术水平是现代大学发展的核心任务之一。学科建设突破使大学能够加大投入，引进和培养高水平人才，提升学术团队的研发能力。据统计，近十年来，我国高校在人才培养、科学研究、社会服务等方面取得了显著成果，这些成果的取得离不开大学在学科建设上的不断突破。可以通过加大投入、引进和培养高水平人才，加强学术队伍建设，提高教学和科研水平，大学在国际学术领域的地位得到提升，学术影响力不断扩大。这将有助于大学为我国经济社会发展和科技进步提供更有力的智力支持。

优化学科结构。学科建设突破期间，大学对现有学科进行整合和优化，调整学科布局，发展优势学科，淘汰或转型落后学科。这种优化使大学的学科结构更加合理，有利于提高学科交叉融合度，促进创新成果的产生。据统计，美国麻省理工学院（MIT）在 2019 年将其学科结构进行了优化，将原来的 26 个学科整合为 21 个，这一举措使 MIT 的学科布局更加合理，学科交叉融合度得到显著提高。在优化过程中，MIT 重点发展了其优势学科，如计算机科学、人工智能等，同时淘汰或转型了一些落后学科。这一改革取得了显著成效，使 MIT 在全球大学排名中位居前列。

提升学科竞争力。学科建设突破使大学能够加大科研经费投入，提升科研设施水平，为学术团队提供更好的研究条件。在此基础上，大学积极参与国内外科研项目竞争，争取更多科研经费，进一步提高学科竞争力。以我国为例，近年来，在国家的大力支持下，许多高校的科研设施水平得到了显著提高。据统计，2019 年我国高校科研仪器设备总值同比增长了 10%，这为学术团队提供了更好的研究条件。美国学者马克·吐温在《发明创造心理学》一书中指出，科研经费的投入是推动科技创新的关键因素。我国学者张晓刚也认为，科研经费的增加使得学术团队能够更好地开展研究，从而提高学科竞争力。这些理论研究进一步证实加大科研经费投入对提升学科竞争力的重要性。

促进产学研合作。学科建设突破使大学能够与企业、科研机构等建立更加紧密的合作关系，实现产学研一体化。这种合作有助于大学研究成果的转化，推动区域经济发展，同时为大学提供了更多的实践平台，有利于培养学生的实践能力。事实上，产学研合作已经成为我国高校发展的新趋势。以清华大学为例，其通过建立产学研合作平台，与多家企业合作研发新技术，成功推动了科技成果的转化。这些合作不仅为清华大学带来了丰厚的经济收益，还提升了学生的实践能力和就业竞争力。著名经济学家迈克尔·波特在《竞争战略》一书中提出，企业的核心竞争力来源于技术创新和人才培养。而产学研合作正是实现这一目标的有效途径。通过与企业和科研机构的合作，大学可以更好地了解社会需求，调整学科布局，提升人才培养质量。

提高人才培养质量。在学科建设突破期间，大学通过优化课程设置、加强实践教学、提升师资队伍水平等措施，不断提高人才培养质量。毕业生具备更高的专业素养和创新能力，为社会输送了大量高素质人才。优化课程设置是提高人才培养质量的关键。课程是人才培养的核心环节，直接影响着学生的知识结构和综合素质。为了适应时代发展的需求，我国大学在课程设置上进行了大量改革，增加了跨学科、实践性、创新性的课程内容，使学生能够在宽广的知识领域中提升自身素养。例如，清华大学在工科专业中设置了人文社科课程，培养学生的综合素质；北京大学则在大一阶段为学生提供丰富的选修课程，让学生在探索中找到自己的兴趣所在。

学科建设突破是大学发展的重要事件，对大学的发展产生了积极影响。通过这一阶段的努力，大学在国内外的地位和影响力得到提升，为大学的长期发展奠定了坚实基础。据教育部数据显示，近年来，我国高校在学科建设方面取得了显著成果，如清华大学、北京大学等知名高校在国内外权威学科排名中表现优异。通过这一阶段的努力，大学在国内外的地位和影响力得到提升。以清华大学为例，其在 QS 世界大学排名中连续多年位居前列，充分展示了我国高等教育的实力。此外，学科建设突破还为大学的长期发展奠定了坚实基础。据统计，近年来，我国高校在科研经费、师资力量、人才培养等方面得到了大幅的支持与投入，为高校的长远发展提供了有力保障。

（四）科研成果与国际合作

科研成果和国际合作的成功不仅提高了学校的国际声誉，也促进了校园文化的国际化。这些成就展示了学校对全球学术社区的贡献，同时引入了多元文化视角和国际合作的价值。这种文化多样性和国际视野成为学校文化的重要组成部分。科研成果对于大学的发展起到了重要的推动作用。在当今这个科技日新月异的时代，高校作为科研创新的主力军，肩负着推动社会进步和经济发展的重要使命。通过开展科研活动，大学可以不断提高自身的学术水平，培养出更加优秀的科研人才，进而提升学校的整体实力。在国际合作方面，大学通过与世界各地的优秀高校和科研机构进行合作交流，不仅可以拓宽学术视野，提高科研水平，还有助于推动学科发展，提升国际影响力。此外，国际合作还有助于促进跨学科、跨领域的融合与发展，为解决全球性问题提供更多的思路和方法。科研成果与国际合作对大学发展的影响主要表现在以下几个方面：

扩大国际影响力。通过国际合作，大学可以提高自身的国际知名度和影响力，吸引更多的国际学生和学者来校交流学习。例如，通过参与国际学术交流，学生可以了解不同国家的科研现状和发展趋势，从而提高自身的竞争力。同时，国际合作项目也使学生能够与世界各地的优秀人才交流合作，激发了他们的创新思维。事实上，许多优秀的科学家和企业家都是在国际合作的氛围中成长起来的。比如，比尔·盖茨在创立微软之初，便积极参与国际技术交流，最终使其产品风靡全球。

促进资源共享。国际合作有助于大学间资源共享，提高科研设施和设备的利用效率，降低研究成本。在全球化的背景下，高等教育领域的国际竞争日趋激烈，大学之间的合作成为提升自身实力的重要途径。据《泰晤士高等教育世界大学排名》显示，拥有国际学生和教师的比例已经成为评价一所大学国际影响力的关键指标。通过与国际知名高校和研究机构开展合作，大学可以共享优质教育资源，促进学术研究的繁荣。

增强社会服务能力。通过科研成果转化和国际合作，大学可以更好地服务于社会，推动科技成果惠及民生。在当今知识经济时代，大学的角色已经超越了传统的知识传授和学术研究，更加注重社会服务能力的提升。通过科研成果的转化和国际合作，大学可以在服务社会、推动科技成果惠及民生方面发挥更大的作用。

从数据型论据来看，根据我国教育部发布的《2019 年高等学校科技统计资料汇编》，2019 年全国高校技术转让合同金额达到 88.8 亿元，同比增长 11.5%。这一数据充分说明，高校科研成果转化能力的提升，已经为社会创造了显著的经济价值。

科研成果和国际合作是推动大学发展的重要因素。大学应充分发挥自身优势，积极开展科研活动和国际合作，为提升自身实力和社会贡献不断努力。著名的大学功能理论认为，大学应承担教学、科研和社会服务三大功能。其中，科研是大学的核心功能之一，而国际合作则是实现科研创新的重要途径。通过与国际合作伙伴的学术交流和科研合作，大学可以共享优质资源，拓宽研究视野，提高科研水平，进而提升自身实力和社会贡献。

二、危机与挑战的克服

危机与挑战如自然灾害、经济困难、管理危机等，对学校的生存和发展构成了考验。地方性大学如何应对和克服这些困难，展示了学校的韧性和社会责任感，这些故事往往充满了激励和启示。在大学的发展历程中，危机与挑战是不可避免的。然而，正是这些重要事件对大学的发展产生了深远的影响。危机与挑战可以促使大学进行自我反思和改革。当大学面临困境时，它会开始审视自己的教学、研究和管理等方面，寻找问题所在。这种自我反思的过程有助于大学发现自身的不足，进而采取措施进行改革。危机与挑战可以激发大学的创新精神。面对困境，大学需要寻找新的出路，这往往需要创新思维。大学可以通过开展跨学科研究、与企业合作等方式，寻找解决问题的新方法。这种创新精神不仅有助于大学解决当前的危机，还可以为大学的长远发展奠定基础。大学需要正视这些重要事件，积极应对，以实现自身的发展目标。

（一）克服危机的韧性

危机的韧性实际上是对大学面对危机时的应对策略和能力的概括。韧性，是指物体在受到外力作用时，能承受变形而不断裂的能力。在这里，我们将这种概念引申到大学面对危机时的表现。一个具有韧性的大学，是指在面对重要事件、危机时，能够保持稳定，能够适应变化，更能够从中吸取教训，实现自我更新和提升。面对自然灾害、经济困难等危机时，学校如何应对和克服困难，展现了其文化中的韧性和适应性。这些故事激励了校园共同体成员共同面对挑战，加强了彼此之间的联系和支持。危机过后，这种经历往往成为学校历史的重要部分，强化了共同体的凝聚力和身份认同。

大学是一个国家和社会的重要支柱，培养着一代又一代的人才。然而，在历史的长河中，大学的发展并非一帆风顺。本文旨在探讨重要事件对大学发展的影响，并以克服危机的韧性为线索，分析大学如何在不利情况下保持发展势头。从古至今，大学在发展过程中遇到了诸多重要事件，这些事件在一定程度上影响了大学的发展轨迹。其中，危机是大学发展过程中不可避免的一种现象。危机的到来往往使大学面临严峻的挑战，甚至威胁到大学的生存。然而，正是这些危机，使大学在克服困难的过程中展现出惊人的韧性。

危机一，经费不足。在大学的发展史上，经费问题一直是制约大学发展的“瓶颈”。由于各种原因，大学在某一时期可能会面临经费不足的困境。此时，大学需要通过各种途径寻求资金支持，如寻求政府资助、与企业合作等。在经费紧张的情况下，大学往往需要调整发展战略，优化资源配置，以保持正常运转。

危机二，人才流失。人才是大学的核心竞争力的体现。然而，在某些时期，大学可能会面临优秀师资和科研人才的流失。这主要源于竞争加剧、待遇不佳、发展空间有限等原因。为了应对这一危机，大学需要加大人才引进和培养力度，提高师资待遇，营造良好的学术氛围。

危机三，社会需求变化。社会需求是大学发展的外部动力。随着社会的发展和变化，对人才的需求也在不断调整。大学需要紧跟社会需求，调整专业设置和课程体系，提高教育质量和人才培养水平。总之，重要事件对大学发展具有重要影响。在面临危机时，大学需要展现出克服危机的韧性，通过各种途径应对挑战，保持发展势头。从经费不足、人才流失到社会需求变化，大学在发展过程中需要不断调整和优化自身策略，以适应不断变化的外部环境。正是这种韧性，使大学在历史长河中不断发展壮大，为人类社会的发展做出了巨大贡献。

（二）管理危机的透明度和诚信

管理危机的处理方式可以深刻影响学校的信誉和文化。透明、诚实的沟通和处理策略能够建立和维护信任，强调诚信和责任感在学校文化中的重要性。这些价值观反映在学校的日常运营和决策过程中，形成了一个以诚信为核心的校园文化环境。在当今快速变化和信息化的社会中，大学作为培养人才和进行科学研究的重要场所，不仅面临着无数发展机遇，同时也面临着各种挑战和危机。管理危机的透明度和诚信，是确保大学在重要事件发生时能够持续稳定发展的关键因素。危机的透明度。透明度在危机管理中扮演着至关重要的角色。当大学遇到突发事件或危机时，及时、准确、全面地向社会公开信息，不仅可以减少不必要的猜测和误解，还能显示大学在面对问题时坦诚的态度。这种透明度有助于维护大学的公信力，使之在困难时期获得更多理解和支持。例如，当大学发生食品安全事件时，及时公布事件调查进展、采取的整改措施以及处理结果，能够有效缓解公众的担忧，防止谣言的滋生。

诚信的重要性。诚信是大学的基石，尤其在危机时刻，大学的每一项决策和行动都受到外界的高度关注。在处理危机时，大学必须坚守诚信原则，确保所有公开的信息和采取的措施都是真实可靠的。一旦失去诚信，大学的声誉将受到难以估量的损失，对其长期发展产生负面影响。以学术不端行为为例，一旦发现，大学必须严肃处理，展开全面调查，并公布处理结果，以维护学术诚信，保护学术环境的健康。

结合透明度和诚信管理危机。要将透明度和诚信有效结合，大学需要建立一套完善的危机应对机制。这套机制应包括快速反应的信息发布系统、严格的危机沟通流程和应急响应计划。通过这样的机制，大学能够在面对各种内外部挑战时，保持高度的透明度和诚信度，从而有效管理危机，减轻其对大学发展的负面影响。

管理危机的透明度和诚信对于大学的发展具有深远的影响。通过提高透明度和坚守诚信，大学不仅能够更好地应对和解决危机，还能在社会各界中树立良好的形象，为未来的可持续发展奠定坚实的基础。

第三节　校史人物故事的挖掘与呈现

校史人物故事的挖掘与呈现是一个旨在深入挖掘和展示学校历史中杰出人物的故事的课题。这些故事不仅丰富了学校的历史文化，也为学生们提供了宝贵的教育资源。

有言道：铁打的学校，流水的学生，永驻的教师。是的：星转斗移，沧海桑田，千百年的满井村今天变成了北京科技大学美丽的校园，她是我校三十余万莘莘学子永远的故乡；南来北往的一代代钢铁学人早已学有所成，正在神州大地上报效祖国、建功立业；然而只有那些以教育兴国、科技报国为终身志向的一批批教师却永远驻扎在这里，在三尺讲台上不懈地辛勤耕耘，直至毕其一生。学校大多成了他们实现个人抱负的终极战场。北京科技大学建校已经六十多年，她已经铸就了诸多的辉煌。当我们今天在列数这些成功、成绩和成就的时候，铭记学校先行者的丰功，传承他们那种拥有渊博的学识、严谨的教学和高尚的学品、人品、人格及开拓进取的优良作风、优秀的文化传统，不仅是我们后来者责无旁贷的责任，更是我们学校能否进一步鼎新进取夺取更大辉煌的必备基石。它将记载有许多的人和许多的事，在这些人中有名人也有极平凡的人；许多的事有大事亦有小事。尽管这些人和事皆为历史长河中的一瞬，但它揭示的却是一种文化，是一种流淌着“科大精神”的人文理念。

清华大学校史馆的专题展览主要有两个系列：

一是发挥榜样引领作用，多渠道宣传杰出校友典型。如蒋南翔、闻一多、吴宓、马约翰、陈岱孙、冯友兰、张维，以及清华英烈等。讲述杰出校友成功背后的奋斗故事。这些杰出人物身上集中体现着自强不息、厚德载物、爱国奉献、追求卓越的精神传统，具有强大的感召力。他们的可歌可泣的鲜活事迹，构建了社会主义核心价值观立足校园的精神坐标。通过他们的事迹，学生体会深刻的人生哲理，从而使大学生感悟人生、激励斗志，使思想境界得到了升华，其作用甚至远远超过了第一课堂的教学效果。

二是纪念清华历史上曾发生的、在中国现代史上具有重要意义的运动或活动。例如：纪念“一二·九”运动、“一二·一”运动、“五二〇”运动等，纪念中国人民抗日战争胜利50周年、60周年、70周年，纪念西南联大建校70周年、纪念毛泽东诞辰100周年，庆祝清华建立党支部70周年等纪念活动。这些活动记载着中国人民追求民族独立、国家富强的艰苦奋斗历程，既彰显了清华大学与民族、国家命运的血肉联系，又让学生感受今日生活来之不易，珍惜四年大学时光，在回顾历史中更加明确自己肩负的责任，用自强不息、厚德载物的精神鞭策自己，为国家、民族作出清华人应有的贡献。

通过资料收集、分析和呈现等步骤，我们可以更好地了解和传播校史人物的故事，让他们的贡献和成就得到更好的认可和传承。通过研究校史人物，我们可以了解到学校的发展历程、教育理念和价值观，同时能够激发学生对学校的归属感和自豪感。

一、校史人物故事的教育价值

校史人物故事中往往蕴含着丰富的道德教育资源，通过讲述这些故事，可以引导学生学习校史人物的优秀品质，如勤奋、坚韧、创新等，从而提升他们的道德素养。校史人物故事中的主人公往往在各自领域取得了显著成就，通过学习他们的故事，可以引导学生认识到自己的责任和使命，激发他们为社会发展做出贡献的动力。校史人物故事具有很高的教育价值，我们应该重视对其进行挖掘和呈现，使之成为学校教育的重要组成部分。

（一）校长与领导人的历史角色

校长和其他领导人物在学校发展史中扮演着关键角色。他们的领导风格、管理理念和重要决策对学校的方向和氛围产生了深远的影响。通过分析这些领导人物的历史角色和贡献，可以更好地理解学校的发展历程和文化特色。校史人物故事的挖掘与呈现，尤其是校长与领导人的历史角色，是了解学校发展历程的重要途径。这些人物在学校的发展中起到了关键作用，他们的故事不仅反映了他们的个人品质和领导才能，也体现了当时社会的文化和教育观念。

我们可以从校长的背景和理念入手，探讨他们的教育观和治校理念。这包括他们对教育的理解，对学校发展的规划，以及对教育质量的追求。通过研究他们的言行和决策，我们可以更深入地理解他们的领导风格和影响。教育是国家的未来，是民族的希望。一所学校的校长，作为学校的最高领导者，他们的教育观和治校理念直接影响着学校的办学质量和学生的成长。他们对教育的理解，决定了他们如何引领学校发展，如何提升教育质量。通过研究校长的言行和决策，我们可以更深入地理解他们的领导风格和影响。这对于我们探讨如何培养更多优秀校长，如何推动学校发展，具有重要的理论和实践意义。关注校长的教育观和治校理念，对于我们理解和改进教育现状，具有重要的参考价值。

校长和领导人的个人品质也是我们需要关注的重点。他们的品格、智慧和勇气等优秀品质，不仅影响了学校的发展，也激励了师生们。这些品质在学校的历史和文化中留下了深刻的印记，成为学校的精神财富。在研究教育领导力的过程中，我们不仅要关注其政策决策和执行力，还要深入探讨校长和领导人的个人品质。他们的品格、智慧和勇气等优秀品质，不仅影响了学校的发展，也激励了师生们。据统计，在 20 世纪 80 年代，美国有超过 90% 的小学校长认为，他们的领导品质对学校的成功至关重要。这些品质在学校的历史和文化中留下了深刻的印记，成为学校的精神财富。例如，曾任哈佛大学校长的德里克·巴克（Derek Bok）以其公正、谦逊和关怀下属的品质著称。

在他的领导下，哈佛大学进行了教育改革，提高了教育质量，同时注重师生福祉，创造了良好的教育环境。巴克校长的品质不仅影响了哈佛大学的发展，也激励了无数师生追求卓越、关爱他人。我国著名教育家陶行知，以其敬业、创新和关爱学生的品质，创办了晓庄学院，推动了我国农村教育事业的发展。陶行知先生的品质成为晓庄学院的精神支柱，影响了无数师生。

我们还需要关注校长和领导人所面临的社会环境。他们的决策和行动是在特定的历史背景下进行的，这些背景包括政治、经济、文化等方面。了解这些背景，可以帮助我们更好地理解他们的行为和选择，以及他们对学校发展的影响。从文化角度来看，社会文化传统和教育观念对校长和领导人的行为选择具有深刻影响。在我国，传统文化中的尊师重教观念使得校长和领导人在管理过程中注重师生关系，强调教师的权威和地位。同时，随着社会进步，人们的教育观念也在不断更新，校长和领导人需要紧跟时代步伐，积极改革教育模式，以满足社会对优质教育的需求。

通过深入挖掘和详细呈现校长与领导人在学校发展历程中的历史角色，我们能够对学校的发展历程有更深入的理解。一位有远见的校长在其任期内，通过积极推动教育改革和创新，使得学校的教学质量得到了显著的提升，学生的综合素质也得到了全面的提高。这样的例子在我国教育史上并不鲜见。挖掘和呈现校长与领导人的历史角色，对于深入理解学校的发展历程，汲取经验和启示，以及为学校未来的发展提供借鉴，都具有重要的意义。因此，我们应该重视对这一领域的研究，以期为我国教育事业的发展做出更大的贡献。

（二）杰出教师与学者的影响

杰出的教师和学者是地方性大学的宝贵财富，他们在教学、科研和社会服务等方面的卓越表现，不仅提升了学校的学术声誉，也对学生的成长和学术的传承产生了重要影响。他们的故事和成就是校史叙事中不可缺少的一部分。

在教育创新与改革方面，杰出教师和学者在教育创新与改革方面发挥着重要作用。他们不断探索教育方法与理论，引领教育的前沿。通过研究教育心理学、教育技术等领域，他们提出并实践了许多创新的教学方法和课程设计，为学生提供更加丰富、有效的学习体验机会。他们可能通过引入新的教学技术、探索个性化教育模式、提倡跨学科学习等方式，改变了传统教学模式，促进了教育的全面发展。

在学术研究与知识创新方面，杰出学者在各自的学术领域开展深入研究，对知识的积累和创新起着重要推动作用。他们通过批判性思维、独立研究以及合作交流等方式，推动了学科的发展和进步。他们的研究成果可能涉及基础科学、应用科学、人文社会科学等各个领域，为人类的认知提供了新的视角和理论支持。

杰出教师和学者可以激发学生潜力与塑造学生人格，杰出教师不仅传授知识，更重要的是能够激发学生的潜能与塑造其人格。通过悉心的教导、榜样的示范和启发式的引导，他们培养了学生的创新思维、领导能力和社会责任感。他们可能关注学生的个性发展，注重培养学生的批判性思维、解决问题的能力以及团队合作精神，使学生在面对未来的挑战时能够游刃有余。

杰出教师和学者可以提高学校的社会影响力，杰出教师和学者往往在社会层面上具有广泛的影响力和领导力。他们可能担任学术机构的领导职务、社会组织的重要职位，通过自己的专业知识和社会资源，影响和推动着教育和社会的发展。他们可能通过公开演讲、社会活动、媒体报道等方式，传播自己的理念和观点，引导社会舆论，推动社会进步与发展。

杰出教师和学者也可以起到范例和激励作用，杰出教师和学者往往成为学生和后辈学者的榜样。他们的卓越成就和崇高品德激励着一代又一代的学生和后辈学者，使他们在学术道路上保持积极进取的态度和追求卓越的信念。通过身体力行、言传身教，他们将自己的人生经验和学术成就传承给后人，成为学术界和教育界的不朽传奇。

综上所述，杰出教师和学者通过教育创新与改革、学术研究与知识创新、激发学生潜能与塑造人格、社会影响与领导力以及成为范例与激励等多种方式，对社会和教育产生了深远而积极的影响，成为社会进步和文明发展的重要推动者和引领者。他们的影响将在历史的长河中延续发扬，为人类的未来注入持久的力量和希望。

（三）杰出校友对学校和社会的贡献

杰出校友在各自领域的成就和对社会的贡献，是地方性大学实力的体现。他们的成功故事不仅激励着在校学生，也增强了学校的品牌和社会影响力。通过挖掘和叙述这些校友的贡献，可以展现学校在人才培养方面的成果和价值。杰出校友对学校和社会的贡献是多方面的。他们在学术、工业、政治、艺术等各个领域取得了卓越成就，为学校赢得了荣誉，同时也以各种方式回馈社会，推动了社会的发展和进步。

1. 杰出校友在学术领域的成就为学校带来了极高的声誉

他们通过在科研、教学等方面的努力，推动了学科的发展，提升了学校的学术水平。杰出校友的学术成就不仅在国内受到认可，还在国际上产生了重要影响，为学校树立了良好的学术形象，增强了学校在学术界的知名度和影响力。这种声誉不仅吸引了更多的优秀学生和教师前来学校就读和工作，还为学校的合作交流、科研项目的申报等提供了有力支持。杰出校友作为校友代表，承担了重要的社会责任和使命。他们在各自领域的成就和影响力使他们成为学校的骄傲，也让学校在社会中扮演了更加重要的角色。作为杰出代表，他们不仅代表着学校的形象，更是学校价值观和教育理念的生动体现。他们通过自己的行动和言论，传递着对学校的热爱和对社会的责任感，激励着更多的人为学校的发展贡献力量。

2. 杰出校友在工业领域的贡献推动了社会经济的快速发展

他们通过自己的努力和智慧，创立了一家又一家知名企业，为社会创造了大量的就业机会，推动了产业结构的优化和升级。同时，他们还通过各种形式的支持，帮助学校提升了科研和教学水平，为社会培养更多优秀人才。杰出校友的成功经历也为学校的教育教学工作提供了宝贵的经验和借鉴。他们在学生时代的成长历程，以及在职业发展中的经验和感悟，都成为学校培养学生和指导教师的重要资源。学校可以通过与杰出校友的交流互动、邀请他们担任客座教授或讲师等方式，将他们的经验智慧传承给更多的学生和教师，促进学校教育质量的不断提升。

3. 杰出校友在政治领域的作为为社会稳定和民主发展做出了重要贡献

他们以自己的专业知识和政治智慧，为社会提供了有效的治理方案，推动了社会的进步。同时，他们也以自己的影响力，为学校和社会争取到了更多的资源和机会。杰出校友还为学校的发展和建设提供了重要的支持。他们通过捐赠、赞助学术活动、设立奖学金等方式，回馈母校，支持学校的教育事业和学术研究。这种支持不仅为学校提供了经济支持，更加强了校友与母校之间的情感联系，促进了校友网络的建设和发展。

4. 杰出校友在艺术领域的成就丰富了社会的文化生活

杰出校友通过自己的创作和表演，展示了人类智慧和情感的丰富性，为人们带来了美的享受。同时，他们还通过自己的影响力和资源，为学校提供了更多的文化交流机会，提升了学校的文化氛围。

总的来说，杰出校友对学校和社会的贡献是多方面的，他们以自己的实际行动，诠释了“感恩、回馈、责任”的精神，为我们树立了优秀的榜样。杰出校友在学术领域的成就为学校带来了极高的声誉，同时承担了重要的社会责任和使命。他们的成功经历为学校的教育教学工作提供了宝贵的经验和借鉴，同时为学校的发展和建设提供了重要的支持。因此，学校应该高度重视杰出校友的影响力，积极加强与他们的联系与合作，共同推动学校的发展进步。

通过对人物的细致叙事分析，地方性大学的校史叙事不仅能够记录学校的发展历程，也能展示学校的文化特色、价值观念和社会责任。这种叙事分析不仅增强了校史的吸引力和说服力，也为学校的未来发展提供了宝贵的经验和启示。通过这种方式，校史成为连接过去、现在和未来的桥梁，激发了学校共同体成员的归属感和自豪感。

二、校史人物故事的呈现形式

校史人物故事的挖掘与呈现是一项重要的工作，它不仅可以帮助我们更好地了解学校的历史和文化，还可以激发学生的爱国情怀和爱校情感。为了达到这个目的，我们需要研究并选择合适的呈现形式，使校史人物故事更加生动、有趣和更具有吸引力。在选择呈现形式时，我们需要考虑多种因素，如受众的特点、故事的内容、场地的条件等。

（一）文字描述与叙述

校史人物故事的挖掘与呈现，主要是通过文字描述与叙述的方式，让更多的人了解学校历史中那些杰出的人物及其背后的故事。在这个过程中，我们需要深入挖掘校史人物的生平事迹、精神品质和贡献成就，并运用生动、准确的语言进行描述，以展现他们的风采和价值。

在校史人物故事的挖掘阶段，我们要注重收集和整理校史人物的相关资料，包括他们的出生背景、学习经历、工作成就、社会评价等。同时，还要关注校史人物在各个时期所处的历史背景，以及他们所面临的挑战与困境。这些准备工作有助于我们全面、深入地了解校史人物的生平事迹。

在文字描述与叙述阶段，我们要力求以生动、准确的语言描绘校史人物的生平经历，突出他们的重要事迹和杰出贡献。在叙述过程中，可以运用具体的时间、地点、人物关系等细节，让故事更加真实、有趣。同时，还要注意表现校史人物的精神品质，如他们的敬业精神、创新意识、责任担当等，以激励广大师生学习他们的优秀品质。

为了使校史人物故事更具吸引力和感染力，我们可以在叙述中适当运用修辞手法，如比喻、排比等。同时，还可以通过对话、内心独白等形式，让校史人物的故事更加立体、生动。

总之，校史人物故事的挖掘与呈现是一项具有重要意义的工作。通过文字描述与叙述，我们可以让校史人物的故事焕发出新的生命力，激发广大师生对学校历史的热爱和对优秀人物的敬仰。这对于传承学校文化、培养优秀人才具有积极的推动作用。

（二）图像与视觉传达

校史人物故事的挖掘与呈现，离不开图像与视觉传达的应用。通过图像的展示，可以更好地传达校史人物的精神风貌，让更多的人了解到他们的故事。同时，视觉传达在设计过程中也起到了至关重要的作用，如何将校史人物的故事通过视觉元素进行呈现，让读者在欣赏的过程中产生共鸣，是我们需要关注的问题。

在挖掘校史人物故事的过程中，我们首先需要对校史资料进行深入研究，了解校史人物的生平事迹、成就贡献以及他们的精神品质。通过对这些资料的整理与分析，我们可以挖掘出具有代表性的校史人物故事。接下来，我们需要通过图像的方式，将这些故事进行视觉呈现。对图像的选择与搭配，需要充分体现出校史人物的精神风貌，让读者一眼就能感受到他们的风采。

在视觉传达的设计过程中，我们需要关注以下几个方面：首先，色彩的运用。色彩是视觉传达中最重要的元素之一，它可以直接影响读者的情感体验。在设计中，我们需要根据校史人物的故事内容，选择合适的色彩搭配，以表达出他们的精神内涵。其次，版式的设计。版式设计是视觉传达的核心，它关系到整个设计的视觉效果。我们需要通过合理的布局，将图像、文字等元素进行有机结合，让整个设计更具层次感与美感。最后，视觉符号的运用。视觉符号是传达信息的重要手段，我们可以通过符号的创意设计，将校史人物的故事进行更具象化地呈现，让读者更容易理解和感受到其中的内涵。

总的来说，校史人物故事的挖掘与呈现，需要我们运用图像与视觉传达的手法，将人物的精神风貌和故事内容进行有效的传达。在这个过程中，我们需要注重色彩、版式和视觉符号的运用，以达到最佳的视觉效果。通过这种方式，我们可以让更多的人了解到校史人物的故事，传承他们的精神，激发学生们的爱校情感。

（三）声音与多媒体技术

声音与多媒体技术在挖掘与呈现校史人物故事中起到了重要的作用。通过声音与多媒体技术的融合，可以使得校史人物故事更加生动、形象地展现出来，让读者更好地理解和感受其中的情感与内涵。

1. 声音的运用可以丰富校史人物故事的表达方式

通过声音的变化和调节，可以营造出不同的情境与氛围，让读者更加身临其境地感受到故事中人物的喜怒哀乐。例如，在讲述一位勇敢的校史人物时，可以通过激昂的音乐和声音的强调来展现其勇敢无畏的精神；而在讲述一位感人的校史人物时，可以通过温柔的旋律和轻柔的声音来表达其内心的温暖与情感。

2. 多媒体技术的运用可以增强校史人物故事的表现力

通过图片、视频、音频等多媒体的结合，可以更加直观地展示出校史人物的故事背景、生活环境以及重要事件。例如，可以通过图片展示出校史人物的肖像和校园的历史建筑，通过视频播放校史人物的重要演讲和活动，通过音频播放校史人物的录音和音乐作品等。这样的多媒体展示方式可以让读者更加全面地了解校史人物的故事，增强其感知和体验感。

综上所述，声音与多媒体技术在挖掘与呈现校史人物故事中起到了重要的作用。通过声音与多媒体技术的融合，可以使得校史人物故事更加生动、形象地展现出来，让读者更好地理解和感受其中的情感与内涵。

第四节　教育叙事在校园文化建构中的作用

教育叙事是理解教育生活事件中获得的教育经验、体验、知识和意义的有效话语方式，以讲述、倾听并反思其故事作为主要形式，强调自我发展的反思意识以及促进发展的途径，被认为是教育经验呈现的最佳方式。丁钢教授于 20 世纪 90 年代最先在教育领域中引介叙事研究方法，其主编的《中国教育：研究与评论》推出了系列教育叙事研究论文，在 2002 年首次刊载了教育叙事类学位论文《教育信念：一位初中女教师的叙事探究》；此外，在 2008 年出版的《声音与经验：教育叙事探究》一书中，丁钢教授对教育叙事研究方法论做了全面梳理与进一步提升。在校园文化建构中，教育叙事起着至关重要的作用。叙事不仅是传递知识、价值观和传统的方式，还是塑造校园身份、促进社区凝聚力和增强学生归属感的重要手段。叙事有助于塑造校园价值观和传统。通过故事的形式，校园历史、重要事件和人物可以被传递下来，成为校园文化的一部分。这些故事反映了校园的价值观、信念和行为准则，为学生提供了理解和融入校园文化的框架。它塑造校园价值观和传统，促进校园身份的建构，增强学生归属感，同时具有教育意义。因此，校园文化建构中应重视叙事的作用，并将其融入校园生活的各个方面。

一、塑造校园文化与传统

校园文化是学校精神文化、制度文化、物质文化、行为文化的总和，它对学生的成长和发展具有深远的影响。在校园文化的建构过程中，叙事起着至关重要的作用。叙事，作为一种文化表达方式，能够通过故事的形式传递校园历史、传统文化和价值观。在塑造校园文化与传统方面，叙事具有独特的优势。它以生动、形象的方式，使学生更容易接受和理解校园文化的内涵，从而增强学生对学校传统的认同感和归属感。叙事在校园文化建构中具有重要作用。通过有效地运用叙事，学校可以更好地传承历史、弘扬精神、强化制度、促进物质文化建设以及丰富行为文化，为学生的全面发展和成长创造良好环境。

（一）叙事在校园文化传承价值观中的作用

叙事在校园文化中起着至关重要的角色，特别是在传承学校的核心价值观和理念方面。通过讲述学校的创始故事、重要历史事件和显著人物的故事，叙事帮助学生和教职工理解并内化学校的价值观，从而在日常行为和决策中体现这些价值。

叙事在传承校园价值观中扮演着重要的角色。校园价值观是学校文化的核心，它关乎学校的教育理念、教育目标和教育方式。通过叙事，学校可以向学生传递这些价值观，让学生在故事中感受到学校文化的魅力，从而内化为自己的行为准则。例如，学校可以讲述一些具有代表性的历史事件或人物故事，让学生从中体会到学校倡导的道德观念、学术精神和团队意识。

叙事有助于强化校园文化的凝聚力。校园文化是一种集体意识，它需要成员之间的共同认同和传承。叙事通过讲述校园内的各种故事，让师生在共同的情感体验中产生共鸣，从而增强彼此之间的联系和认同感。这种凝聚力使校园文化更加稳定和持久，有利于学校的和谐发展。

叙事还能够促进校园文化的创新与发展。叙事不仅是对过去的回忆和传承，更是对未来的想象和创造。通过叙事，学校可以激发学生的创造力和想象力，鼓励他们提出新的观点和想法，从而推动校园文化的创新与发展。同时，叙事也能够帮助学校发现和挖掘自身的文化资源，使之成为校园文化建设的有力支撑。

叙事有助于校园仪式的生成与演变。校园仪式是学校文化的重要组成部分，它不仅体现了学校的价值观，还承载着学校对学生教育和引导的功能。叙事通过讲述校园历史、名人故事、重大事件等，使学生在参与仪式的过程中，理解和内化学校的价值观。例如，开学典礼、毕业典礼等仪式，往往包含了丰富的叙事元素，使学生在经历这些仪式时，能够更好地理解学校的文化传统。

叙事对校园传统的形成具有关键作用。校园传统是学校历史发展的积淀，是学校文化特色的体现。叙事通过对过去事件的描述和解释，使这些事件具有了意义，并得以在师生之间传承。这种传承使得校园传统得以延续，并对在校学生的价值观和行为产生影响。例如，校园中的建筑命名、历史事件纪念等，都离不开叙事的传递和解读。

叙事还有助于校园文化的传播与推广。通过各种形式的叙事，如演讲、文学、艺术等，校园文化的核心价值观得以传播，吸引更多的人参与到校园文化活动中来。同时，叙事也能够激发学生的创造力和想象力，使他们能够以新的方式理解和诠释校园文化，从而推动校园文化的创新发展。

叙事在校园文化建构中发挥着重要作用。通过仪式的生成与演变，传统的形成与传承，以及文化的传播与推广，叙事为校园文化的建构提供了丰富的内容和载体。在校园文化建构的过程中，应当充分发挥叙事的作用，以促进学校文化的繁荣和发展。

总之，叙事在校园文化建构中具有重要的作用。它不仅有助于传承和弘扬校园价值观，强化校园文化的凝聚力，还能够促进校园文化的创新与发展。因此，学校应当重视叙事在校园文化建设中的地位和作用，通过丰富多样的叙事活动，为学生营造一个充满智慧和活力的校园文化环境。

（二）历史事件与人物在校园文化中的意义

学校的历史事件和杰出人物不仅构成了校史的核心内容，也是校园文化的重要组成部分。这些事件和人物的故事展示了学校的传统、荣耀和精神，对学校的身份认同和文化传承具有深远影响。校园文化是学校发展的灵魂，是培养高素质人才的重要保证。在校园文化的建构中，叙事扮演着重要的角色。历史事件与人物是叙事的重要组成部分，它们在校园文化中的意义不容忽视。

历史事件是学校发展过程中的重要节点，它们记录了学校的发展历程，见证了学校的辉煌与挫折。通过讲述历史事件，学校可以传承优秀的传统文化，弘扬民族精神，激发师生的爱国情怀和爱校情感。同时，历史事件还可以教育师生珍惜当前的发展成果，为学校的未来发展努力奋斗。

人物是学校历史的重要组成部分，他们是学校的创立者、建设者、改革者、优秀毕业生等。通过讲述这些人物的故事，学校可以树立榜样，传承优良的校风和学风。同时，人物故事还可以激发师生追求卓越、勇攀科学高峰的精神，培养师生的创新能力和实践能力。

在校园文化的建构中，历史事件与人物的叙事具有重要作用。通过讲述这些故事，学校可以塑造积极向上的精神风貌，培养师生的历史责任感、使命感和荣誉感。同时，叙事还可以增强师生的凝聚力和向心力，促进学校的和谐发展。

总之，历史事件与人物在校园文化建构中的意义体现在它们对学校精神的传承、优良校风的培育、师生情感的激发以及学校和谐发展的促进等方面。在校园文化的建构过程中，应重视历史事件与人物的叙事，充分发挥它们在校园文化建构中的作用。

二、增强校园社区的凝聚力

校园社区的凝聚力内涵丰富，它包括师生之间的情感联系、校园文化的认同感以及对大学价值观的共识。当大学面临重要事件时，这些凝聚力内涵就会显现出其强大的作用。叙事有助于建立和加强校园内的社会联系。当人们分享彼此的故事时，他们之间的关系就会变得更加紧密。学校可以举办各种形式的叙事活动，如座谈会、故事分享会等，让师生们有机会分享自己的经历和感悟，从而促进彼此之间的理解和信任。在校园文化建构的过程中，叙事扮演了一个极其重要的角色。通过故事的力量，可以有效地增强校园社区的凝聚力，让每一个成员都能在这个共同的文化空间中找到归属感。

（一）共享的历史记忆与认同感

“认同感”是人们由内而外产生的一种价值判断和情感认知，是某一事物能够良性发展的价值基础。认同感是大学教师和学生通过认知、体验、内化特定的行为方式、观念立场、价值信仰等使其成为自身一部分的心理过程。共享的历史记忆是增强校园社区凝聚力的重要因素。通过叙事，学校的过去变得鲜活且有意义，帮助当前和未来的师生建立起对学校历史的共同认知和认同感，从而增强了整个校园社区的团结和归属感。共享的历史记忆与认同感是校园文化的重要组成部分。历史记忆是学校发展过程中的宝贵财富，它包括了学校的创建、发展、改革的重大事件，以及学校的文化传统和优秀品质。通过叙事的方式，将这些历史记忆传承下去，可以让师生对学校产生强烈的归属感和认同感。

共享的历史记忆是校园文化建构的基石。通过叙述学校的历史事件、名人故事和重要成就，可以让学生更好地了解学校的发展历程，使他们在了解学校历史的同时，感受到学校的精神内涵。这种历史记忆不仅是过去的回顾，更是对未来的期许和引领，进而增强他们对学校的认同感和归属感。例如，可以讲述学校创建之初的艰辛历程，以及一代又一代校友的奋斗故事，让学生从中感受到学校的精神风貌和价值追求。

认同感是校园文化建构的核心。当学生们对学校的文化产生认同时，他们会自觉地遵循学校的规章制度，积极地参与学校的各项活动，主动地传承学校的文化。这种认同感不仅使学生们更加坚定地走在学校发展的道路上，也为学校的未来发展提供了强大的精神动力。认同感的培养需要借助叙事来实现。通过讲述学校的故事，可以让学生感受到学校的精神内涵，从而形成对学校的认同感。例如，可以讲述学校在教学、科研、社会服务等方面的突出成绩，让学生从中感受到学校的实力和特色。

叙事在校园文化建构中具有重要作用。通过共享历史记忆和培养认同感的方式，叙事可以帮助学生更好地了解学校，形成对学校的认同感和归属感，进而培养他们成为具有社会主义核心价值观的优秀人才。

（二）叙事在加强师生关系中的作用

叙事也在加强师生之间关系方面发挥着重要作用。通过共同参与校史故事的讲述和校园传统活动，师生之间能够在共享的经历和记忆中建立更深的情感连接，促进了更为紧密和和谐的师生关系。在校园文化建构的过程中，叙事扮演着至关重要的角色。它不仅有助于传承校园的历史与文化，还能够加强师生之间的关系，促进校园氛围的和谐。

叙事有助于师生更好地理解和接纳彼此。通过分享校园故事和经历，师生之间可以建立情感上的联系，增进彼此的了解和信任。这种情感上的联系不仅是基于知识传授和学业考核，更是基于共同的情感体验和价值观念。心理学研究表明，人们更容易与那些能够引起共同情感体验和价值观念的人建立联系。教育学家杜威曾提出："教育的过程，在它自身以外没有目的，它就是它的目的。"这意味着教育的真正价值在于过程本身，而这个过程需要师生之间的情感互动和共同体验。在我国，近年来叙事教育也逐渐兴起。教育专家张华指出："教育要以情感人，以情动人，以情育人。"他强调，叙事教育有助于培养学生的情感智慧，提高他们的综合素质。通过讲述校园故事，师生可以共同体验生活的美好与挫折，从而形成共同的价值观念。

叙事有助于塑造校园文化特色。每个学校都有自己独特的历史和文化，这些都可以通过叙事来传承和弘扬。这些故事不仅是过去的回忆，更是校园文化的体现，能够激发师生的认同感和归属感。每个学校都有自己独特的历史和文化，这些都可以通过叙事来传承和弘扬。例如，哈佛大学以"真理”为校训，强调学术自由和追求真理的精神，这一理念贯穿于校园文化的各个方面，并通过叙事的方式传递给每一位学生和教职工。例如，剑桥大学著名的“学院制”也是其校园文化的核心，这一制度的历史和精神通过各种叙事方式得以传承和弘扬，成为剑桥大学独特的文化特色之一。

叙事有助于激发师生的创造力和想象力。通过讲述和倾听故事，师生可以获得新的视角和思考方式，从而激发自己的创造力和想象力。这种创造力不仅体现在学术研究上，还体现在校园生活的各个方面。研究表明，通过讲述和倾听故事，师生可以获得新的视角和思考方式，从而激发自己的创造力和想象力。这种创造力不仅体现在学术研究上，还体现在校园生活的各个方面。叙事作为一种有效的教育和学术研究方法，能够激发师生的创造力和想象力。通过讲述和倾听故事，师生可以获得新的视角和思考方式，提升知识理解、同理心、跨文化沟通能力和自我认知能力。因此，教育者和学者应充分利用叙事这一工具，为学术研究和校园生活注入更多的活力和创新。

总的来说，叙事在加强师生关系、塑造校园文化特色以及激发师生创造力和想象力方面都发挥着重要作用。通过叙事，我们可以构建一个更加和谐、有凝聚力的校园环境，为学生和教师的成长提供强有力的支持。

（三）校史故事与校园活动的融合

将校史故事融入校园活动中，如主题展览、纪念日活动、校园导览等，可以使校史的叙述更加生动和接地气。这种融合不仅使校史故事更加生动有趣，也使校园活动更加富有意义和吸引力，进一步增强了校园社区的凝聚力。校史故事与校园活动的融合，是叙事在校园文化建构中的一个重要体现。校史故事作为学校历史文化的重要组成部分，不仅蕴含着丰富的历史文化信息，也承载着学校的精神文化和教育理念。通过讲述校史故事，可以使学生更好地了解学校的历史沿革，感受学校的文化氛围，进而增强学生对学校的认同感和归属感。

校园活动则是校园文化建构的重要载体，通过各种形式的校园活动，可以将校史故事融入学生的日常生活中，使学生在参与活动的过程中，自然而然地接受学校文化的熏陶。同时，校园活动也可以激发学生的创造力和想象力，培养学生的团队协作能力和组织能力，从而促进学生的全面发展。

校史故事与校园活动的融合，不仅有助于校园文化的建构，也有助于培养学生的爱国主义情怀和社会责任感。通过讲述校史故事，可以使学生深刻理解，学校的历史和文化，是无数先贤共同努力的结果，是值得我们倍加珍惜和传承的宝贵财富。同时，也可以激发学生对国家和民族的热爱之情，培养学生的社会责任感。

校史故事与校园活动的融合，是叙事在校园文化建构中的一个重要途径。通过讲述校史故事，开展校园活动，可以有效地传承学校文化，塑造学校精神，促进学生的全面发展。

叙事在校园文化建构中扮演着不可或缺的角色。通过有效的叙事策略，地方性大学不仅能够传承和弘扬其独特的文化和传统，还能增强校园社区的凝聚力，构建一个更加团结、有活力和归属感的学术社区。因此，叙事不仅是记录历史的工具，更是塑造和维护校园文化、增强社区联系的重要方式。

第四章　教育叙事结合校史研究的结构与策略

地方性大学校史教育叙事研究在“中国特色社会主义新时代”的背景下，不仅顺应了高等教育事业的发展需求，更是地方高校文化建设的重要组成部分。随着办学水平的持续提高和社会功能的不断拓展，地方性大学对校史的研究也日益深入，呈现蓬勃发展的趋势。在这一过程中，教育叙事方法以其独特的价值，为地方性大学校史研究注入了新的活力。其不仅是个人记忆的挖掘和记录，更是历史真实面貌的生动再现，为地方性大学校史研究提供了宝贵的原始资料。通过教育叙事与地方性大学校史研究相结合的结构与策略，我们可以更加深入地了解地方性大学的发展历程、文化传承和特色精神，为深化校史研究提供有力的支撑。现如今地方性大学校史教育叙事研究中的应用已经得到了广泛的关注和认可。越来越多的地方性大学开始重视校史史料的收集和整理，通过采访校友、教职工等亲历者，记录他们的所见所闻、所感所悟，将这些珍贵的记忆转化为文字、音频或视频资料，为校史教育提供生动的素材。同时，大众媒体也对此给予了高度的关注。他们通过报道地方性大学校史研究的成果和经验，让更多的人了解地方性大学的校史文化，进一步推动了校史教育的普及和传播。

第一节　地方性大学历史叙事的结构特点

在地方性大学校史的记载与传承过程中，不同的叙述方式承载着多样化的功能与价值。其中，年代顺序叙述以其严谨的时间线索为基础，如同织造了一幅详尽连续的历史画卷，方便读者更直观地追踪学校的发展演变。然而，这种方法也可能因其线性特征而存在局限，如可能忽略事件间的交织关系，或将某些重要事件的重要性因时间序列的关系而相对弱化。与此相反，主题式叙述采取了一种聚焦式的处理方式，它深入挖掘学校历史中围绕特定主题的多元侧面，突破了单纯的时间框架，进而凸显历史事件之间深刻的内在联系，并能更有效地结合社会历史背景进行解析。这一叙述策略在地方性大学校史编纂、历史教育实践、文化传承工作以及公共宣传活动等众多领域发挥了显著作用，能够立体、全面地展现学校历史的独特内涵与深远影响。另外，案例研究叙事结构作为一种深层次探索学校历史特殊环节的手段，强调通过具体实例的实证考察与分析，揭示历史事件的核心本质及其长期影响。通过精选并深入剖析具有代表性的案例，不仅可以深化对单一历史事件的理解，还能从中提炼出具有普遍意义的历史规律与启示，为当下乃至未来学校的决策制定和持续发展提供强有力的理论支撑和实践经验。年代顺序叙述、主题式叙述以及案例研究叙事结构各自具备鲜明的优点和适用场景，恰当使用这些叙述策略，能够从多种维度生动立体地展现地方性大学深厚的底蕴积累和卓越的办学业绩，有力地推动学校文化的传承与弘扬，并促使社会各界更加广泛地认识到学校历史所蕴含的价值与贡献。

一、时间线索的构建

（一）年代顺序叙述的优势与局限

1. 年代顺序叙述的优势

采用年代顺序的叙述的方式来绘制学校发展历程的画卷，就像是在时间的长河中架设了一座桥梁，让读者能够一步步地跨越历史的沟壑，从学校的诞生之初走到现在。这样的叙述不仅为读者提供了一条清晰的线索，更是以一种直观、易于理解的方式，将学校的过去、现在和未来紧密地联系在一起。从最初的创立，到每一次重要的扩建、改革，再到每一个标志性的成就，年代顺序的叙述方式使得这些事件按照它们在历史中的真实发生顺序被呈现。这样的叙述不仅让读者能够感受到时间的流逝，更能够体会到学校在不同年代所面临的挑战和机遇，以及它是如何一步步成长、适应并最终取得今天的成就。此外，年代顺序的叙述方式还能够帮助我们更好地理解学校文化的演变。随着时间的推移，学校的教育理念、教学方法、学生生活等方面都可能发生显著的变化。通过按年代顺序梳理这些变化，我们可以更清晰地看到学校文化的连续性和变迁过程，从而更深刻地理解学校的核心价值观和精神传统。同时年代顺序的叙述方式也是一种对学校历史的尊重和致敬。它不仅记录了学校的辉煌成就，也不忘提及那些在困难时期中的坚持和努力。这种叙述方式让我们有机会回顾那些塑造学校历史的关键人物和事件，从而激励当前和未来的学生、教师以及校友，继续传承和发扬学校的优良传统。年代顺序的叙述方式为我们提供了一种系统、全面且生动的视角，让我们能够更好地理解学校的发展历程，感受其历史的厚重，同时为我们提供了一个反思和学习的平台，让我们能够从历史中汲取智慧，为未来的发展奠定坚实的基础。

2. 年代顺序叙事的局限

确实，年代顺序的叙述方式虽然为我们提供了一种清晰的历史框架，但它也存在一些不容忽视的局限性。这种叙述方式可能会导致我们对历史事件的理解过于线性和简化。历史的进程往往是复杂和多维的，事件之间的相互作用和影响远比简单的时间顺序要复杂得多。如果我们仅仅按照时间的先后来排列事件，可能会忽视这些事件之间的相互作用和因果关系，从而无法完整地理解历史的全貌。

年代顺序的叙述方式可能会使某些关键事件的重要性被低估或忽视。在时间线的长流中，一些具有里程碑意义的事件可能会被其他较为平凡的事件所掩盖，导致读者无法充分认识到这些事件的重要性。这种叙述方式可能会使历史看起来像是一系列孤立的事件串联，而不是一个动态发展的过程。此外，年代顺序的叙述方式可能会导致我们过于专注于学校自身的发展，而忽略了学校与更广泛社会历史背景之间的联系。学校的发展并非孤立发生，它与社会的政治、经济、文化等多方面因素都有着密切的联系。

如果我们在叙述学校历史时忽视了这些外部因素，那么我们对学校历史的理解可能会变得片面和有限。为了避免这些潜在的局限性，我们在叙述学校历史时，应该采取一种更为综合和多维的方法。我们可以在年代顺序的基础上，进一步探讨事件之间的内在联系，分析它们之间的相互作用和影响。同时，我们也应该注重挖掘和强调那些关键事件的重要性，确保它们能够得到应有的关注。更重要的是，我们需要将学校的历史放置在更广阔的社会历史背景中来考察，探讨学校发展与社会变迁之间的相互影响和作用。通过这样的方法，我们不仅能够更全面地理解学校的历史，也能够更深刻地认识到历史的复杂性和多维性。

（二）主题式叙述的特点与应用

1. 主题式叙述的特点

主题式叙述方式在讲述学校历史时，确实提供了一种独特的视角和深刻的洞察力。这种方法通过将焦点集中在特定的主题或议题上，使得叙述不再是单一的时间线串联，而是一个多维度、多角度的深入探讨。例如，当主题集中在学术发展时，叙述者可以跨越不同的年代，将学校在不同时期的学术成就、教育改革、研究突破等串联起来，形成一个连贯的学术发展故事。这样的叙述不仅展示了学校学术实力的积累和演变，也让读者能够清晰地看到学校在学术领域的独特贡献和影响力。主题式叙述的另一个优势在于其灵活性。它不受时间顺序的严格约束，可以根据主题的需要自由地调整时间框架。这种自由度使叙述者能够将看似分散的历史事件和人物聚集在一起，从而揭示它们之间的内在联系。例如，在一个关于校园建设的主题中，可以同时展示学校早期的建筑风貌、中期的现代化改造以及近期的绿色可持续发展项目，让读者看到学校环境如何随着时代的变迁而演进，以及这些变化如何反映学校的价值观和教育理念。此外，主题式叙述强调历史事件之间的相互影响和作用，这有助于读者从宏观的角度理解学校历史的发展脉络。通过分析不同时间点上的事件如何相互影响，如何共同塑造了学校的现状，读者能够获得一个更为连贯和动态的历史理解。这种叙述方式不仅揭示了历史事件的表面现象，更深入地探讨了它们背后的动因和结果。通过从不同角度和层面对同一主题进行解读，为读者提供了丰富的历史信息和多维度的视角。例如，通过结合学生的生活体验、教师的教学理念和管理者的决策过程，读者可以获得一个全面的校园生活画面，理解学校文化是如何在不同群体的互动中形成和发展的。这种多视角的叙述方式不仅丰富了历史叙述的内容，也使读者能够更加深入地感受到学校历史的多样性和复杂性。以其独特的优势，为我们提供了一种全新的视角来探索和理解学校的历史。它通过深入挖掘特定主题的内涵，灵活安排时间框架，强调事件之间的内在联系，以及提供多角度的解读，使得学校历史的叙述变得更加生动、丰富和深刻。

2. 主题式叙述的应用

主题式叙述方式在编纂地方性大学校史、进行历史教育、文化传承以及公共宣传等多个方面，确实展现出了其独特的价值和潜力。这种叙述方式通过将学校的历史沿革、重要事件、关键人物等元素围绕特定主题进行组织和呈现，不仅使校史内容更加条理清晰、富有吸引力，而且有助于读者和学习者更好地吸收和理解信息。在编纂校史方面，主题式叙述使得校史的编纂工作更加系统化和专题化。通过将学校的历史沿革划分为不同的主题，如学术成就、校园生活、社会服务、国际交流等，编纂者可以更加专注和深入地探讨每个领域的发展历程和特点。这种方式不仅有助于突出学校的特色和优势，还能够使得校史内容更加丰富多元，满足不同读者的兴趣和需求。在历史教育方面，主题式叙述方式能够有效地激发学生的学习兴趣和参与感。通过围绕特定主题展开教学，教师可以引导学生深入探讨学校的历史文化，从而帮助他们建立起对学校历史的深刻理解和认同。通过对学校传统和文化的深入挖掘和阐释，可以有效地传承和弘扬学校的优良传统和核心价值观。这种方式不仅能够增强师生对学校文化的认同感，还能够促进学校文化的创新和发展，为学校的长远发展奠定坚实的文化基础。在公共宣传和推广方面，主题式叙述方式同样具有显著的效果。通过围绕学校的办学成果、社会贡献和影响力等主题进行宣传，可以有效地吸引社会各界的关注和认可。这种方式不仅能够提升学校的知名度和美誉度，还能够增强社会各界对学校的支持和信任，为学校的发展创造更加有利的外部环境。主题式叙述方式在地方性大学的多个领域中都发挥着重要的作用。它不仅为校史编纂提供了一种系统化和专题化的方法，也为历史教育、文化传承和公共宣传等活动提供了有效的工具和手段。通过这种叙述方式，地方性大学可以更好地展示其历史的独特性、文化的丰富性和教育的价值性，从而在实现自身发展目标的同时，也为社会的进步和发展做出贡献。

（三）案例研究的叙事结构

1. 案例研究叙事结构的特点

叙事结构作为一种深入剖析学校历史特定事件或现象的方法，其核心在于通过详尽的案例分析，揭示历史事件的深层次意义和长远影响。这种叙事方式在历史学中的应用，不仅丰富了我们对过去的理解，而且为我们提供了一种强有力的工具，用以解读和学习历史。案例研究叙事结构的关键在于选取具有典型意义的历史事件、人物或现象作为研究对象。通过对这些案例的深入挖掘和细致分析，历史学者能够揭示出事件的多重维度和复杂性。这种分析不仅包括事件的直接参与者和结果，还涉及其背后的社会、政治、经济和文化背景。通过这种方式，案例研究叙事结构能够帮助我们理解历史事件是如何在特定的历史条件下发生和发展的，以及这些事件对当时和未来社会的影响。案例研究叙事结构的实证性和客观性是其另一个显著特点。历史学者在进行案例研究时，会广泛搜集第一手资料，如文献、档案、口述历史等，以确保研究的准确性和权威性。通过对这些资料的严谨分析，案例研究力求还原历史事件的真实面貌，避免主观臆断和片面解读，从而提高研究的可信度和说服力。此外，案例研究叙事结构的代表性和普遍性也是其重要价值所在。通过对具有代表性的历史事件或现象的分析，我们不仅能够理解这些事件本身，还能够从中提炼出普遍性的规律和趋势。这种从个别到一般的分析方法，有助于我们从具体的案例中抽象出更广泛的历史规律，从而对类似事件或现象有更深刻的理解和认识。案例研究叙事结构为我们提供了一种深入、具体的研究历史事件的方法。它通过详细的描述和分析，揭示了事件背后的意义和影响，增强了历史的实证性和客观性。同时，案例研究还通过选取具有代表性的事件，促进了我们对更广泛历史问题的深入思考和认识。在编纂校史、进行历史教育、文化传承以及公共宣传等方面，案例研究叙事结构都展现出了其独特的价值和潜力，为我们理解和传承历史提供了宝贵的视角和工具。

2. 案例研究叙事结构的应用

专题研究作为一种深入探究地方性大学历史中特定问题或现象的方法，为我们提供了一个独特的视角，以更深层次地理解学校的历史发展和文化积淀。通过对特定时期的学术成就、关键社会活动或重要人物的案例研究，我们不仅能够获得对这些事件和人物的全面了解，还能够洞察到它们在学校历史发展中的作用和意义。在历史背景的探究上，专题研究能够帮助我们理解特定事件或现象发生的社会、政治和文化环境。这种背景分析不仅揭示了事件发生的外部条件，还有助于我们认识到这些条件是如何影响事件的发展和结果的。例如，研究一次重要的社会活动，我们可以了解到该活动是如何在特定的历史时期和文化背景下产生，以及它对学校乃至更广泛领域的影响。在发展脉络的梳理上，专题研究通过对事件或现象的连续性分析，揭示了其历史演变的过程。这种分析有助于我们理解事件的起始、发展和终结阶段，以及这些阶段之间的内在联系。通过对这些阶段的深入研究，我们可以更好地把握历史发展的脉络，从而为学校的历史教育和文化传承提供坚实的基础。在影响评估方面，专题研究通过深入剖析特定事件或现象的长远影响，帮助我们认识到它们对学校乃至社会的重要意义。这种影响分析不仅关注直接结果，还关注间接效应，如对学校传统、价值观的塑造，以及对社会观念和行为模式的潜在改变。这样的研究有助于我们从历史中汲取经验，为学校的未来发展提供指导。专题研究在历史教学和培训中的应用，能够极大地提高教育的质量和效果。通过将案例研究叙事结构融入教学内容，教师可以引导学生进行批判性思考和深入分析，从而培养他们的历史意识和解决问题的能力。对于管理人员和教师的培训而言，案例研究不仅能够提升他们的专业知识，还能够增强他们在实际工作中应用历史经验的能力。在对外交流与合作方面，通过案例研究展示学校的特色和历史底蕴，可以有效地提升学校的外部形象。这种展示不仅能够吸引潜在的合作伙伴，还能够促进学校与外界的文化交流和学术合作，从而扩大学校的影响力和竞争力。总之，采用案例研究叙事结构进行专题研究，不仅能够为我们提供对地方性大学历史的深入理解，还能够促进学校的历史反思、教育提升和文化传承。这种叙事方式通过增强历史的可信度和说服力，有助于推动学校的对外交流与合作，为学校的持续发展和繁荣做出贡献。

二、叙事角度与视角的多样性

在探讨地方性大学校史的构建与诠释时，我们不难发现，采取多元化的叙事策略是至关重要的。其中，通过官方史观与民间史观的对话、内部视角与外部视角的结合，以及多学科视角的综合运用，来揭示和传播大学历史的多元价值与深刻内涵提供了独特的途径和方法。下面将分别从这两个主要视角的对话和结合，以及多学科视角下的校史叙述策略，来深入阐述它们在叙事构建和应用价值方面的具体表现及重要意义。在官方史观与民间史观的对话中，我们看到二者在地方性大学校史叙事中形成了相辅相成的关系。官方史观以其权威性记录了大学的制度化进程、关键事件与显赫成就，而民间史观则以草根的、情感丰富的视角捕捉到校园生活的细微之处、个体经历以及大学与社区的紧密互动。通过精心设计的叙事策略，如平衡视角、交叉验证、多元声音的融入以及多媒体叙事手法的运用，实现了两种史观在叙事过程中的有机结合，从而勾勒出一幅更为立体、真实且引人入胜的校史长卷。内部视角与外部视角的结合在构建地方性大学校史时同样不可或缺。内部视角深入剖析学校自身的历史底蕴、学术成就和文化特色，而外部视角则从更广阔的时空背景出发，考量学校与社会、文化、政治等环境因素的交互影响。通过内、外视角的辩证统一，校史得以嵌入到历史的洪流之中，展现出学校与时代共进退的历史逻辑和与时俱进的发展动力，同时提升了学校在社会公众心目中的认知度和影响力。多学科视角下的校史叙述则开启了对大学历史研究的新维度。它鼓励跨学科的知识融合，通过文学、历史、社会学、文化学、教育学、心理学、地理学和环境科学等不同学科的介入，全方位地审视和解析大学历史的各个面向。这样做的目的不仅在于让校史叙述更具包容性和深度，还在于为学校发展提供多元参照，助力其在教育实践、文化传承、环境保护以及社会责任履行等方面取得更为全面的进步。无论是官方史观与民间史观的对话，还是内部视角与外部视角的结合，抑或是多学科视角下的校史叙述，都是地方性大学在探寻自身历史根源、弘扬校园文化、引领未来发展过程中不可或缺的叙事策略和研究范式。这些策略与范式的有效实施，无疑将进一步提升地方性大学校史的学术价值、教育功能和社会意义，为推动大学全面发展奠定坚实的历史根基和文化支撑。

（一）官方史观与民间史观的对话

1. 官方史观和民间史观对话的叙事策略

在地方性大学校史叙事中，官方史观与民间史观的对话具有重要意义，官方史观通常代表学校官方的立场和观点，强调学校的正式发展、重要事件和成就；而民间史观则更多地反映师生、校友以及周边社区对学校历史的看法和记忆。这两种史观在叙事策略上的融合和对话，有助于更全面、客观地呈现学校历史的多个层面。

在地方性大学校史的构建与传播中，官方史观与民间史观的有效对话至关重要。官方史观作为学校正式立场和视角的体现，着重记载学校的发展历程、重大事件及标志性成就；而民间史观则汇聚了师生、校友及周边社群对校史的独特见解和鲜活记忆。为了实现更为立体、客观的历史再现，可以综合运用一系列叙事策略：第一，确保叙事视角的均衡性，既尊重官方史观的权威性和规范性，也充分考虑民间史观的多样性和亲历性，从而多层次、多角度地揭示学校历史的全貌。通过交叉验证和互补的方式处理两者之间的差异和矛盾。官方史料与民间记忆相互印证、补充，有助于描绘出更为准确、丰富的历史图景。此外，积极倡导多元声音的表达，囊括学校各级领导、教职员工、在校学生及广大校友等不同角色的观点与回忆，这有助于深度揭示学校历史的复杂纹理和多元化特色。同时，创新运用互动式的叙事结构，使官方史观与民间史观在叙述过程中形成交织和对话，提升故事的动态性和受众的参与感，从而引导读者更深入地理解和感受学校历史。再者，借助多媒体技术手段，整合图片、视频、音频等多种媒介资源，生动展现不同视角下的历史片段与集体记忆，有效提升叙事的吸引力和感染力。最后，强化历史与现实的紧密联系，在叙述校史过程中突出历史事件对当下及未来发展的重要启示作用，从而提高校史叙事的现实意义和教育功能。通过上述包含平衡叙事视角、交叉验证互补、多元声音表达、互动叙事结构、多媒体叙事手段以及强化历史与现实联系等一系列策略，地方性大学校史得以在官方史观与民间史观的对话中得到更为全面、客观的展现，增强了校史叙事的信服力和情感共鸣。

2. 官方史观与民间史观对话的应用价值

地方性大学校史中官方史观与民间史观的对话，蕴含着深厚的学术价值与实践意义，它在推动历史研究深化、促进大学发展战略调整、强化社区关系建设以及维系文化传承等多个维度发挥着积极作用。在学术研究层面上，官方史观与民间史观的对话是一种互补性探究机制，前者聚焦于学校制度化发展轨迹、关键节点及其所取得的成就，后者则倾向于反映校园文化的积淀、个体学生的日常生活经验以及学校与所在社区的互动情况。两者间的深度融合能够构建起一个多维度、细腻饱满的大学历史叙事框架，进而充实和完善对地方性大学历史进程的认知，同时拓宽相关领域研究的视野与方法论基础。在大学发展战略上，这种对话机制促进了大学与社区间更为紧密且富有成效的互动。倾听并借鉴民间史观中蕴含的校园文化特质和学生生活实践，大学能够在制定战略时更精准地回应社区期待，巩固与社区的联结纽带。同时，民间史观中那些独特且有生命力的传统习俗与文化活动，可以启发大学在保持自身传统的同时，探索适应时代发展的创新路径。至于文化传承层面，官方史观与民间史观的交融对话对于维护和发展地方性大学特有的文化遗产至关重要。民间史观记录了大学与地域社会深深植根的历史脉络和文化联系，这些宝贵的历史碎片经由对话得以提炼、保护和传承，进一步激活大学内部的文化创新力，塑造鲜明的地方性大学文化标识。此外，通过建构一种全面、生动且深入人心的大学历史叙事，官方史观与民间史观的对话有利于提升地方性大学的社会认知度和影响力。广泛的社会认同和有力的社区支持，不仅能增强公众对地方性大学的理解与支持，更能促使大学在区域文化传承与社会发展进程中扮演更重要的角色，从而提升其社会地位和影响力。由此可见，地方性大学校史中官方史观与民间史观的对话是一个极具价值的研究和实践方向，它在推进学术研究、指导大学发展、加强社区共建以及促进文化传承等多方面均有着不可或缺的意义。因此，系统地组织和实施此类对话活动，是地方性大学深化历史研究和优化文化建设工作的有力抓手。

（二）内部视角与外部视角的结合

1. 内部视角与外部视角结合的叙事策略

在构建地方性大学校史的叙事策略时，结合内部视角与外部视角是至关重要的。内部视角，即从学校内部出发，深入挖掘学校自身的历史资源、发展历程和重要事件。这包括学校的创立背景、学术成就、校园文化、师生故事等，通过内部视角的叙述，能够展现学校独特的历史轨迹和办学特色。然而，仅仅依赖内部视角是不够的。还要拓展外部视角，即从社会、文化、政治等更广泛的背景出发，考察学校与外部环境的互动和影响。这包括学校所在地区的社会经济发展、教育改革政策、文化变迁等因素对学校历史的影响。通过外部视角的叙述，能够更全面地理解学校历史的背景和发展脉络，揭示学校与外部环境的相互关系和影响。因此，地方性大学校史的叙事策略应当结合内部视角与外部视角。第一，通过内部视角的深入挖掘，展示学校自身的发展历程、办学特色和文化底蕴。第二，运用外部视角的宏观分析，将学校历史置于更广阔的社会历史背景中，揭示学校与外部环境的相互关系和影响。第三，也要注意平衡内部和外部视角的叙述，避免过于偏向某一方面而忽视另一方面的重要性。通过内部视角与外部视角的结合，我们能够构建一个更加全面、深入、生动的校史叙事，既展现学校自身的历史轨迹和办学特色，又揭示学校内部与外部环境的相互关系和影响。这样的叙事策略不仅有助于增强学校师生的归属感和荣誉感，也有助于提升学校的知名度和影响力，为学校的未来发展提供有力的历史支撑和文化底蕴。

2. 内部视角与外部视角结合的应用价值

地方性大学校史内部视角与外部视角的结合，在应用上具有多重价值。第一，这种结合有助于形成更完整、更立体的校史叙述。内部视角能够详细描绘学校内部的变迁、发展和成就，而外部视角则提供了这些事件背后的社会、文化和政治背景。两者的结合使校史不再是一个孤立的故事，而是与社会大环境紧密相连的、有深度和广度的历史画卷。第二，内外视角的结合有助于加强学校与社会的联系。通过外部视角，学校可以更好地理解自身在社会中的位置和作用，从而更加明确学校的发展方向和目标。第三，这种结合也有助于社会对学校有更全面、更深入的了解，增强学校的社会影响力和知名度。第四，这种叙事策略对于教学和培训也具有重要价值。通过内外视角的结合，学生和其他学习者可以更加全面、深入地理解历史事件和现象，提高他们的历史素养和分析能力。第五，这种叙事方式也可以用于培训学校管理人员和教师，提升他们的专业素养和管理能力。最后，内外视角的结合对于学校的未来发展具有指导意义。通过对历史的深入反思和总结，学校可以更加明确自己的发展路径和方向，避免重蹈覆辙，更好地应对未来的挑战和机遇。地方性大学校史内部视角与外部视角的结合在应用上具有多重价值，包括形成更完整、更立体的校史叙述、加强学校与社会的联系、促进教学和培训以及指导学校的未来发展。

（三）多学科视角下的校史叙述

1. 多学科视角下校史叙述的叙事策略

在地方性大学校史的叙述中，采用多学科视角是一种创新且有效的叙事策略。这种策略强调结合不同学科的理论和方法，对校史进行多角度、多层次的解读和分析。第一，文学和历史学的视角可以为校史叙述提供丰富的历史细节和生动的叙事手法。通过深入挖掘学校的历史文献和档案资料，结合文学叙事技巧，可以呈现出学校历史的精彩瞬间和感人故事，增强校史的感染力和吸引力。第二，社会学和文化学的视角可以揭示学校历史与社会、文化背景的关联。通过考察学校与所在地区社会文化的互动和影响，可以揭示学校历史背后的社会变迁和文化传承，深化对学校历史的理解和认识。第三，教育学和心理学的视角可以关注学校历史中教育理念和教学方法的演变，以及学生和教师在学校历史中的角色和体验。通过对教育实践和师生故事的深入剖析，可以揭示学校历史在教育发展和人才培养方面的重要贡献。第四，地理学和环境科学的视角可以关注学校历史与地理环境和自然环境的互动。通过分析学校所在地的地理环境变迁和自然环境影响，可以揭示学校历史在地理环境和可持续发展方面的独特贡献和挑战。在实施多学科视角下校史叙述的叙事策略时，需要注意以下几点：一是要合理选择学科视角，确保其与校史主题和研究问题紧密相关；二是要注重不同学科视角之间的融合和对话，形成互补和增强的效果；三是要尊重历史事实，避免过度解读和误导读者；四是要注重叙述的连贯性和可读性，确保读者能够轻松理解和接受。多学科视角下校史叙述的叙事策略有助于全面、深入地揭示学校历史的多重价值和意义，增强校史的可读性和影响力，为学校的历史传承和文化发展提供有力支持。

2. 内部视角与外部视角结合的应用价值

将地方性大学校史的内部视角与外部视角相结合，能够带来多重显著的应用价值。这种综合的视角深化了对学校历史的理解，内部视角揭示了学校文化、学术发展及师生互动等细节，而外部视角则为我们提供了社会环境和政策变迁等宏观背景，两者的融合使我们能够更全面地认识学校历史中的事件和现象。此外，结合内外部视角的校史研究，可以为学校的现实发展提供宝贵的指导，通过反思历史经验，学校可以制定更符合实际的发展战略，以应对外部挑战。在对外展示方面，这种叙事方式展现了学校的全面形象，包括其在社会、文化、经济等方面的贡献，从而提升了学校的社会影响力，吸引了更多合作伙伴和资源的汇聚。同时，多学科视角的校史研究促进了学术交流与合作，吸引了不同领域的学者参与，推动了学校科研水平的提升，增强了学校的学术竞争力。对于学校师生而言，结合内外部视角的校史叙述，使他们能够更全面地了解学校的发展历程和成就，进而增强了学校的凝聚力，师生对学校的归属感和荣誉感得到了提升。地方性大学校史内部视角与外部视角的结合在深化历史理解、指导现实发展、提升社会影响力、促进学术交流与合作以及增强学校凝聚力等方面具有显著的应用价值，对于学校的长远发展具有深远的意义。

（四）多学科视角下的校史叙述

1. 多学科视角下校史叙述的叙事策略

在构建地方性大学校史的叙事策略时，采用多学科视角是一种独特且富有深度的方法。这种策略强调结合不同学科的理论和方法，对校史进行多层次、多角度的解读和呈现，旨在揭示学校历史的丰富内涵和多元价值。第一，文学和历史学视角可以为校史叙述提供生动的故事线和历史细节。通过深入挖掘和整理学校的历史文献和档案，结合文学叙事技巧，可以生动地再现学校历史中的重要事件和人物，展现学校历史的魅力和感染力。第二，社会学和文化学视角可以揭示学校历史与社会、文化背景的紧密联系。通过考察学校与所在地区社会文化的互动和影响，可以深入理解学校历史背后的社会变迁和文化传承，展现学校历史的社会价值和文化意义。第三，教育学和心理学视角可以关注学校历史中教育理念和教学方法的演变，以及学生和教师在学校历史中的角色和体验。通过对教育实践和师生故事的深入剖析，可以揭示学校历史在教育发展和人才培养方面的重要贡献和影响。第四，地理学和环境科学视角可以关注学校历史与地理环境和自然环境的互动关系。通过分析学校所在地的地理环境变迁和自然环境影响，可以揭示学校历史在地理环境和可持续发展方面的独特贡献和挑战。在实施多学科视角下校史叙述的叙事策略时，需要注意以下几点：一要合理选择学科视角，确保其与校史主题和研究问题紧密相关；二要注重不同学科视角之间的融合和对话，形成互补和增强的效果；三要尊重历史事实，避免过度解读和误导读者。因此，地方性大学校史多学科视角下校史叙述的叙事策略有助于全面、深入地揭示学校历史的多重价值和意义。通过结合不同学科的理论和方法，可以呈现出一个更加立体、丰富的校史形象，为学校的历史传承和文化发展提供有力支持。同时，这种叙事策略也有助于增强学校师生的历史意识和文化自信，促进学校的长远发展。

2. 多学科视角下校史叙述的应用价值

地方性大学校史在多学科视角下的叙述策略，实际上是一种融合多元知识体系，深度剖析和诠释学校发展历程的有效途径，其应用价值不容忽视。这一策略的核心在于广泛吸纳并整合历史学、教育学、社会学、文化研究等多个学科的理论框架与研究方法，以一种立体且全面的方式重现和解读学校历史，使得我们得以更精准地捕捉学校发展的内在规律、重大变革以及标志性事件，从而构筑一幅细致入微且富含深意的历史画卷。多学科视角下的校史叙述对于理解学校发展历程具有基础性的指导作用，它如同一面镜子，映照出学校从初创至现在的成长轨迹，揭示了学校各个时期的关键转折点和决定性因素，为学校当前及未来的发展提供了深厚的历史底蕴和智慧启示。这种跨学科的研究模式极大程度上激发了校内各领域学者间的合作与交流，促使他们打破学科壁垒，共同探讨学校历史问题，进而在学术层面实现突破和创新，有效提升了学校整体的科研能力和学术影响力。多学科视角的校史叙述以其客观公正、内容丰富的特点，生动展示了学校在社会发展进程中的角色定位及其所作出的重大贡献，极大地提高了学校在社会各界的认知度和认同感，吸引更多的社会资源和合作伙伴，为学校拓展发展空间注入新的活力。与此同时，通过对校史的深度挖掘和多维度解读，可以提炼出具有指导意义的历史经验教训，为学校解决现实问题、规划发展战略提供宝贵借鉴，确保学校在面对挑战时能立足实际、着眼长远，稳健推进各项事业的持续进步。最后，多学科视角下的校史叙述还承担着传承和弘扬学校独特文化传统的重任，通过讲述那些充满人文关怀和时代精神的故事，塑造和强化学校的特色文化形象，进一步提升学校在文化软实力和核心竞争力方面的地位，为建设独具特色的校园文化和精神家园奠定坚实的文化基础。地方性大学采用多学科视角下的校史叙述策略，无疑是对学校历史的一次深度发掘与全新解读，对于促进学校全面发展、深化校园文化建设具有极其重要的现实意义和深远的历史影响。

第二节　叙事策略在校史研究中的运用

在地方性大学校史研究中，如何运用叙事策略以充分展现学校的历史积淀和时代成就，是一项极具挑战又富有意义的任务。通过精心策划和实施有效的叙事选择与聚焦，巧妙安排时间轴线的选择标准与筛选条件，深入挖掘人物叙事的深度与广度，保持主题叙事的连贯性与吸引力，并结合叙事连接与过渡技巧、故事讲述与情感共鸣、视觉叙事与多媒体应用等多元叙事手法，可以创作出一部既富于历史厚重感又充满时代活力的校史作品。下面将从三个方面深入阐述在地方性大学校史编纂中叙事策略的具体应用与重要意义。第一，关于叙事的时间选择，我们要兼顾历史逻辑与现实需求，科学有序地构建时间线，既要系统回顾学校自创建以来的每一步成长足迹，确保历史的准确性和连续性，又要依据当前学校的战略目标和发展需求，针对性地突出特定历史时段的关键事件和人物，以此来增强师生的集体认同感和历史使命感。第二，人物叙事的深度与广度是校史编纂的灵魂所在，它要求我们既要深入挖掘那些对学校发展产生深远影响的人物事迹，也要广泛涵盖不同领域、不同层面的人物故事，以此全面反映学校在各个方面的卓越成就和文化底蕴。在人物叙事的实践过程中，必须坚持历史的真实性，凸显学校特色与亮点，并关注人物间的关系网络和互动影响，以呈现出学校历史的整体性和生动性。第三，主题叙事的连贯性与吸引力则是衡量校史质量的重要标尺。一方面，保证主题叙事的连贯性意味着在编纂过程中，各个章节和内容板块须紧密围绕主线主题展开，形成一条清晰、连续的历史叙事链；另一方面，提升主题叙事的吸引力则要求编纂者运用生动的语言、详实的细节和引人入胜的情节，同时借助恰当的叙事技巧和多种媒体手段，让校史不仅成为记载历史的文献，更成为能够引发读者情感共鸣、具有较强传播力的文化产品。因此在地方性大学校史编纂中，叙事策略的运用涵盖了时间选择、人物叙事和主题叙事等多个层面，每一个环节都需要精细打磨和巧妙构思，只有如此，才能真正撰写出一部既忠实于历史、又富有生命力的校史篇章，进而为学校的历史传承、文化建设和未来发展提供坚实的支持和持久的动力。

一、叙事的选择与聚焦

（一）时间选择的标准与理由

在地方性大学校史的编纂工作中，叙事策略的运用显得尤为关键，其中时间的选取与布局更是至关重要。为了全面、深入地展示学校的历史底蕴和现实成就，我们必须遵循历史逻辑与现实需求相结合的原则，精心挑选并巧妙布局时间线。第一，我们应按照时间顺序，有条不紊地叙述学校的成长与变迁，确保历史的准确性和连贯性。这有助于读者更好地理解学校的历史脉络，形成全面而深入的认识。然而，仅仅遵循历史逻辑是不够的，我们还需要根据学校当前阶段的发展和目标，有针对性地选择某些历史时间段进行重点叙述。例如，选择与学校当前战略计划相关的历史时间段进行介绍，展示学校在该领域的深厚积累和成功经验。这样不仅能增强学校的凝聚力和向心力，还能为未来发展提供有力的历史支撑和文化底蕴。第二，在时间选择上，我们应聚焦于重要的历史节点，如建校周年、重大事件发生年份等。通过对这些节点的深入叙述，我们可以更加生动地展现学校的历史底蕴和现实成就。例如，建校周年之际，详细叙述学校的创立背景、初创时期的艰辛与努力，以及取得的初步成就，有助于增强师生对学校的归属感和荣誉感。总之，地方性大学校史叙事策略在校史编纂中的运用需要全面考虑叙事的选择与聚焦以及时间选择的标准与理由。通过精心挑选与巧妙布局时间线，我们可以更加全面、深入地展示学校的历史底蕴和现实成就，为学校的历史传承和文化发展贡献智慧和力量。

（二）人物叙事的深度与广度

在地方性大学校史的编纂过程中，人物叙事是一个不可或缺的元素。通过深入而全面地叙述学校历史上的重要人物，我们可以更加生动、具体地展示学校的发展历程和文化特色。而要想实现这一目标，就需要在人物叙事中注重深度与广度的平衡。第一，人物叙事的深度是指对个体人物生平事迹、成就贡献、精神风貌等方面进行深入挖掘和详细叙述。在校史编纂中，我们应当选取那些对学校发展产生过重要影响的人物作为叙事对象。通过对他们的生平事迹进行梳理，揭示他们的成就贡献，展现他们的精神风貌，可以更好地理解学校历史的发展脉络和文化底蕴。例如，可以选取学校的创始人、杰出校友、优秀教职工等作为重点叙述对象，通过深入挖掘他们的故事，展现学校的创办初衷、育人理念和文化传承。第二，人物叙事的广度则是指在校史编纂中，要广泛涉及不同领域、不同层面的人物，以全面展示学校的多元化发展。这包括学校的行政领导、学术大师、文化名人、体育健将等各个领域的人物。通过对这些人物的叙述，可以展现学校在各个领域取得的辉煌成就和独特魅力。同时，也要关注那些默默奉献的教职工和学生群体，他们的努力和付出同样是学校发展的重要推动力。在平衡人物叙事的深度与广度时，我们需要注意以下几点：一是要遵循历史真实性原则，确保所叙述的人物事迹准确无误；二是要突出学校的特色和亮点，选择那些能够代表学校历史和文化的人物进行重点叙述；三是要注重人物之间的关联性和互动性，通过叙述人物之间的关系和互动，展现学校历史的连贯性和整体性。综上所述，地方性大学校史叙事策略在校史编纂中运用的人物叙事的深度与广度是非常重要的。通过深入挖掘和广泛涉及不同领域、不同层面的人物，我们可以更加全面、深入地展示学校的历史底蕴和现实成就。这不仅有助于增强学校的凝聚力和向心力，还能为学校的长远发展提供有力的历史支撑和文化底蕴。在未来的校史编纂工作中，我们应当继续重视人物叙事的深度与广度，为学校的历史传承和文化发展贡献智慧和力量。

（三）主题叙事的连贯性与吸引力

在校史编纂工作中，主题叙事的连贯性与吸引力是提升校史质量和传播效果的关键因素。地方性大学校史叙事策略的运用，要求我们在校史编纂中不仅要注重叙述内容的真实性和准确性，还要关注叙事主题的连贯性和吸引力。主题叙事的连贯性是指在校史编纂中，各个叙事单元之间要有明确的逻辑关系和内在联系，形成一个有机整体。这要求我们在校史编纂中，要明确叙事主题，确保各个叙事单元都围绕这一主题展开。其次，要注重叙事线索的连贯性，确保各个叙事单元之间在时间上、逻辑上、情感上都能够顺畅过渡，形成一个完整的故事线。为了增强主题叙事的吸引力，我们需要在校史编纂中注重叙事的生动性和趣味性。具体来说，可以通过运用生动的语言、丰富的细节、具体的场景来描绘历史事件和人物，让读者感受到历史的鲜活性和真实性。同时，我们还可以运用多种叙事手法，如悬念设置、情感渲染等，来增强叙事的吸引力，让读者在阅读过程中产生共鸣和情感共鸣。此外，为了进一步提升主题叙事的吸引力，我们还可以在校史编纂中融入地域文化元素。地方性大学作为地区文化的重要组成部分，其校史中必然蕴含着丰富的地域文化元素。通过深入挖掘和展示这些元素，不仅可以增强校史的独特性和个性化，还可以激发读者对地方文化的兴趣和认同。因此，地方性大学校史叙事策略在校史编纂中的运用需要注重主题叙事的连贯性与吸引力。通过明确叙事主题、注重叙事线索的连贯性、增强叙事的生动性和趣味性以及融入地域文化元素等手段，我们可以打造一部具有吸引力、感染力和影响力的校史作品，为学校的历史传承和文化发展贡献智慧和力量。

二、叙事技巧与方法

（一）叙事连接与过渡技巧

在校史编纂的过程中，叙事策略的运用显得尤为关键，因为它直接关系到校史的可读性和吸引力。一部成功的校史作品，不仅要能够准确记录学校的发展历程，还要能够吸引读者，让他们在阅读过程中产生共鸣和情感共鸣。这就需要编纂者熟练掌握和运用叙事技巧，其中叙事连接与过渡技巧尤为重要。叙事连接技巧的运用，能够确保校史叙述的流畅性和连贯性。编纂者需要巧妙地运用时间线索，按照历史事件发生的先后顺序进行叙述，这样可以让读者清晰地了解学校的历史脉络。同时，通过揭示不同历史事件之间的因果关系，将一个个孤立的事件串联起来，形成一个完整的历史链条，使读者能够更深入地理解学校历史的发展规律。此外，设定一个或多个核心主题，将不同时期的历史事件和人物围绕这些主题进行叙述，可以使校史内容更加聚焦和深入，让读者在阅读过程中更加清晰地把握学校的历史特色和文化底蕴。而在叙事过渡方面，编纂者同样需要运用一些技巧，使叙述段落之间的过渡更加自然、平稳。通过进行必要的背景铺垫，为读者提供足够的上下文信息，可以帮助他们更好地理解和接受新的叙述内容。同时，通过情感引导，如描绘人物情感变化、渲染历史氛围等，可以激发读者的情感共鸣，使他们更加投入地阅读校史。此外，运用适当的语言衔接手段，如关联词、过渡句等，可以使不同叙述段落之间的过渡更加自然、流畅，避免给读者带来突兀或断裂的感觉。除具体的连接与过渡技巧外，综合运用多种叙事方法也是提升校史可读性和吸引力的关键。叙述、描写、议论、抒情等叙事方法的综合运用，可以丰富校史的叙述层次和深度。通过叙述历史事件的发生经过，可以让读者了解学校的历史脉络；通过描写人物、场景等细节，可以让读者感受到历史的鲜活和真实；通过议论历史事件的意义和影响，可以引导读者深入思考学校的历史发展；通过抒情表达对学校历史的热爱和敬仰，可以激发读者的情感共鸣。这些叙事方法的综合运用，可以更加全面、深入地展示学校的历史底蕴和现实成就，让读者在阅读过程中得到更加丰富的体验和感受。在校史编纂的过程中，合理运用叙事连接与过渡技巧以及综合运用多种叙事方法，是提升校史可读性和吸引力的关键。编纂者需要不断探索和创新叙事策略，以打造一部逻辑严密、引人入胜的校史作品，为学校的历史传承和文化发展贡献智慧和力量。这样的校史作品不仅能够为学校留下宝贵的历史记忆，还能够激发师生对学校的归属感和自豪感，推动学校的持续发展。

（二）故事讲述与情感共鸣

在地方性大学校史的编纂过程中，叙事策略的运用显得尤为关键。通过故事讲述与情感共鸣的营造，可以将学校的历史和文化以更加生动、引人入胜的方式呈现给读者。故事是人类文化的重要组成部分，通过讲述具体、有趣的故事，可以让读者更加深入地了解学校的发展历程，感受到学校的文化底蕴。为了讲好这些故事，编纂者需要深入挖掘历史资料，寻找那些具有代表性、有感染力的历史事件和人物。他们运用生动的语言、丰富的细节和具体的场景，将这些故事以更加形象、具体的方式呈现给读者。这样，读者就能够更加直观地感受到历史的真实和鲜活，更加深入地了解学校的历史和文化。同时，情感共鸣的营造也是至关重要的。通过描绘人物情感变化、渲染历史氛围和场景，以及表达对学校历史的热爱和敬仰之情，可以激发读者的情感共鸣，让他们更加深入地了解历史人物的性格特点和情感世界。这种情感共鸣不仅可以让读者更加深入地了解学校的历史和文化，更可以让他们对学校产生更强烈的归属感和自豪感。在故事讲述与情感共鸣的营造过程中，多种叙事技巧和方法被综合运用。叙述、描写、议论、抒情等叙事方法相互交织，共同构建了一个丰富、多维度的校史世界。这些叙事方法不仅丰富了校史的叙述层次和深度，更可以让读者在阅读过程中得到更加丰富的体验和感受。此外，巧妙的叙事连接与过渡技巧也是至关重要的。通过运用这些技巧，可以确保校史叙述的流畅性和连贯性，让读者在阅读过程中始终保持高度的阅读兴趣和情感投入。这些技巧的运用不仅可以提高校史作品的可读性和吸引力，更可以让读者在阅读过程中得到更加愉悦的体验感。通过讲好故事、营造情感共鸣以及综合运用多种叙事技巧和方法，地方性大学校史的编纂过程不仅为学校留下了宝贵的历史记忆，更激发了师生对学校的归属感和自豪感。这样的校史作品不仅可以作为学校文化传承的重要载体，更可以作为激励师生不断进取、为学校发展贡献力量的精神源泉。因此，在地方性大学校史的编纂过程中，应该注重运用叙事策略，讲好学校的故事，营造情感共鸣，让校史成为连接过去、现在和未来的桥梁，为学校的持续发展注入新的活力。

（三）视觉叙事与多媒体应用

在地方性大学校史的编纂过程中，叙事策略的运用显得尤为重要，特别是在视觉叙事与多媒体应用方面。随着科技的飞速发展和人们审美观念的转变，传统的文字叙述已经不再是唯一的叙事方式。相反，视觉元素和多媒体技术的结合为校史编纂带来了前所未有的可能性，使校史作品更加生动、立体和引人入胜。视觉叙事作为一种强有力的叙事手段，通过图像、图表、照片等直观元素，将学校历史以更加生动的方式呈现给读者。这些图像不仅可以帮助读者更直观地理解历史事件和人物，还能够增强他们的记忆和共鸣。例如，通过展示学校历史上的重要建筑，如古老的图书馆、宏伟的教学楼等，读者可以深刻感受到学校悠久的历史底蕴。同时，展示标志性活动或关键人物的肖像，则能够让读者更加直观地感受到学校的文化氛围和人物风采。为了充分发挥视觉叙事的作用，编纂者需要精心选择和设计视觉元素。他们需要从众多的历史照片和图像中挑选出最具代表性的作品，确保它们与文字内容相协调，共同构建一个完整的叙事体系。此外，编纂者还需要考虑读者的视觉习惯和审美需求，选择适合读者的色彩、构图和排版方式，以吸引他们的注意并引导他们深入阅读和理解。与此同时，多媒体应用也为校史编纂带来了更加丰富的表现形式和手段。通过嵌入音频、视频、动画等多媒体内容，校史作品可以更加生动、形象地展示历史事件和人物。例如，通过播放一段学校历史上的重要演讲或活动的视频片段，读者可以仿佛置身于历史现场，感受到当时的氛围和情感。这种沉浸式的阅读体验可以让读者更加深入地了解学校的历史和文化，增强他们对学校的认同感和自豪感。为了充分发挥多媒体应用的优势，编纂者需要运用专业的技术和工具进行制作。他们需要熟练掌握音频、视频和动画等多媒体元素的编辑和合成技巧，以确保它们与文字内容相互补充、相得益彰。同时，他们还需要设计交互式的界面和功能，如触摸屏展示、虚拟现实体验等，以吸引读者的参与并提高他们的阅读兴趣。通过综合运用图像、文字、音频、视频等多种叙事手段，可以打造一部多维度的校史作品。这部作品不仅具有丰富的叙述层次和深度，还能够增强互动性和吸引力，使读者始终保持高度的阅读兴趣和情感投入。读者可以通过观看图像、听取音频、观看视频等多种方式，全方位地了解学校的历史和文化。这种多维度的阅读体验可以让读者更加深入地了解学校的历史和文化，增强他们对学校的认同感和自豪感。通过发挥视觉叙事和多媒体应用的优势，可以打造出一部引人入胜的校史作品。这部作品不仅可以为学校留下宝贵的历史记忆，还可以激发师生对学校的归属感和自豪感，推动学校的持续发展。同时，这种多维度的阅读体验也可以提高读者的阅读兴趣和参与度，使他们在阅读过程中得到更加丰富的体验和感受。因此，在地方性大学校史的编纂过程中，应该注重运用视觉叙事和多媒体应用等叙事策略，以打造出一部生动、立体、引人入胜的校史作品。

第三部分
地方性大学案例研究

第五章　奋进在鲁西大地上的聊城大学

第一节　随风而来，扎根鲁西

一、扎根鲁西，艰苦创业

巍巍光岳，浩浩黉府；运河之畔，明珠璀璨。立足齐鲁根叶茂，放眼神州乾坤长，聊城大学传承百年办学传统，独立办学近半个世纪，沐浴时代春风，积跬致远，涵英琢玉，薪火相传。1970 年山东师范学院迁至聊城办学；1974 年 8 月，中共山东省委决定，从山东师范学院抽调三分之一的人员、设备和图书，利用其原在聊城的校舍建立山东师范学院聊城分院。

（一）克服困难

创业艰难百战多。师资匮乏、经费匮乏、图书资料匮乏，聊大初期的建设者们艰苦奋斗、自力更生，逢山开路、遇水搭桥，攻克了重重难关。没有钱，他们自己打井，自己铺路，自己盖房。没有教师，他们一方面在自己培养的优秀毕业生里选拔，一方面到重点中学和中师里去网罗找寻，同时通过访学、进修和代培研究生等途径，提高青年教师专业学术水平与教学能力。没有图书，他们一方面以图书馆为龙头联合各系专业人员走遍全国新华书店与古旧书店，收购了一批种类多而又经济适用的私人藏书；一方面自编供教学科研需要的资料书，有效缓解了图书资料的不足。

（二）艰辛起步

20 世纪 70 年代的鲁西聊城，交通闭塞，经济落后。就是在这片古老而贫瘠的土地上，由于国家政策的调整，经过几年的起落整合，1974 年山东师范学院聊城分院正式成立了。从此，作为山东省西北部唯一的高等学府，聊城大学至今为止仍是这片土地上最高的文化地标。

1974年，沈阳农学院在朝阳办分院的经验，引发了全国高校到农村办分院的热潮。山师因为有驻聊留守处的基础，便率先行动起来。7月31日至8月1日，中共山东省委在济南南郊宾馆召开会议，正式作出山东师范学院在聊城办分院的决定。按照省委要求，山东师范学院党委成立了山东师范学院聊城分院筹建领导小组，并决定抽调学校三分之一的干部、教师和图书设备建设分院。8月底，以山东师范学院党委副书记、革命委员会副主任邵阳为组长，吴毅光、曹佐成、王瑞献等为成员的筹建领导小组到达聊城，开始筹建工作。

虽然距离我国明确提出改革开放的时代壮举还有四年时间，但省属院校在外地建分校，在当年确实也是实实在在的改革创新之举。这次调整回来的教师，跟上次迁往聊城不同，是在学校“教育创业”的指导思想感召下，做好吃苦的准备、带着奋斗的热情而来的。像中文系薛绥之、孙良明等教师，当时都已经是年富力强、学有所成的知名学者，他们不怕吃苦，无畏艰难，带着自己的科研项目，扎根在聊城这块古老而贫瘠的土地上，踏踏实实教课，认认真真科研，为聊城分院的发展作出了不可磨灭的贡献。

二、开拓进取，改革奋进

1981年，是中国实行改革开放的第3年。随着党和国家工作重心的转移，我省改革开放和社会主义现代化建设事业进入了蓬勃发展的新时期。普及九年制义务教育，扫除文盲，提高全社会劳动者的文化素质成为当务之急。

但在当时，山东省特别是西部地区基础教育师资还很薄弱，中学教师普遍匮乏，且大部分学历较低，无法满足基础教育发展需要；而且山东省西部尚无一所独立建制的本科高等师范院校，这种情况严重制约着全省特别是鲁西地区社会经济文化教育事业的发展。在1980年4月5日山东省人民政府向国务院呈报的《关于增设聊城师范学院等三处高等学校的请示报告》中说，近几年，我省高等教育事业虽然有了一定的发展，但仍然远远落后于全国平均水平，与国民经济建设的需要极不适应。同时，我省中等教育事业发展迅速，但是师资队伍的培养远远不能适应发展，为了满足中等教育事业发展需求，必须加强高等师范院校建设。

1981 年，是山东师范学院聊城分院扎根鲁西办学的第 8 年。经过全体师生员工的艰苦努力，学校规模逐步扩大，办学水平逐步提高，各个方面都取得了较快发展。1981 年 7 月，经国务院批准，增设聊城师范学院，设在山东聊城县，以山东师范学院聊城分院为基础建校。学制四年，学校规模 2500 人，设置中文、政史、英语、数学、物理、化学、体育、音乐、美术等学科，由山东省领导。9 月 28 日，山东省人民政府文件通知，增设聊城师范学院，主要面向聊城地区培养初中教师。这样，20 世纪 80 年代初，作为山东省三所省属本科师范院校之一、鲁西地区唯一独立设置的本科高校，聊城师范学院逐步担负起为山东省特别是鲁西地区基础教育培养和输送合格师资的重任。

振兴鲁西基础教育，是党和国家设立聊城师范学院的初衷，这个初衷为学校打上了师范教育的烙印，也成为一代聊师人不敢忘怀的初心。成立之初，聊城师范学院就把培养合格中学教师作为自己的办学目标，把“坚持高教性与师范性相结合，努力培养合格的中学教师”作为办学方针，把“为社会主义建设服务，以培养有理想、有道德、有文化、有纪律的中学师资”作为历史使命，面向基础教育、服务基础教育的办学指导思想逐步形成。

在办学指导思想不断调整完善和逐步明确的情况下，全校各级领导干部和师生员工抓住有利时机，围绕办好高等师范教育这一目标，为开拓聊城师范学院新局面进行了卓有成效的工作。学校持续加强师资队伍建设，不断改善办学条件、扩大办学规模，同时把激励机制引入教与学的过程，把评估机制引入教学管理过程，切实强化教学管理，鼓励教师开展教学研究。学校的教育教学质量大幅度提升，在不断加强教学管理和教学研究的同时，学校聚焦培养合格中等学校师资的目标，积极开展教学改革，在教学内容与课程体系、教学方法、教学管理改革等方面进行了一些有益的探索。学校全面修订专业教学计划，主要目的是让学生打下牢固的专业基础，有一个合理的知识结构，熟练掌握教学基本技能技巧，做一个合格的中学教师。此外，为调动学生学习积极性，学校引入竞争机制，在政治系推行了“总学分制”改革试点工作。这一做法为后来推行的学生综合测评积累了经验。

1992年年初，邓小平同志视察南方，发表了一系列重要谈话，中国的改革开放事业掀开了新的篇章。中国高等教育也迎来了发展的春天，聊城师范学院“大师范”之路越走越宽。以南方谈话为契机，聊师人抢抓机遇，敢为人先，立即开展了“深化改革年”活动，制定了《聊城师范学院综合改革方案》，被省教委确定为高校改革试点学校，后来又获批全省高校人事制度综合改革试点学校。在接下来的几年里，学校在干部管理体制、人事管理与分配制度、后勤社会化改革、物资设备与财务管理制度等领域，进行了一系列大刀阔斧的改革，取得令人振奋的成效，大大增强了办学活力，学校的办学条件改善明显。

学校积极争取聊城市的政策支持，与聊城市开展了多种形式的校地共建与合作，加快了基本建设速度，校舍面积迅速增加，图书资料、教学仪器设备及网络建设迅速发展，办学条件得到明显改善。聊城市把“科教兴聊”、办好聊城大学作为振兴聊城经济的重要战略，为学校发展提供了有力支持，包括出台《关于支持聊城师范学院建成多科性或综合性大学的意见》，为学校发展创造了良好的条件。

学校的教学水平和办学层次也得到全面提高。学校实施“五四六五”教学管理模式，制定9个相关文件，建立了一整套教学质量监控体系。先后三次召开全校教学工作会议，两次接受省教委教学工作检查评估，教学工作的中心地位进一步巩固。教学研究与教学改革取得突出成果，其中中文系构建的高等师范语文学科教学新体系荣获全国普通高校优秀教学成果国家级一等奖。1997年，我校恢复成为硕士学位点授予单位，中国古典文献学和分析化学两个专业同时获准招生，2000年又新增7个二级硕士学位授予学科，办学层次得到了提升。

弹指一挥间。二十世纪的最后二十年，聊城师范学院主动适应经济和社会发展需求，积极应对高等教育的激烈竞争，坚持在困难中发展，在发展中克服困难，抢抓机遇，走“大师范”之路，积累了丰富的办学经验，壮大了办学实力，为新时代的到来积蓄了腾飞的力量。

1997 年至 2001 年是聊城师范学院夯实基础时期，蓄势跨越的 5 年，为综合性大学的创办奠定了坚实基础。这一时期，学校师范教育基础厚实，优势突出；这一时期，学校办学领域大幅拓宽，办学层次大幅提升；这一时期，学校抢抓机遇，成功更名为综合性大学。学校坚持以德育为首、以教学为中心、以师资队伍建设为重点、以培养高素质创新型高级专门人才为目标，以科研为先导、以学科建设为龙头、以深化改革为动力、以党的建设和思想政治工作为保障的办学思路，不断扩大办学规模，着力改善办学条件，积极推进内部管理体制改革，走“大师范”之路，实现了学校办学质量、规模、结构、效益的科学发展、协调发展、跨越发展、创新发展、卓越发展！全体聊师人同心同德、追求梦想、勠力前行、敢于超越，用勇气与行动收获了里程碑式的成就与荣耀。时任名誉校长、国学大师季羡林先生欣然写下“聊城大学之成立，诚所谓顺乎天理，应乎人情之盛举”“行将见桃李遍鲁西，文风满山左，流风余韵普及神州矣”。

三、积极转型，跨越发展

2002 年至 2024 年是聊城大学又一次跨越式发展、特色彰显的 22 年，学校的综合办学实力与核心竞争力大幅提升。这一时期，学校进一步扩大校园，搭建平台，突出特色，转型升级；学校加快了新校区拓建，基本条件建设取得了跨越式发展，快速达到了教育部规定的标准，为学校的全面内涵建设奠定了坚实的硬件基础；这一时期，学校初步形成了以教师教育学科为主，文理基础学科、教师教育学科、新兴学科和应用学科相互协调发展，特色优势明显的学科专业布局；形成了领导重视教学、教师热爱教学、学科支撑教学、后勤保障教学、一切围绕育人开展工作的浓厚氛围，人才培养质量不断提升。2007 年，聊城大学以“优秀”成绩顺利通过教育部本科教学工作水平评估；2012 年，学校获批山东省首批应用型人才培养特色名校建设单位，“三二三”人才培养模式改革和应用型人才培养特色名校建设不断深入推进，具有高度社会责任感和创新精神的高素质人才不断涌现。这一时期，学校的学科建设实力和科研创新能力不断增强，至2015 年年底，学校建有 10 个省级重点学科，16 个省（高校）重点实验室、工程技术研究中心、研究基地；承担省部级以上科技类科研项目 640 项，人文社科类国家级课题 77 项，取得自然科学类科研成果 9903 项。这一时期，围绕现代大学制度建设，初步构建起了科学管理体系，建设了以文化身份标识系统、文华苑、“书香校园”“文明校园”等为显示度的先进的大学文化。

第二节　根植鲁西，服务社会

一、区域资源赋能学校发展

（一）植根历史文化名城，浸润“崇教、尚学，敦厚、奋进”的鲁西运河文化特质

聊城大学植根鲁西办学五十年，时时刻刻潜移默化地受到“崇教、尚学，敦厚、奋进”的鲁西运河文化特质的浸润濡染，一脉相承，与时俱进。聊城是国家级历史文化名城，历史悠久，文化绚丽。尤其是元末北运河贯通以后，聊城更是进入了古代历史上最辉煌的时期，明清以来逐渐形成了富有鲜明特色的鲁西运河文化，影响至深且巨。鲁西运河文化是以山东西部地区历史文化为基础，吸纳京杭运河及其辐射区域文化精髓而形成的区域文化。其文化特质主要有：

其一，秉承齐鲁文化底蕴，融汇南北文化精华而奠定的崇尚教育的历史传统。鲁西运河文化的基础是齐鲁文化，齐鲁文化的核心是儒家文化，儒家文化的重要特点就是重视教育，而京杭大运河则将聊城与明清时期南北两个文化教育中心北京和江浙联系起来，形成了鲁西运河文化崇尚教育

的历史传统。承平繁荣时代，崇教育人以仕政裕民；战争动乱年代，崇教育人以治乱兴邦。明清时期，聊城文风昌盛，文运大开，于慎行、谢榛、穆孔晖、朱延禧、傅以渐、邓钟岳等鸿儒显宦联翩鹊起，考中文武状元5人，占山东籍状元总数的近1/4。进入现代，更孕育出北京大学原代校长、台湾大学校长傅斯年，国画大师、人民美术教育家李苦禅，聊城大学名誉校长、东方学人季羡林等大师级学者与著名教育家。

其二，本土上层精英文化与基层平民文化相互影响，逐步形成了社会各阶层重视兴办文化设施和学校的社会风尚。在聊城历史上，无论鸿儒显宦所代表的上层精英文化，还是市民、商贩等所代表的基层平民文化，都有重视兴办文化设施和学校，提倡师承讲授的传统，而且相互影响，彼此砥砺，共同形成了一种社会风尚与价值导向。明清时期，聊城书院林立，私塾遍布，增建、重建书院数量占到山东书院总数的近1/6。杨氏海源阁更是藏书宏富，闻名天下，成为清代四大私人藏书楼之一。武训目不识丁，行乞兴办义学，被人民教育家陶行知誉为“千古奇丐”“匹夫而为百世师”，并曾发起声势浩大的纪念、学习武训精神运动。新时期以来，聊城虽是经济欠发达地区，但政府及社会各界共同努力，义务教育“普九”工作一直走在全省前列，涌现出一批实施素质教育的先进典型，聊城大学基础教育课程改革研究中心教改基地杜郎口中学的经验，引起全国广泛关注。

其三，鲁西地区厚重的文化积淀与齐鲁、燕赵、吴越、秦晋文化融汇所造就的敦厚奋进的人格品质。运河交通所带来的商贸活动与社会流动，把地处运河中段的聊城与南北东西部几个大的文化中心连接起来；并且，在吸纳异质文化中表现出强烈的开放性与兼容性，在接受先进文化中表现出非凡的敏锐性与再造性，使鲁西本土文化在兼容并蓄中不断丰富创新。也正是受此影响，鲁西地灵人杰，英才辈出，表现出敦厚朴实而不愚巧、奋发进取而不保守、爱国忧民而不自私、志存高远而不失本色的共同人格品质。著名抗日爱国将领张自忠、范筑先等，都生长于斯；当代领导干部的楷模孔繁森、身残志坚的“当代保尔”张海迪、“全国模范检察官”白云、赴贵州大山深处义务支教的青年志愿者徐本禹等，则是当代的优秀代表。

（二）传承鲁西运河文化，转化区域文化资源为学科资源、育人资源与办学资源

聊城大学不仅浸润着鲁西运河文化，更自觉主动地研究、弘扬、开发着鲁西运河文化，为鲁西运河文化注入时代精神，使其焕发现代光彩，并将丰富的区域文化资源转化为强大的学科资源、育人资源与办学资源。

1. 研究鲁西运河文化，建设特色学科与品牌专业

早在 20 世纪 70 年代末，聊城大学学者就率先突破禁区，开展武训研究。2006 年，聊城大学主办和主持了有全国众多知名学者、领导参加的“全国武训精神研讨会”；80 年代末以来，又率先开展傅斯年研究，多次举办有海内外著名学者参加的学术研讨会，出版多部研究专著和会议论文集，并与傅斯年工作过的台湾大学、台湾“中央研究院史语所”保持着密切的学术交流；坚持开展《水浒传》、谢榛及聊城地方史研究，取得了一批有影响的标志性成果，《谢榛全集校笺》获第四届中国高校人文社会科学研究优秀成果三等奖；坚持开展鲁西民俗调查、研究和文物抢救性保护工作，聊城大学非物质文化遗产保护学被山东省文化厅列为首批山东省文化艺术科学重点学科。

20 世纪 90 年代末以来，在前期工作基础上进入对鲁西运河文化的全面、系统、深入研究时期，取得了一批重要标志性成果。国家社会科学基金项目研究成果《明清山东运河区域社会变迁》、山东省社会科学重点研究项目成果《聊城通史》《山东运河文化研究》等填补了研究空白，既有重要学术价值，又产生了广泛社会影响。聊城大学的运河文化研究基地是山东省重点人文社会科学研究基地，是同类研究中全国首家省级重点研究基地；聊城大学的中国近现代史学科是山东高校同类学科中唯一的省级重点学科。

以此学科为支撑，历史学本科专业成为山东省教学改革试点专业、校级品牌专业。学科学术带头人李泉教授、王云教授等主持的《高师历史专业“一元化多层面”课程体系改革方案》《中国古代史课程内容改革探讨》等教研课获得山东省教育厅立项，在近两届优秀教学成果评奖中获得国家

级二等奖（聊城大学人员列第3、5位）、省级一、二等奖各一项。

2. 弘扬鲁西运河文化，开展特色社会实践活动

长期以来，学校充分发掘鲁西运河文化在大学生社会实践活动中的独特作用，不断强化大学生社会实践活动的育人功能，培养大学生理论联系实际能力、社会适应能力和创新、创业能力，已经成为聊城大学实践教学与人才培养的特色与亮点之一。自2003年以来，学校通过举办“重走繁森路”——大学生思想政治教育宣传实践活动，“挂职基层、挥洒青春”——聊城大学优秀学生干部赴基层挂职锻炼活动，“英雄赞歌”——聊城市百名革命功臣访谈等系列活动，先后有1500余支服务队、6万余人次参加寒暑假社会实践活动，活动区域遍布鲁西的县县村村。中央电视台、中央人民广播电台、新华社、中新社、《人民日报》《中国教育报》《光明日报》、山东电视台、《大众日报》等省级以上新闻媒体进行了百余次报道。其中，2005年聊城大学志愿服务西部的部分大学生沿着孔繁森生前走过的足迹，进行了为期一个月的“重走繁森路”——大学生思想政治教育宣传实践活动，以实际行动践行、宣传“扎根基层，无私奉献，克己奉公，献身西部”的孔繁森精神。中央电视台《新闻联播》连续两次报道，并被中共山东省委高校工委评为2005年度山东高校十大新闻，被共青团山东省委评为大学生思想政治工作创新奖。

3. 开发鲁西运河文化，形成特色办学资源

季羡林先生1997年起担任聊城大学名誉校长，始终关心、指导着学校发展，开设讲座，捐赠图书，筹策学校规划，心系桑梓，愈老弥笃，殷殷切切，感人至深；孔繁森、张海迪、白云等作为校外辅导员，多次来校为学生做报告、与学生座谈，成为同学们的良师益友；孔繁森纪念馆、张自忠纪念馆、范筑先纪念馆、傅斯年纪念馆、李苦禅纪念馆等，一直是聊城大学的大学生德育基地。中国运河文化博物馆、海源阁、山陕会馆、“白云热线”等是聊城大学学生常年的实习基地。

（三）熔铸新时代“崇教、尚学，敦厚、奋进”的聊大精神，办好让鲁西人民满意的大学

聊城大学在五十年艰辛办学实践以及与鲁西运河文化的双向互动中，传承鲁西运河文化历史基脉，赋予鲁西运河文化现代内容，熔铸了具有新时代“崇教、尚学，敦厚、奋进”蕴含的聊大精神，成为学校发展的强大精神动力和宝贵精神财富。

1. 熔铸新时代“崇教、尚学”精神，推进学校全面发展

近代以来的很长时期，运河北段淤塞，经济重心东移，聊城经济衰退，繁荣不再。但鲁西运河文化并未断绝，反而穷而益坚，更加激发起鲁西人民发展教育事业，改变落后面貌，科教兴聊、科教兴鲁的使命感和紧迫感。

科教兴聊、科教兴鲁，必须坚守教育为本、教育先行的理念。聊城大学不敢因地处区位偏僻、经济落后而自封、自馁，而是自觉发扬鲁西运河文化中的“崇教、尚学”精神，赋予其时代的新内容、新蕴涵，并熔铸成为聊大精神的重要组成部分，把学校发展与鲁西子弟上得了大学、上得起大学、上好大学紧密联系起来，与实现鲁西区域经济社会的复兴与发展紧密联系起来，与山东高等教育资源均衡布局及建设和谐山东的伟大使命紧密联系起来，广大师生“顾全大局、团结一心，艰苦奋斗、无私奉献，敢为人先、争创一流”，始终坚持在困难中办学，在发展中克服困难。学校牢固树立强烈的机遇意识、忧患意识，解放思想，转变观念，大胆突破传统办学模式的束缚，在改革与发展等一系列重大机遇面前，审时度势，不失时机，果断决策，在争取硕士学位授予权、学校更名以及全面推进内涵建设等一系列关乎学校长远发展的重大战略问题上，抢抓机遇，赢得主动，使学校步入了稳健、快速发展的良性轨道。

季羡林校长欣喜地题词道：“行将见桃李遍鲁西，文风满山左，流风余韵普及神州矣。为鲁西庆，为山东庆，为祖国庆！”

2. 熔铸新时代“敦厚、奋进”精神，提高人才培养质量

建校以来，学校始终注意传承鲁西运河文化中“敦厚、奋进”的人格品质，结合新时期高等学校教育教学改革与发展的新趋势，新形势下大学

生思想政治教育的新要求，熔铸富有新时代"敦厚、奋进"内涵的聊大精神，并自觉贯穿于人才培养的全过程，为社会输送了一大批高素质人才。这种精神在聊大学子身上主要表现为：

其一，勤学耐劳，乐于吃苦。山东省高校十大优秀学生、化学化工学院 2001 级 2 班班长赵杰峰在校期间义务献血 10 余次，50 余次将自己假期打工的收入捐给别人，并动员全班同学全部报考了硕士研究生，38 名同学中有 32 人成功；汽车与交通工程学院 2004 级学生郝磊因患恶性骨肉瘤而被截肢，但他不向命运低头，自强不息，刻苦学习，参与设计的自动避障智能小汽车获 2006 年山东省大学生机电产品创新设计竞赛一等奖。山东卫视"新闻 60 分"、山东卫视公共新闻频道分别报道了郝磊的感人事迹。杜雨欣是聊城大学教育科学学院 2018 级应用心理学专业本科生，2020 年应征入伍。2022 年 9 月 18 日，杜雨欣光荣退役，在回乡途中与三名同行人员挺身而出、紧急救助昏厥乘客，身体力行维护了人民群众的生命财产安全，用实际行动诠释了退役军人"退役不退志，退伍不褪色，离军不离党"的铮铮誓言。经部队党委决定，授予杜雨欣个人三等功奖励，获得新华社等央媒集体点赞。

其二，脚踏实地，勇于进取。根据大样本抽样回访调查显示，聊城大学毕业生 60%以上都在县域及其以下岗位工作。即使目前已成为知名学者、担任领导职务的毕业生，也大都具有基层工作经历。深入基层、爱岗敬业，脚踏实地、岗位成才，个人一步一个脚印地发展事业，个人发展之后又全心全意地关心基层发展，已经成为聊城大学毕业生成长的一条重要规律。

其三，志存高远，甘于奉献。2006 年，赴贵州本禹希望小学接替徐本禹支教的聊城大学优秀青年志愿者陈之海、顾兰顺、黄振亚、张之胜等四名学生，获"感动山东 2006 年度人物"提名奖。2004 年 4 月 4 日，《中国青年报》以《做西部最美的那道彩虹》为题，全面报道了聊城大学毕业生孙宗清愿服务西部、扎根青海、建功立业的感人事迹，他不仅以自己微薄的工资多次捐助贫困儿童，而且发起成立了旨在捐资助学的"彩虹工程”，动员家乡和全社会支援西部教育事业，受到当地领导和百姓赞誉。2006 年 7 月 29 日，中央电视台、中新网以《聊城大学、西藏大学联合发出服务西部倡议书》为题，全面报道了聊城大学毕业生积极志愿服务西部的情况。

二、学校振兴辐射区域地方

“大学依城市而生，城市因大学而盛。”聊城大学地处鲁西，不在东部、不在沿海、不在中心城市，区位差距将长期存在。学校始终坚信，没有鲁西地区的崛起，就不会有山东省的整体发展，经济强省、和谐山东的发展目标也就难以真正实现。鲁西人民、鲁西经济社会发展需要聊城大学，山东省高等教育资源的布局均衡以及科教兴鲁、建设和谐山东的历史重任需要聊城大学，聊城大学也只有在鲁西这片热土上，才能变区位劣势为比较优势，校地互动，错位发展。聊城大学扎根聊城五十年，始终把服务地方当作义不容辞的责任，为区域经济发展提供了强有力的人才与科技支撑。面对高质量发展的时代命题，聊城大学坚持把学党史、悟思想、办实事、开新局作为开展党史学习教育的落脚点，以习近平总书记关于教育的重要论述为引领，全面贯彻党的教育理念，进一步提高站位，科学定位，坚守高校立德树人根本任务和“四个服务”时代使命，积极融入区域发展格局，深入推动城校融合、双向赋能，当好策源地、智慧库和新引擎，在持续提升对区域经济社会发展的契合度与贡献度中，推动学校各项事业取得显著进步，形成了城校携手、融合发展、共生共荣的良好态势。

（一）保持教师教育优势，与时俱进，推进区域基础教育发展

五十年来，学校保持教师教育特色与优势，积极开展中小学教师素养结构和培养规格的研究，优化教师教育教学内容和课程体系，注重教师职业道德和教师职业技能的培养，改革教师教育人才培养模式，推进区域基础教育改革与发展。2006 年，首届山东省高等师范院校教师教育教学改革研讨会在聊城大学召开，教育部师范司和山东省教育厅的领导，把聊城大学誉为教师教育改革和山东高校发展的“两个缩影”。

1. 持之以恒地加强师范类学生的专业技能培养

从 20 世纪 80 年代初，学校就确立了面向基础教育一线开展教育教学研究，根据中小学教学改革需要，改革师范类专业人才培养模式，强化教育实践环节，在确保基本理论和专业知识质量的基础上，努力提高学生的教师职业技能的人才培养工作思路。1993 年，聊城大学坚持开展的《高师语文学科专业技能培养规程》获得国家级优秀教学成果一等奖。其后，获奖成果在全校师范类专业中得到推广和学习，并逐渐制度化和常规化。多年来，聊城大学师范类毕业生素以专业基础知识扎实、教师职业技能过硬、热爱教育事业、富于教育创新能力，而受到用人单位的欢迎。

近年来，聊城大学以培养师范类学生专业知识、专业技能、专业素养为核心内容的研究与改革持续深入。仅 2001 年以来，就取得了《化学教育专业实验课程结构、内容改革研究》《高师历史学专业综合教学改革》《面向 21 世纪高师思政专业课程体系改革与教学内容创新》《高师英语专业素质培养与课程体系、教学模式改革》《公共教育学、心理学的整体改革研究》《面向 21 世纪高师体育专业教学内容和课程体系改革的实验研究》等一批教研成果，共获得山东省优秀教学成果一等奖 2 项、二等奖 2 项、三等奖 3 项。

2. 与时俱进地改革教师教育人才培养模式

21 世纪以来，学校适应教师教育改革与发展的新形势，进一步强化聊城大学教师教育的特色与优势，积极探索在综合性大学中如何办好教师教育的新路子，构建具有聊城大学特点的教师教育人才培养模式。2005 年，学校出台了《聊城大学教师教育改革方案（试行）》，按照教师教育专业化的要求，充分利用综合性大学的学科优势，进一步强化学科类课程，充实和加强教师教育类课程，实现教师教育课程体系的系统化和整体化；以学分制管理为基础，尊重学生的自主选择，建立起富有弹性、相对开放的教师教育人才培养新模式。

2003 年以来，聊城大学主持的《地方（省属）综合性大学完全学分制下的教学管理模式和人才培养模式改革研究》《综合性大学完全学分制下的教师教育的理论与实践》等有关教师教育和人才培养模式改革的课题，获得山东省教育厅教研教改立项。2001 年以来，《综合性大学开放式教师教育模式的构建与运行》《高师高素质创新型人才培养模式建构》《普通高师面向 21 世纪人才培养目标和规格的定位及理论研究》《以“课程群”为核心的教育学专业人才培养模式研究》等成果，共获得山东省优秀教学成果一等奖 1 项、二等奖 3 项。

3. 推进了区域基础教育的课程改革与素质教育实施

聊城大学课程与教学论学科是山东省强化建设的重点学科，也是山东高校教育学科仅有的两个省级强化建设重点学科之一；同时，聊城大学还设有“山东省教育厅基础教育课程改革研究中心”，学科力量雄厚，先后承担了全国教育科学规划教育部重点课题《普通高中课程模块结构的适应性研究》、国家语委课题《小学识字教学流派研究》、山东省教育科学规划重大招标课题《农村学校课程教学改革与社会主义新农村建设研究》等一系列重要研究项目，逐渐形成了高中课程与教学研究、农村中小学课程与教学研究等鲜明的研究特色，以及整合资源、错位发展、深入基层、服务一线的工作特点。

聊城大学基础教育课程改革研究中心教改基地——杜朗口中学的教改模式，成为建设社会主义新农村背景下农村中学教改的原创型典型，在全国引起广泛影响，《中国教育报》《人民教育》等媒体进行了连续报道，前来学习者超过数万人次，对聊城、对山东乃至全国的农村中学教学改革与深化实施素质教育，起到了重要的示范与引领作用。

（二）优化学科专业结构，拓展办学领域，全面为区域经济社会发展服务

20 世纪 90 年代中期以后，聊城乘山东西部开发的东风，秉承鲁西运河文化传统，走出了一条山东欠发达地区快速发展的路子。农业产业结构调整成就显著，县域经济不断壮大；具有区域特点的工业体系基本形成，并在工业强市战略中发挥着巨大作用；非公有制经济、第三产业健康快速发展，在产业结构中的比例迅速增加。但同时，区位弱势造成的人才进不来、

留不住和技术匮乏等，成为制约进一步发展的“瓶颈”。聊城各级政府和广大人民，迫切盼望聊城大学加快发展，为聊城经济社会发展的各项事业提供更多更好的人才、技术和智力支撑，加快推进科教兴聊和区域现代化建设的步伐。正是根据聊城经济社会发展的这种迫切需要，聊城大学在继续办好教师教育的同时，不断优化学科专业结构，拓展办学领域，增强大学的社会服务功能，全面提高为区域经济社会发展服务的能力。

1. 优化学科专业结构，拓展办学领域

近年来，学校坚持和优化教师教育学科专业，巩固和强化基础性文理学科专业，延伸发展应用性文理学科专业；依托发展管理、经济学科专业，有选择地发展工科和农科：充分发挥综合性大学的多学科优势密切联系区域经济社会发展的需求，加强重点学科和品牌专业建设。

1999 年，按照山东省人民政府的要求，聊城大学把已具有 49 年历史的聊城农校改建为聊大农学院，注入新机制、新活力。2003 年以来，聊城大学又根据聊城市人民政府的要求，适应鲁西产业结构调整和升级的需要，经过深入调研和充分论证，组建了材料科学与工程、汽车与交通工程两个学院，积极而慎重地设置了交通运输、机械设计制造及自动化、材料科学与工程等工科专业，为鲁西机械制造业和高新材料企业培养人才，使学校办学领域进一步拓展，为区域经济社会发展服务的能力进一步增强。

2. 积极推进产学研结合，全面服务区域经济社会发展

学校制定了《关于加强科技成果转化工作的意见》《科技成果专项孵化基金管理办法》等政策，鼓励各学科专业充分发挥人才和智力优势，为聊城市的经济社会发展服务。学校也多次组织博士、教授考察团深入企业、农村，现场考察、调研，搭建产学研的工作平台。

环境与规划学院先后为聊城市 8 个县（市、区）编制了 12 项生态区域建设规划和环境建设规划：政法学院与中共聊城市委组织部共建了“聊城市中青年干部培训基地”；教育科学学院与聊城市教育局共建了“聊城市名师名校长培训基地”；化学化工学院与聊城市质量技术监督局共建了“技术协作中心”；商学院为鲁西化工集团、凤祥集团等大型企业开展管

理咨询服务与员工培训，建立起密切合作关系。

学校鼓励把应用研究项目的重心转向企业一线，根据企业发展需要，共同确立研究课题。建筑工程学院与临清安琦尔实业有限公司，共同开展了“钢性结构住宅节能示范工程的研究与开发”项目；材料学院与聊城塑料公司共同开展了“新型农用无滴大棚膜开发”项目；化工学院与高唐县金兴企业集团共同开展了“玉米加工化工醇”项目等。学校研发的聚氨酯保温材料开发技术、硫酸钾合成技术等10余项应用技术成果转让给聊城复合肥厂、佳恒化工公司等企业，为学校和鲁西中小企业都带来了良好的经济效益和社会效益，学校全面服务区域经济社会发展的能力与贡献率大大提高。

近年来，随着科教兴聊和人才强市战略的实施，学校进一步明确了“以服务求支持，以贡献求发展”的工作思路，在学校工作计划中，明确向全校发出号召，“全面提升聊城大学对聊城经济社会发展的贡献率”。为此，学校积极创造条件，充分发挥高校作为人才摇篮、学术殿堂、科研基地以及思想库、人才库、信息库的重要作用，与地方实现了全方位、立体式的校地互动、合作共赢，为区域经济社会发展提供了强大的人才、技术和智力支持。同时，学校的发展也得到了聊城市委、市政府和全市人民的大力支持，通过形式多样的校地共建活动，使学校的综合办学实力和竞争力明显提高，办学生机与活力日益增强，步入了全面、协调、可持续发展的良性轨道。目前，学校正在以科学发展观为统领，全面加强内涵建设，大力实施“十四五”建设与发展规划，加快把学校打造为优质高等教育资源，努力为区域经济社会发展做出更大的贡献。

三、从学校看山东高等教育

聊城大学的发展历程对研究山东高等教育的发展，对把握山东高等教育历史、对其进行理解和反思有着重要的作用。根据对聊城大学的分析，对当代山东高等教育史的发展历程进行总结，不难发现，聊城大学的发展历程是山东地方高等院校的缩影。新中国成立后，山东接管辖区内公、私立高等学校，并按照苏联高等教育模式进行改造。1961 年，山东贯彻“调整、巩固、充实、提高”的八字方针，合并或停办了办学能力不足的院校。1976 年，教育界进入恢复整顿的新阶段。1979 年，山东省召开高等教育会议，高等教育进行了拨乱反正，山东教育进入全面整顿和恢复时期。20 世纪 80 年代中后期，由师专改制而成的地方综合性院校陆续涌现。以当地的师范专科学校作为依托，实行一套人马两套班子，创办了多所地方性大学。针对当时地区高等教育学校办学经费不足的问题，众多学校采取创办培训班或校办企业的形式创收，缓解学校经费压力。山东省作为改革开放的前沿阵地，也是全国最早提出“建设教育强省”口号的省份。新中国成立后至 21 世纪初，山东高等教育历经曲折，经历了停滞、调整、充实、提高的阶段。改革开放以后，山东高校不断探索、改革办学模式。20 世纪末 21 世纪初，山东高等教育进行“院校合并”，在校学生数和高校数快速扩张，迈入高等教育大众化、现代化的道路。

本研究以聊城大学校史作为研究对象，围绕其发展变迁展开讨论，是对聊城校史研究的补充，同时为教育叙事理论作为校史研究的方法应用提供参考依据。用教育叙事理论的方法，强调了教育事件在学校发展历史中的作用。通过应用教育叙事理论，能掌握学校宏大的发展脉络，亦能看到宏大历史下的细节。同时，聊城大学的校史映射了山东高等教育的发展，梳理地方院校的校史也为研究山东高等教育提供一个新的切入点。

第三节　办学理念的发展

办学理念是高校办学的精神皈依，是对办一所什么样的高校、为什么要办这样的高校以及如何办好这样的高校的基本主张和认识。它是教育理念的下位概念，是整个学校基于“办怎么样的学校”和“怎样办好学校”的深层次思考的结晶。在某种意义上它就是学校生存理由、生存动力、生存期望的有机构成。从内容来说，主要包括学校理念、教育目的理念、教师理念、治校理念等；从结构来说，包括办学目标、工作思路、办学特色等要素。办学理念的功能就是要回答学校的全部活动所涉及的三个基本问题：做什么？为什么？怎么做？这三个问题的答案共同解决了学校的终极问题：学校是什么？本章节旨在通过教育叙事的视角，深入分析学校从创校初期到现在办学理念的变化和发展，以及这些变化对学校发展和教育质量的影响。

一、办学理念的演进与创新

从创校初期到现在，聊城大学的办学理念经历了多次变化和调整，这些变化不仅反映了学校对教育使命的不断探索，也与时代的变迁和社会需求息息相关。同时，办学理念的演进与创新对学校的发展和教育质量产生了深远影响。它推动了学校内涵的发展，促进了教育教学改革和科学研究的深入开展，也提高了学校的国际竞争力，加强了与国内外高水平院校的交流合作，为学校的全面发展打开了更广阔的空间。基于此，聊城大学将继续秉持创新精神，不断探索教育发展的新路径，深化教育教学改革，提升教育质量和学校整体实力，为培养更多高素质人才、促进地方经济社会发展做出更大贡献。

（一）创校初期的办学理念

聊城大学创校初期的办学理念深受当时社会经济和文化背景的影响，主要聚焦于满足地方发展的迫切需求，培养能够投身于地方建设的实用型人才。因此，在这一阶段，学校致力于从办学理念的五个目标（追求卓越的教学质量、打造人才强校、注重学术兴校、发展特色亮校、鼓励开放活校）出发，为学生提供与地方产业紧密相关的教育资源，促进学生的就业和地方的经济发展。

一是，聊城大学的初期办学理念强调着追求卓越的教育质量，并将其确立为首要目标。学校立志通过提供丰富而高效的教育，塑造卓越的人才，使学生能够在学术和职业领域获得显著的成功。这不仅是一个教育目标，更是一项使命，旨在为学生的全面发展和未来职业生涯的成功打下坚实基础。在实现这一目标的过程中，学校将培养具有扎实学科基础和广泛综合素质的学生作为核心任务。强调培养学生的学科专业知识，同时注重锻炼学生的创新思维、团队协作能力和领导潜质。这种全面的培养方式旨在为学生提供更广泛的职业选择和更具竞争力的求职优势。教育质量的提升不仅体现在高水平的教学上，还需要建立起完善的评估体系。学校通过严格的评估程序，对学生的学术表现、实践能力和综合素质进行全面而深入的考核，以确保每位学生都能够在毕业时具备卓越的素养和实用技能。这种系统化的评估机制有助于提高学生的学业水平，从而更好地适应社会的需求和挑战。在这一理念的指导下，聊城大学致力于打造一个注重质量的学术社区，为学生成为未来领导者和专业人士奠定坚实基础。通过不懈的努力和对卓越的追求，学校不仅关注学生的学术发展，更注重培养学生成为具有社会责任感和领导力的全面人才。

二是，学校的发展战略着重于打造人才强校，将其确立为学校发展的核心目标。学校秉承着培养全面发展的应用型人才的理念，注重培养学生在实践、创新和领导等方面的能力。这意味着学校不仅注重学生的理论知识掌握，更注重他们的实际操作能力和解决问题的能力。为了达到这一目标，学校积极鼓励学生参与各种实践活动，如实习、实验、社会实践等。通过参与这些实践活动，学生能够将在课堂上学到的知识应用到实际中，锻炼他们的动手能力和团队合作精神。这些实践经验不仅丰富了学生的履历，更重要的是培养了他们的实际操作能力和解决问题的能力，使他们能够更好地适应未来的职业挑战。此外，学校还注重培养学生的创新能力和领导能力。通过开设创新创业课程、组织科技竞赛以及搭建创业平台等方式，激发学生的创新潜力，培养他们的创新思维和实践能力。同时，学校还通过学生会、社团组织等途径，培养学生的领导能力和团队合作精神，使他们具备组织、协调和领导团队的能力。通过强调实践教育，学校致力于培养具有适应社会需求的高素质人才。这些人才不仅具备扎实的专业知识和实践能力，更具有创新意识和领导力，能够在各个领域中发挥重要作用，为社会的发展和进步做出贡献。

三是，在学校的初期办学阶段，学术兴校被视为至关重要的目标之一。

这意味着学校不仅是培养学生，还着力于推动学术研究的发展和创新，以此为学校的发展奠定坚实的基础。学校对学术研究的重视体现在多个方面。首先，学校鼓励教师积极从事学术研究。教师作为学术的引领者和传播者，其参与学术研究不仅可以推动学校的学术氛围，也有助于为学生提供最新的学术成果和知识。为了鼓励教师积极投入学术研究中，学校可能提供各种激励措施，如科研项目资助、学术交流机会等。其次，学校致力于推动科学技术的创新和发展。这意味着学校不仅关注学术研究的广度，更注重其深度和实际应用。学校可能会支持和鼓励教师开展前沿科研项目，重点关注那些能够解决社会现实问题或促进科技进步的研究方向。再此，学校还提供良好的学术研究环境和资源支持。这包括建立完善的研究设施、提供必要的科研经费、购买学术期刊和数据库等。通过这些支持，学校能够为教师的学术研究提供必要的条件和保障，有利于他们开展高水平的科研工作。最后，学校期望通过教师的学术研究活动，提升学校的学术声誉和研究水平。高水平的学术研究成果不仅能够提升学校在学术界的知名度和影响力，也有助于吸引更多的优秀教师和学生加入学校的研究队伍中，进一步推动学校的发展和壮大。

四是，学校初期办学理念的核心目标之一是有特色，学校注重在学科和专业方向上的独特性和卓越性。聊城大学在此方面展现出卓越的实践和努力，通过培养中医药和旅游管理等特色学科和专业，成功地树立了学校在这些领域的独特地位。学校致力于打造鲜明的学科特色。通过深入挖掘本校的优势领域，聊城大学选择了中医药和旅游管理等具有独特地域文化背景和市场需求的学科。这种针对性地选择有助于学校在相关领域中形成优势，为未来的发展奠定了坚实基础。学校还强化特色学科的建设。为确保特色学科在学术和实践上的卓越表现，学校可能会投入更多资源，包括招聘优秀的教授、建设高水平的实验室和研究中心，以提高特色学科的教学和研究水平。这有助于提高学科影响力，吸引更多有志于相关领域的学生和教职员工。另外，学校也注重与市场需求的匹配。特色学科和专业的选择不仅仅是出于学术兴趣，更是为了满足社会对人才的需求。通过深入了解市场趋势和需求，学校可以调整专业设置，使之更符合行业和社会的实际需要。这样的匹配不仅提高了学生就业的竞争力，也促进了学校与产业界的深度合作。最终，通过努力，学校不仅提升了自身的知名度和影响力，更为学生提供了更广阔的选择空间。毕业生在拥有独特技能和专业知识的同时，也更容易找到符合其专业背景的职业机会，为个人职业发展奠定了坚实基础。这种以特色为引领的办学理念为学校带来了可持续发展的动力。

五是，开放活校是学校初期办学理念中的重要目标之一。学校鼓励与高校、企业和社会各界进行广泛的合作和交流，促进资源共享和互利共赢。学校积极推动产学研合作，开展科技成果转化和技术转让，推动学校与社会紧密融合，为地方经济发展和社会进步做出积极贡献。

至今，回忆起到中文系听课时，薛绥之、张效之、史恩涛、贺德扬、王世舜、韩立群、仲跻培等老一辈师长的风采，以及他们“拿学问当日子过”的治学精神，都令我感喟不已，心底产生无穷动力。

我想，我们从山东师范学院聊城分院到聊城师范学院再到聊城大学，之所以发展后劲足，教风学风优，是因为我们最初就扣好了第一粒扣子。当时，我校的办学风格、培养模式、管理方式等都承继山师，起点较高，省去了很多探索，少走了不少弯路。当年从山东师范学院聊城分院走出来的学子，如今已成长为各行各业的骨干和栋梁，他们为社会发展作出了突出贡献，也让聊大这所高等学府熠熠生辉。风雨话沧桑，往事非如烟。我们应该向为学校发展壮大而呕心沥血的第一批创业者致敬，是他们为聊大注入了艰苦奋斗、不甘人后的积极因子，是他们让后来人站在新的起点建设

（二）办学理念的演变与创新路径

随着社会的不断发展和教育需求的不断变化，聊城大学积极应对，不断演进和创新其办学理念，以更好地适应时代的要求和社会的需要。以下是聊城大学办学理念演变与创新的主要表现：

1. 全面提升教育质量

全面提升教育质量是当今高等教育领域的一项重要任务，而聊城大学

正是在这一方向上不断迈进、不断探索。过去，许多学校可能过于强调了对学生职业技能的培养，而忽视了学生综合素质的培养，这在一定程度上导致了人才培养的单一性和学生综合能力的不足。然而，聊城大学在积极应对教育发展新趋势的同时，意识到了这一问题的重要性，因此，逐渐将办学重心从单一的职业技能培养转向全面提升教育质量，并注重学生综合素质的培养。在这个过程中，学校采取了一系列措施，以确保教育质量的全面提升和学生综合素质的全面发展。

第一，聊城大学致力于构建更加多元化和灵活性的课程体系，以满足学生不同层次、不同需求的学习需求。通过对课程设置的调整和优化，学校能够更好地围绕学生的兴趣和发展方向来设计课程，提供更加丰富、多样化的学习内容。这不仅有助于激发学生的学习兴趣，还能够促进学生在各个领域的全面发展。

第二，聊城大学注重培养学生的创新精神和实践能力。学校积极组织各类科技创新、文化艺术等实践活动，为学生提供了展示自我、实践能力的平台。例如，学校可能组织创新创业大赛、科技论坛、文化艺术展演等活动，鼓励学生积极参与其中，培养他们的创新意识和实践能力。通过这些活动，学校能够促进学生的综合素质提升，培养他们的创新精神和实践能力，为其未来的发展打下坚实的基础。

第三，聊城大学还注重发展学生的综合能力和社会责任感。学校通过开展各类社会实践、志愿服务等活动，引导学生关注社会问题，培养其社会责任感和公民意识。同时，学校还注重提升学生的综合能力，包括学习能力、沟通能力、组织协调能力等。通过开展各类培训和讲座，学校能够帮助学生提升自己的综合素质，增强其竞争力和适应能力，更好地适应未来社会的发展需求。

第四，聊城大学还注重提升教师的教学水平和教学质量。学校通过加强师资队伍建设，提高教师的教学水平和专业素养，确保教学质量的不断提升。同时，学校还鼓励教师积极参与教育教学改革和科研工作，不断更新教学内容和教学方法，提高教学效果和教学质量。通过这些举措，学校能够更好地满足学生的学习需求，提升教育质量，促进学生综合素质的全面发展。

聊城大学还注重提升教师的教学水平和教学质量，为改善高等院校中重科研、轻教学的风气，聊城大学出台文件，把荣获山东省高校教师教学比赛一等奖的教师，与获得省科研奖励的教师待遇等同对待。同时鼓励师范专业教师到海内外名校、科研院所访学、进修、攻读博士学位，开展博士合作研究，提高学术水平。进入“十四五”以来，聊城大学深入贯彻《关于全面深化新时代教师队伍建设改革的意见》和《深化新时代教育评价改革总体方案》，持续用心用力深化人事制度改革，着力优化能上能下的教师激励机制、打造灵活开放的教师引进机制、完善人尽其才的教师培育机制，建立起涵盖教师引进、培育、激励、服务全过程、全方位的教师队伍建设工作体系，有力激活了教师队伍“一潭春水”，教师队伍精神面貌焕然一新，干事创业的精气神充分提振，教学科研的质效明显提升，为一流区域高水平应用型大学建设提供了强有力的人才支撑。

基于不断地对教育质量的提高，聊城大学将办学重心从单一的职业技能培养转向全面提升教育质量，不断推进教育质量的全面提升，为学生的综合发展和社会的进步做出积极贡献。

2. 强化科研与创新能力

强化科研与创新能力在当今高等教育领域中具有至关重要的意义。聊城大学积极响应这一挑战，意识到科研对于学校和学生的双重价值，并采取了一系列措施来强调科研在高等教育中的重要性，鼓励教师参与科研项目，促进学术创新和知识产权的生成。

第一，聊城大学加强了对科研的宣传和推广，提高了师生对科研的认识和重视程度。学校定期组织各类科研成果展示和交流活动，让师生们了解最新的科研成果和研究进展，激发他们的科研兴趣和热情。同时，学校还积极倡导科研成果的转化和应用，鼓励师生将科研成果转化为实际的生产力，为社会和经济发展做出贡献。

第二，聊城大学为教师提供了良好的科研条件和支持。学校加大了对科研项目的资金投入，提高了科研经费的使用效率，为教师开展科研活动提供了更多的支持和保障。同时，学校还加强了对科研团队和科研平台的建设，提高了科研设施和装备的水平，为教师的科研工作提供了良好的硬件条件和科研环境。

第三，聊城大学注重培养学生的科研意识和创新能力。学校通过开设科研导论、科研方法论等课程，引导学生了解科研的基本概念和方法，培养其科研意识和创新能力。同时，学校还鼓励学生参与科研项目和科研实践活动，提供科研实习和科研助理等机会，让学生在科研实践中锻炼自己，培养其科研能力和创新精神。

第四，聊城大学还注重加强与企业和社会组织的合作，推动科研成果的转化和应用。学校与企业建立了密切的合作关系，开展产学研合作项目，促进科研成果的转化和应用，实现科研成果的经济效益和社会效益。同时，学校还加强了对知识产权的保护和管理，鼓励教师和学生积极申请专利和商标，保护自己的科研成果和创新成果，提高其经济和社会价值。

基于以上策略，聊城大学通过加强科研宣传和推广、为教师提供良好的科研条件和支持、培养学生的科研意识和创新能力、加强与企业和社会的合作等措施，积极强化科研与创新能力，在高等教育中发挥了重要作用，为学校的科研事业和学生的科研能力提升做出了积极贡献。

3. 国际化发展

聊城大学在国际化发展方面一直积极探索，不断引进国外先进的教育资源和理念，致力于培养具有国际视野的人才。通过开展国际交流与合作项目，聊城大学正在努力打造一个开放、多元的学术环境，为学生提供更广阔的发展空间。

第一，聊城大学积极开展国际交流与合作项目。学校与众多国外高校和教育机构建立了合作关系，开展了丰富多彩的国际交流活动。每年都有大量的学生参与海外交流项目，通过与国外学生的互动交流，拓展了视野，增长了见识。同时，学校还定期邀请国外知名学者来校进行学术交流和讲座，为师生提供了与国际接轨的学术平台。

第二，聊城大学注重引进国外先进的教育资源和理念。学校积极开展国际教育合作，引进了一批优质的教材、教学方法和课程设置，丰富了教学内容，提升了教学质量。同时，学校还借鉴国外先进的教育理念，积极探索符合中国国情的教育改革路径，努力培养学生的创新精神和国际竞争力。

第三，聊城大学注重培养具有国际视野的人才。学校通过开设国际化课程、组织国际交流活动、提供海外实习机会等方式，积极培养学生的跨文化沟通能力、国际合作意识和全球视野。同时，学校还鼓励教师参与国际学术交流与合作，提升教师的国际化水平和教学能力，为学生提供更加优质的国际化教育资源和服务。

总之，聊城大学在国际化发展方面取得了显著成绩，不断引进国外先进的教育资源和理念，为学生提供了更广阔的发展空间。未来的聊城大学将继续深化国际交流与合作，不断提升教育质量，为培养具有国际竞争力的人才做出更大的贡献。

（三）当前办学理念及其影响

当前，聊城大学的办学理念更加注重质量、创新、国际化和服务社会。这一理念的核心是培养能够适应快速变化的全球化世界的创新型人才，同时，通过科研和社会服务，为地方和国家的发展做出贡献。这一理念的实施，对学校的教学、科研、国际交流和社会服务等方面产生了深远的影响。

1. 聊城大学更加注重质量

首先，聊城大学着眼于教学内容的更新和优化。学校不断审视现有课程设置，引入前沿科技、行业动态和社会需求等最新信息，及时调整和更新课程内容，确保教学内容与时俱进，符合学科发展趋势和社会需求。此外，学校还积极推动跨学科课程的开设，鼓励不同学科之间的交叉融合，培养学生的综合素养和跨学科思维能力。其次，聊城大学注重教学方法的创新和改进。学校鼓励教师采用多种教学手段和方法，如案例教学、项目教学、实验教学、讨论教学等，灵活运用信息技术和现代教育技术，提高教学质量和学生参与度。同时，学校还注重培养学生的自主学习能力和团队合作精神，倡导学生主体性、合作性和探究性学习，激发学生的学习兴趣和学习潜能。最后，聊城大学引入了完善的质量管理体系，加强对教学过程和教学成果的监控和评估。学校建立了科学合理的教学评价体系，制定了严格的教学质量标准和评估指标，通过课堂教学观摩、学生评教、教师评优等方式，对教学过程和教学效果进行全面评估和监测，及时发现问题并采取有效措施加以改进。同时，学校还注重倾听师生的意见和建议，建立起师生之间良好的沟通机制，形成了共建共享的教育质量管理体系。

2. 聊城大学更加注重创新

聊城大学加强了科研投入。学校通过建立科研项目管理体系，加大对科研项目的资金支持和管理力度，鼓励教师积极参与科研活动。同时，学校还注重提升科研设施和条件，为科研人员提供良好的科研环境和条件，提高了科研效率和水平。聊城大学聚焦关键领域和前沿技术。学校制定了科研发展规划，明确了重点领域和方向，重点支持一批具有前瞻性和创新性的科研项目。同时，学校积极引进国内外顶尖科研人才，组建了一批专业化、高水平的科研团队，加强了科研合作和交流，推动了科研成果的转化和应用。此外，聊城大学注重科研成果的转化和应用。学校积极推动科研成果的产业化和商业化，加强与企业和产业界的合作，促进科技成果的转移转化。同时，学校还加强了知识产权保护和科研成果的转让工作，为科研人员提供了更多的发展机会和激励措施。总体而言，聊城大学在科研创新方面取得了显著成就，通过加强科研投入和管理，聚焦关键领域和前沿技术，促进了科研成果的增加和科技创新能力的提升。未来，聊城大学将继续致力于科研创新，不断提升科研水平和科技创新能力，为社会经济发展和科技进步做出更大的贡献。

3. 聊城大学更加注重国际化

国际化是当今高等教育领域的一个重要趋势，对于提升学校的声誉、拓展学术视野、促进科研合作和培养国际化人才都具有重要意义。在这一背景下，聊城大学积极响应国家“双一流”建设和“走出去”战略，加快国际化步伐，通过与海外高校和研究机构的合作，在学术交流、学生培养和科研合作等方面取得了显著成效。首先，聊城大学在学术交流方面实现了国际化发展。学校与众多国际知名高校和研究机构建立了合作关系，开展了广泛而深入的学术交流活动。这些活动包括学术讲座、国际会议、学术研讨会等，为师生提供了与国际同行交流学术观点、分享研究成果的平台。通过这些交流活动，聊城大学教师和学生的学术视野得到了拓展，学校的学术声誉得到了提升，同时也促进了国际合作研究项目的开展。其次，在学生培养方面，聊城大学也积极推动国际化发展。学校鼓励学生参与国际交流项目、海外实习和访学计划，为学生提供了与国际同龄人交流、学习和生活的机会。通过与海外高校的合作，学校还开展了双学位项目、联合培养项目等，为学生提供了获取国际学历和国际化教育资源的途径。这些举措有助于培养学生的国际视野、跨文化交流能力和全球化竞争力，为他们今后的学术和职业发展打下了坚实的基础。此外，聊城大学在科研合作方面也取得了一系列成果。学校与国际知名大学和研究机构开展了多项合作研究项目，涉及领域广泛，涵盖了自然科学、工程技术、人文社科等多个学科领域。通过与海外合作伙伴的共同努力，聊城大学在科研成果的国际化传播、国际合作研究项目的申报与实施等方面取得了显著进展，为学校的科研水平提升和国际影响力扩大做出了积极贡献。总之，通过与海外高校和研究机构的合作，聊城大学在学术交流、学生培养和科研合作等方面实现了国际化发展。学校将继续深化国际合作，拓展国际交流渠道，加强国际人才培养，不断提升学校的国际影响力和竞争力，为建设世界一流大学贡献力量。

4. 聊城大学更加注重社会服务能力

社会服务是高校的一项重要使命，也是其与地方社会联系密切的桥梁。聊城大学作为一所地方性高校，深刻理解并积极履行社会责任，不断加强对地方经济建设和社会发展的支持与服务，为当地发展提供了人才和智力支持，进一步促进了地方经济的繁荣与社会的进步。首先，聊城大学通过与地方政府、企业以及社会组织等多方合作，积极参与地方经济建设项目。学校充分利用自身优势学科和专业，开展产学研合作，为地方提供了技术支持和咨询服务。例如，在农业领域，聊城大学的农学、生物科学等相关专业部门与当地农业企业合作，开展农业科技研究与示范推广，提高了当地农业生产水平和产业发展效益；在工程技术领域，学校与地方企业开展了工程技术研发合作，推动了地方工业的技术创新和产品升级。其次，聊城大学积极响应国家和地方政策号召，以教育为基础，助推地方社会发展。学校注重培养具有创新精神和实践能力的高素质人才，为地方各行各业输送了大量人才资源。再次，学校开展各类公益活动和社会实践项目，引导学生关注社会问题、参与社会公益，培养学生的社会责任感和公民意识，为地方社会发展注入了新的活力和动力。再其次，聊城大学还通过科研成果转化和技术服务等方式，为地方经济发展提供了智力支持。学校鼓励教师和科研人员将科研成果转化为实际生产力，推动科技成果与市场需求的对接，为地方企业提供技术支持和解决方案。最后，学校还积极组织开展各类技术培训和咨询服务，帮助地方企业提升管理水平、提高产品质量、拓展市场渠道，推动了地方产业结构的优化和升级。综上所述，聊城大学通过积极参与地方经济建设和社会发展项目，为地方发展提供了人才和智力支持，为地方经济的繁荣和社会的进步作出了积极贡献。学校将继续深化与地方各界的合作，发挥自身优势，为地方经济社会发展注入更多动力，助力地方经济的持续健康发展。

聊城大学办学理念的演进与创新反映了学校对教育发展趋势的敏锐洞察和对社会需求的积极响应。通过不断优化和创新办学理念，聊城大学不仅在提高教育质量、促进科学研究、加强国际交流和服务社会方面取得了显著成就，也为学校的持续发展和社会贡献奠定了坚实的基础。

二、校训、校风与校史的深度融合

校训最初是指学校校长的训话，经过历代传承，被永久保存，后成为一所学校的校训。有关校训的定义最早出现于中华书局 1930 年版的《中华百科辞典》上，它将“校训”解释为“学校为训育之便利，选若干德育条目制成匾额，悬见于校中公见之地，目的在于使个人随时注意而实践之”。

这则定义中，突出了校训的主要功能，即德育。其次明确了校训的教育方式，即以展示为主的隐性教育，通过人的自我反省、自我教育，在潜移默化的熏陶中达到德育的目的。

大多学者倾向认为校风是一所学校经过长期发展形成的关于学风、教风和工作作风等文化内容的积淀。

高校校史文化是一个学校在发展历程中所形成的一种独特文化，包括物质文化、精神文化和制度文化等层面，它是学校办学特色和大学精神的集中体现，同时也是校园文化的重要组成部分。高校校史文化是学校历史与文化的有机统一，是历史与文化相互影响、相互促进的产物，经过多年的传承和文化浸淫，最终以某种特殊的形式得以体现。高校校史文化体现了前代精神物质时代所结晶的有形、无形精神文化产物，以及当代大学精神文化所承载的物质力量，因而具有极强的生命力和传承性。即使在历史变迁的轮回中，校史文化也不会轻易消逝。

聊城大学的校训“厚德博学，笃志敬业”，凝聚了学校对学生的期望和教育目标。其中，“厚德”强调品德修养和道德规范，“博学”注重知识广博和学识渊博，“笃志”强调专注与努力，“敬业”则强调了对事业的热爱和责任感。这一校训不仅是对学生的教育要求，也是对师生共同追求的目标，塑造了学校积极向上、求真务实的教育氛围。

聊城大学的校风以勤奋务实、团结进取为主要特点。在长期的办学实践中，学校形成了“艰苦奋斗、求真务实”的校风，弘扬了“团结拼搏、追求卓越”的精神。学校注重实践教学和科研创新，倡导学生勤奋学习、积极实践，培养了一大批德才兼备、勇于担当的优秀人才，为学校和社会的发展做出了重要贡献。

聊城大学的校史文化源远流长，历史悠久。学校建校于20世纪50年代初期，经过数十年的发展，已经成为一所拥有完善学科体系和雄厚师资力量的综合性大学。在漫长的历史岁月中，学校培养了无数优秀人才，为地方和国家的发展做出了突出贡献。校史文化的传承和弘扬，不仅是学校历史记忆的延续，更是学校发展的动力源泉和文化自信的体现。

由此可见，聊城大学的校训、校风和校史文化的形成与演进，是学校长期发展和历史积淀的结晶，凝聚了师生共同的理念和精神追求，共同塑造了学校独特的教育理念和文化特色。这些元素的深度融合，不仅为学校师生提供了精神指引和行为准则，也为学校的发展和社会的进步注入了强大的动力和正能量。

（一）校训的形成与演进

1. 形成初期

聊城大学校训的初期形成，承载着学校创办之初的办学理念和使命，其核心原则“厚德载物、求是创新”在学校发展历程中发挥了重要作用，旨在培养德才兼备的学生。这则初期校训的形成，不仅反映了当时社会对人才培养的期望，也奠定了聊城大学教育理念的基石。聊城大学的创办初期，正值我国高等教育体制逐步建立的时期。在这一历史背景下，学校的创建者面临着塑造学校特色、培养符合时代需求的人才的重任。因此，校训的制定成为学校精神文化的重要组成部分，直接关系到学校的办学方向和目标。

第一，校训中的“厚德载物”体现了聊城大学对学生道德素养的高度重视。在当时，社会对高校的期望不仅仅是培养专业技能过硬的人才，更希望他们具备崇德向善的品质。这一理念强调了学生在知识学习的同时，更要注重培养良好的道德品质，成为社会的栋梁之材。这也反映了学校创办者对于培养全面发展的人才的追求，强调德行对于学生未来发展的重要性。

第二，校训中的“求是创新”凸显了聊城大学对于学术创新和实践创新的重视。在创办初期，学校面对的是一个充满变革与发展机遇的时代，对于培养具有创新精神的学生有着迫切的需求。这一理念不仅要求学生在学术领域追求真理，更要鼓励他们在实践中勇于创新，不断探索、不断进取。这为学校建设创新型人才队伍奠定了基础，也与时代的发展需求相契合。

在这一初期阶段，聊城大学校训可谓是对当时社会和教育状况的深刻反思的产物。校训作为学校文化的象征，不仅是学校理念的体现，更是对学生成长方向的明确引导。通过“厚德载物、求是创新”这一简练而富有内涵的表达，学校向师生传递了对于全面发展、品德高尚和创新精神的期望，为后来学校的发展奠定了坚实的基础。在学校校训的引领下，聊城大学在其初期阶段形成了鲜明的办学特色，为学校的不断壮大和发展提供了精神动力。这则初期形成的校训，不仅是学校历史演变的见证，更是学校文化的传承，也为后来学校的发展奠定了坚实的基石。

2. 演进过程

随着社会的变迁和学校的发展，校训也逐渐融入了更多时代元素，如国际视野、创新精神等，以适应全球化和信息化时代的需求。

在聊城大学的发展历程中，校训的演进经历了不同的阶段和调整。早期，随着学校的创立，校训往往注重传统的教育理念和道德规范，强调学生的品德修养和广博的学识。这一阶段的校训体现了当时社会对人才培养的基本要求，倡导学生“厚德”、“博学”的品质，以适应社会对人才的需要。随着时代的变迁和社会的发展，聊城大学的校训也随之调整和演变。在社会经济快速发展的背景下，学校更加注重培养学生的创新能力和实践能力，校训中的关键词逐渐向“创新”“实践”等方面倾斜，以适应时代的需求和社会的发展。这一阶段的校训体现了学校对学生全面发展的期待，鼓励学生勇于创新、勇于实践，为社会的进步和发展做出积极贡献。此外，在国家教育政策的引导下，聊城大学的校训还体现了学校的定位和发展方向。随着国家对高等教育的改革和发展战略的调整，学校的校训往往会与国家的教育政策相契合，体现学校服务地方、服务社会的责任与担当。这一阶段的校训强调学校的社会责任和使命，倡导学校与社会、与时代同步发展，为国家和地方的发展做出应有的贡献。

总的来说，聊城大学的校训在学校发展的不同阶段经历了相应的调整和演进，反映了学校与时俱进、与社会相融合的发展理念和价值取向。校训作为学校精神文化的凝练，不仅是学校的核心价值观，更是学校发展的内在动力和精神支柱，为学校的发展与壮大提供了重要的指导和保障。

（二）校风的培育与实践

优良学风作为治学之本对人才培养有着极其重要的作用，优良的学风是保证提高教育教学质量的重要条件。加强学风建设是教育改革深入进行的需要，学风的好坏直接影响到教学改革的步伐和教学质量的提高，影响到校风的形成和人才培养目标的实现。我们必须以高度的社会责任感来重视学风建设，积极推进教育教学改革，加强学生管理，确保教育、教学质量的稳步提高，努力为社会培养高素质的合格人才。优良学风作为治学之本对人才培养有着极其重要的作用，也是保证提高教育教学质量的重要条件。加强学风建设是教育改革深入进行的需要，学风的好坏直接影响到教学改革的步伐和教学质量的提高，影响到校风的形成和人才培养目标的实现。我们必须以高度的社会责任感来重视学风建设，积极推进教育教学改革，加强学生管理，确保教育、教学质量的稳步提高，努力为社会培养高素质的合格人才。将学生的精力和注意力引导到学习上来。充分利用班团召开班会、讨论学风建设问题，宣传学风建设中的典型事例等，在学生中开展以“创优良学风，做优秀学生”为主题的系列学风建设活动，营造“人人讲学习，班班创优良”的良好氛围，推动学风建设的深入开展。

校风是一个学校的精神风貌和文化氛围的集中体现，它反映了学校的教育理念、价值取向以及学术氛围。作为学校文化的重要组成部分，校风影响着师生的行为举止、学习态度和社会责任感，对于学校的整体形象和发展具有重要意义。

第一，校风体现了学校的教育风格和理念。不同学校的教育风格各有特色，有的强调严谨求实，有的注重创新拓展，有的重视人文关怀。这种教育风格在学校的日常教学、管理和活动中得到体现，成为师生行为准则和思维方式的引导。例如，一所以严谨治学著称的学校，其校风可能注重学术严谨、作风严肃；而一所注重创新教育的学校，则可能更注重学生的探索和创造能力的培养。因此，校风既是学校的教育理念的具体表现，也是学校文化的传播者和弘扬者。

第二，校风反映了学校的学术氛围和学术追求。优良的学术氛围是学校培育人才、推动学术发展的重要保障。在学术氛围浓厚的学校，师生之间开展学术交流、研究合作的机会较多，学术成果得到尊重和肯定，学习和研究的热情被激发和鼓舞。这种学术追求的精神在校园中弥漫，激励着师生不断钻研、勇攀科学高峰。因此，学校的学术声誉和影响力往往与其良好的校风密不可分。

第三，校风还体现了学校的价值取向和社会责任感。一所具有良好校风的学校，通常注重培养学生的社会责任感、公民意识和团队合作精神，倡导尊重、包容、互助的人文关怀精神。在这样的学校，师生关系融洽，彼此尊重、理解和支持，形成了积极向上的校园氛围。学生在这样的氛围中成长，往往具备良好的社会适应能力和发展潜力，能够为社会作出更多的贡献。

综上所述，校风作为学校文化的重要组成部分，是学校精神风貌和文化氛围的体现。它不仅反映了学校的教育风格和学术氛围，也体现了学校的价值取向和社会责任感。因此，塑造良好的校风、弘扬优良的学校文化，对于学校的长远发展和师生的全面成长具有重要意义。主要表现在培育过程和实践体现方面。

1. 培育过程

聊城大学作为一所具有深厚历史底蕴和丰富人文积淀的高等学府，一直致力于培养学生成为德智体全面发展的社会栋梁。其所倡导的“严谨求实、勤奋进取”的校风，是在长期的实践和积累中逐步形成和发展起来的。以下将详细探讨聊城大学如何通过建立严谨的学术环境、鼓励师生的创新与实践以及加强师德师风和学风建设等方面，培育了这一优良校风。

第一，聊城大学通过建立严谨的学术环境，为塑造“严谨求实”的校风打下了坚实基础。在聊城大学的校园中，学术氛围浓厚，教师们勤于钻研，学生们积极探索。学校秉承着“求实创新，奋进向前”的办学宗旨，不断推动学术研究的深入开展，鼓励师生围绕国家重大需求和地方经济社会发展开展科研攻关，形成了一种务实求真、严谨治学的学风。在这样的学术氛围中，师生们始终保持对知识的敬畏和渴望，注重实践和经验总结，不断追求学术的卓越性和创新性。

第二，聊城大学注重鼓励师生的创新与实践，为校风的培育注入了源源不断的活力。学校设立了各类创新创业平台和实践基地，为学生提供了广阔的施展才华和实践能力的舞台。无论是科研项目的申报与实施，还是创业计划的策划与实践，学校都积极给予支持和鼓励，营造了一种鼓励创新、崇尚实践的良好氛围。在这样的氛围中，学生们敢于尝试，敢于创新，不断挑战自我，培养了勇于探索、勇于创新的品质，从而形成了“勤奋进取”的校风。

第三，聊城大学还注重加强师德师风和学风建设，为“严谨求实、勤奋进取”的校风提供了坚实的保障。学校高度重视师德师风建设，积极倡导教师们以身作则，勤勉敬业，以良好的师德和专业素养引领学生成长成才。同时，学校还加强学风建设，推动学生端正学习态度，培养良好学风。在这样的师德师风和学风引领下，师生们相互尊重、相互学习，形成了浓厚的学术氛围和融洽的师生关系，进一步巩固和弘扬了“严谨求实、勤奋进取”的校风。

总的来说，聊城大学通过建立严谨的学术环境、鼓励师生的创新与实践、加强师德师风和学风建设等一系列举措，成功地培育了“严谨求实、勤奋进取”的校风。这种校风不仅是学校的重要特色，也是学校发展的重要动力，为学校的建设和发展注入了强大的活力和动力。在未来的发展中，聊城大学将继续秉承这一优良传统，不断推动校风建设，努力培育更多德智体全面发展的优秀人才，为社会发展和进步做出更大的贡献。

2. 实践体现

在聊城大学的日常教育教学活动中，校风的实践体现在教师的教学方法和学生的学习态度上，这不仅是一种教学理念，更是学校办学理念的具体表现，形成了积极向上的学习氛围和良好的师生互动关系。以下将详细探讨这一点。

第一，教师的教学方法对校风的形成和实践起着至关重要的作用。在聊城大学，教师们秉承着严谨求实的教学态度，注重理论与实践相结合，注重启发式教学和学生参与式学习。他们不仅注重传授知识，更注重培养学生的创新意识和实践能力。在课堂上，教师们善于启发学生思维，激发学生的学习兴趣，通过丰富多彩的教学手段和案例分析，引导学生主动探索和思考。同时，教师们还注重关注学生的个性发展和学习情况，耐心指导，倾听学生的意见和建议，不断调整教学方法，使教学更加贴近学生的需求和实际情况，形成了积极向上的教学氛围。

第二，学生的学习态度也是校风实践的重要体现。在聊城大学，学生们普遍具有勤奋进取、求知欲强的学习态度。他们对待学习充满热情和动力，积极参与各类学术活动和科研项目，勇于挑战自我，不断提升自己的学术水平和综合素质。在课堂上，学生们认真听讲、积极思考，乐于表达自己的观点和见解，与教师形成良好的互动和沟通。在课外活动中，他们积极参与各种实践和社会实践活动，锻炼自己的实践能力和团队合作精神。这种积极向上的学习态度不仅体现了学生们对知识的渴望和追求，也为校园的活力注入了源源不断的动力。

第三，良好的师生互动关系是校风实践的重要体现之一。在聊城大学，教师和学生之间建立了密切的师生关系，彼此尊重、信任、理解。教师们视学生为朋友，关心学生的成长和发展，为学生提供了良好的学习环境和学习资源。同时，学生们也尊重教师，尊重知识，愿意听取教师的意见和建议，与教师共同探讨问题，共同成长。在这种良好的师生互动关系中，教师们更加激发了教学的热情和创造力，学生们也更加愿意主动参与学习，形成了一种和谐、融洽的校园氛围。

综上所述，聊城大学在日常教育教学活动中，通过教师的教学方法和学生的学习态度的实践体现，形成了积极向上的学习氛围和良好的师生互动关系。这种校风的实践不仅促进了教学质量的提升，也培养了学生的综合素质和创新能力，为学校的发展和建设注入了强大的活力和动力。在未来的发展中，聊城大学将继续坚持校风建设，不断完善教育教学体系，培育更多德智体全面发展的优秀人才，为社会发展和进步做出更大的贡献。

（三）校史文化的内涵与传承

学校是知识的殿堂，是学子智慧的摇篮，而校史文化则是学校历史发展的深刻积淀。它不仅记录着学校的演变历程，更承载着学校的传统、典故、标志性事件和人物等丰富元素，成为学校的精神灵魂和文化基因。在这个庄严而充满活力的校园里，校史文化如一幅古老而又生动的画卷，为学子们提供了历史的坐标，激发着他们对未来的探索。

第一，学校的传统是校史文化的重要组成部分。这些传统可能是源远流长的，也可能是在学校发展过程中逐渐形成的。例如，在我校，我们骄傲地传承着悠久的办学历史，这源于创建初期的坚韧拼搏和教育事业的初心。这一传统注重培养学生的全面素质，强调实践和创新，为学校树立了独特的教育理念。这种传统不仅为学校赢得了声誉，更为学子们提供了前行的精神支撑。

第二，校史文化中的典故是历史再现的点滴，是智慧的结晶。这些典故可能是一段感人至深的教育故事，也可能是一次令人铭记的集体奋斗。在我校的典故中，有一次师生共同努力的抗洪救灾事件，那是一段因灾而显现出团结、奉献和坚韧不拔的历史画面。这样的典故激励着学子们将困难视为挑战，将责任视为使命，不仅增强了他们的集体荣誉感，也为校史文化注入了坚韧奋斗的力量。

标志性事件是校史文化中的重要节点，也是学校发展历程中的里程碑。这些事件可能是学校的创立、校名更迭、重大改革等，都在校史长河中留下了深刻的印记。在我校的发展中，一次关乎教育方向调整的重要决策，被认为是学校发展的关键时刻。这一事件重新定义了学校的发展方向，使其更加符合时代需求。这种标志性事件不仅对学校产生深远影响，也成为学子们了解学校历史、形成对学校认同感的重要线索。

人物是校史文化的生动体现，是学校历史中熠熠生辉的明星。这些人物可能是学校的创始人，也可能是为学校事业默默奉献的杰出校友。在我校的校史文化中，有一位杰出的教育家，他以扎实的学术造诣和对学生的关爱而为人们所敬仰。这位教育家的教育理念和敬业精神一直影响着学校的发展方向，成为学子们学习的楷模。这样的人物形象激励着师生们传承先贤的优良传统，追求卓越，为学校发展贡献力量。

1. 内涵丰富

聊城大学的校史文化是一座承载着百年沧桑与荣光的精神堡垒，它不仅是对学校发展历程和重大成就的生动记录，更是学校精神和文化传统的传承。在这个富有内涵的校史文化中，校庆和毕业典礼等重要仪式无疑是闪耀的明星，它们不仅象征着学校的辉煌成就，更是学子们成长历程中的重要节点。

第一，聊城大学的校庆活动是校史文化中的重要组成部分。每逢校庆之际，整个校园洋溢着喜庆的气氛，学子们和教职员工穿着整齐的校服，齐聚一堂，共同庆祝学校的成长和发展。校庆活动不仅是对学校历史的回顾，更是对学校未来的展望。在庆祝活动中，学校会举办各种形式的庆祝仪式和文化活动，如校友返校日、学术讲座、艺术演出等，吸引了众多校友和社会各界人士的参与，凝聚了全校师生的团结力量，展示了学校的凝聚力和活力。

第二，毕业典礼是聊城大学校史文化中一道独特的风景线。每年春季，当毕业季到来，整个校园都沐浴在一片感动和激动的氛围中。毕业典礼不仅是对毕业生们四年学习生活的盛大总结，更是对他们未来人生的祝福和期许。在毕业典礼上，学校领导和老师们会为优秀毕业生颁发荣誉证书，并为他们送上深情的祝福。毕业生们穿着学士服，骄傲地走上舞台，接过学位证书，面带笑容，目送着青春的告别，迎接着未来的挑战。这一庄严而隆重的仪式，不仅让毕业生们感受到学校对他们的关怀和祝福，更激励着他们勇敢地踏上人生新的征程。

除了校庆和毕业典礼，聊城大学的校史文化还包含着丰富多彩的精神内涵和文化传统。在学校的发展历程中，涌现出了一批批杰出的校友和优秀的教职员工，他们用自己的实际行动诠释着学校的办学理念和精神追求。他们中的一部分甚至成为学校历史上的传奇人物，他们的故事和成就被传颂于世，成为学校校史中的重要篇章。同时，学校还积极培育和传承着丰富多彩的校园文化，如学生社团活动、艺术节、体育赛事等，为学生们提供了展示自我、锻炼技能的平台，丰富了校园生活，增强了学生的综合素质。

第三，聊城大学的校史文化内涵丰富，不仅记录了学校的发展历程和重大成就，更包含着学校精神和文化传统的传承。校庆和毕业典礼等重要仪式是校史文化的重要组成部分，它们见证了学校的辉煌历程，也为学生们的成长和发展提供了重要的指引和支持。与此同时，学校的精神内涵和文化传统通过一代又一代人的传承和发扬光大，不断丰富和深化着学校的校史文化，为学校的可持续发展注入了源源不断的活力和动力。

2. 传承方式

聊城大学对校史文化的传承方式多种多样，从校史馆、纪念活动到课程教学和校园生活的融入，每一种方式都起到了重要的作用，有效地保存和传承了学校的历史和文化。以下是对这些传承方式的进一步探讨：

第一，校史馆作为重要的载体，承载着聊城大学的丰厚历史。在校史馆里，学校展示了丰富的历史文物、图片、档案等，展示了学校的发展历程和重大事件。校史馆不仅是一个记录历史的地方，更是一个让师生们感受学校文化氛围的场所。在校史馆里，师生们可以了解到学校的创办初衷、发展历程、校园变迁等，增强了对学校的认同感和归属感。

第二，纪念活动是传承校史文化的重要方式之一。学校定期举办各种纪念活动，如校庆、校友返校日、校园文化节等，通过这些活动向师生们展示学校的历史和文化。这些纪念活动不仅是对学校历史的回顾，更是对学校未来发展的展望。通过参与这些活动，师生们能够感受到学校文化的魅力，增强了对学校的凝聚力和归属感。

除了校史馆和纪念活动，历史文献的整理与出版也是传承校史文化的重要途径。学校将重要的历史文献整理成书籍、期刊等形式，并出版发行，让更多的人了解学校的历史和文化。这些历史文献不仅包括学校的发展历程和重大事件，还包括学校的精神传统和文化特色，丰富了学校的校史文化内涵。

第三，学校还通过融入课程教学和校园生活，使校史文化成为激励师生前行的精神力量。在课程教学中，学校将校史文化作为重要内容融入各个学科中，通过讲解学校的历史和文化，引导学生树立正确的价值观和人生观。在校园生活中，学校组织各种形式的活动，如校园讲座、文化沙龙等，让师生们更加深入地了解学校的历史和文化，激发了大家对学校的热爱和责任感。

聊城大学把校史教育纳入新生入学教育，实现人人进馆、人人受教，同时不断改进展览手段，持续更新展品内容，精心培养宣讲队伍，邀请老教师撰写解说词，让参观学生能够收获美的享受与精神的升华。一位新生在观后感中写道："参观了校史馆，感觉学校的历史就是一部奋斗史、一部奉献史，这种艰苦奋斗、无私奉献的精神让我很受触动。"

综上所述，聊城大学通过校史馆、纪念活动、历史文献的整理与出版等方式，有效地保存和传承了学校的校史文化。同时，通过融入课程教学和校园生活，使校史文化成为激励师生前行的精神力量，为学校的可持续发展注入了源源不断的活力和动力。

3. 结论

聊城大学的校训、校风与校史文化的深度融合，确实构成了该校独特的教育特色和文化底蕴。这些文化元素不仅是学校的灵魂和精神支柱，更是指导着学校发展的方向，影响着师生的行为准则和价值观念，为学校的持续发展和社会贡献提供了坚实的文化支撑和精神动力。

校训作为学校的核心理念，凝聚着学校的办学宗旨和价值追求。聊城大学的校训可能是"明德厚学、崇实尚新"，它不仅是对师生的教诲，更是对学校发展的指引。"明德厚学"强调培养德、智、体、美、劳全面发展的人才，崇实尚新则强调实事求是、开拓创新的精神。这种校训所体现的价值观念，影响着师生的行为准则和思想境界，塑造了学校积极向上、务实创新的校风。

校风是学校文化的重要组成部分，是学校办学风格和管理方式的集中体现。聊城大学的校风可能是求实务实、开放包容、团结进取，这种校风既反映了学校的办学理念，也反映了师生的精神风貌。求实务实体现了学校的务实作风和严谨治学的传统，开放包容展现了学校的包容性和开放性，团结进取则凝聚了师生的团结合作和积极进取的精神。

校史文化是学校历史的延续和传承，是学校文化的重要组成部分。聊城大学作为一所历史悠久的学校，拥有丰富的校史文化资源，这些资源不仅反映了学校的发展历程，更体现了学校的精神传统和文化特色。通过对校史文化的传承与弘扬，学校能够凝聚师生的共同价值追求，增强师生的归属感和责任感，为学校的持续发展提供了源源不断的精神动力。

通过校训、校风与校史文化的深度融合，聊城大学建立了独特的教育特色和文化底蕴，为学校的可持续发展和社会贡献提供了坚实的文化支撑和精神动力。在不断地演进与创新中，聊城大学的校训、校风和校史文化将继续引领学校向着更高的目标前进，为培养更多的优秀人才，为社会的进步和发展做出更大的贡献。

三、重要历史时期下的办学策略与实践

地方性大学在不同的历史时期内必须灵活调整其办学策略，以应对社会变化的挑战，并采取相应的发展举措来确保办学成效和社会认可。以下是一个虚构的示例，说明地方性大学可能如何应对挑战并实施策略。假设某地方性大学位于一个经济欠发达的地区，面临着资源匮乏、人才流失、教育水平不高等挑战。在过去几十年里，这所大学一直致力于提高教学质量和科研水平，但收效甚微，未能有效提升其在地区乃至国家的影响力和声誉。然而，在近年来，该地方性大学开始意识到单纯依靠提高教学和科研水平可能无法根本解决其面临的问题。因此，学校领导层决定调整办学策略，采取多元化的发展举措，以更好地适应时代变化和社会需求。首先，该大学加强与地方政府和企业的合作，致力于推动产学研合作，将科研成果转化为实际生产力。通过建立产业联合研究院、技术转移中心等机构，学校与地方企业开展合作研发项目，促进科技成果转化，推动地方经济的发展。其次，该大学注重人才培养的实践性和社会适应性，加强了校企合作的实践教育环节。通过开设实习实训基地、校企合作实践课程等形式，学校为学生提供更多的实践机会，培养他们的创新能力和实践能力，增强他们的就业竞争力。最后，该大学还积极推动国际交流与合作，吸引国际

优秀学生和教师来校交流学习，拓展国际视野，提升学校的国际影响力和竞争力。通过这些努力，该地方性大学逐渐改变了其在地方和国家的认知和地位。学校的科研成果得到了更广泛的应用，人才培养质量和就业率也得到了提升，学校的社会声誉和影响力逐步增强。地方政府、企业以及社会各界对该大学的认可度也相应提高，为其未来的发展奠定了坚实的基础。具体内容如下。

（一）应对挑战的策略调整

地方性大学作为地区内的教育机构，承担着培养人才、促进地方经济发展、服务社会的重要使命。然而，面对教育政策变化、经济波动、技术革新等外部挑战，地方性大学面临着诸多困难和压力。

首先，教育政策的变化对地方性大学产生了深远影响。政府可能会调整对高等教育的资金支持政策、学科设置政策、招生政策等，这些变化直接影响地方性大学的经营和发展。政策的调整可能会导致资金来源的不稳定，学校的办学方向和发展重点也需要随之调整。其次，经济波动也是地方性大学面临的挑战之一。经济的不稳定性可能导致政府教育支出的减少，企业对高校的赞助和合作也可能受到影响。这会影响地方性大学的运营资金，学校可能不得不面临财政困难、裁员或资金投入不足等问题，从而影响学校的教学和科研水平。再次，技术革新也给地方性大学带来了挑战和机遇。随着科技的发展，教学模式、科研手段、学生管理等方面都在不断更新和变革，这要求地方性大学不断更新自身的技术设施和教学方法，以适应时代的发展。最后，技术的革新也给地方性大学带来了更多的合作机会，可以与企业、科研机构等开展合作，推动科技成果的转化和社会经济的发展。综上所述，面对教育政策变化、经济波动、技术革新等外部挑战，地方性大学需要灵活调整其办学策略。这包括对政策变化进行及时的调整和应对，寻找多元化的资金来源，提升科研水平和技术设施，拓展合作渠道，以确保学校的稳定和可持续发展。

1. 教育政策变化

教育政策的变化是影响地方性大学的重要外部因素之一，而当这些政策发生重大调整时，地方性大学不仅需要敏锐地应对，还需要灵活调整其办学策略，以确保其稳定和可持续的发展。

教育政策的调整可能涉及学科设置和教育目标的重新定位。地方性大学在面对新的政策时，需要深入研究政策的核心理念和目标，以更好地理解国家对高等教育的期望。这或许需要学校重新审视自身的使命与愿景，对教育目标进行全面评估，并相应地进行调整，以确保学校的发展方向与国家的教育战略保持一致。

调整课程设置是另一个需要重点考虑的方面。新的教育政策可能会强调某些领域的发展，或者提出对现有课程的优化要求。因此，地方性大学需要审视其现有的课程结构，评估各个专业的市场需求和就业前景，以便更好地满足学生和社会的期望。这可能涉及一系列改革，包括新增课程、修改课程内容、提升教学质量等，以适应新的教育政策的要求。

教育政策的调整也可能涉及招生计划和选拔标准的变化。学校需要关注政策对招生政策和录取标准的影响，确保招收的学生符合政策的要求，并具备与国家发展方向相一致的专业背景和素质。这可能需要地方性大学加强与中小学教育的对接，提高招生工作的精准性和有效性。

与此同时，教育政策的调整可能会涉及财政支持和经费分配的改变。学校需要密切关注政府对高校的资金支持政策，合理规划和利用资金，确保学校能够稳定运行。这可能包括调整预算分配、寻找其他资金来源、优化运营成本等方面的工作。

除政策的具体要求外，地方性大学还需要关注政策调整对教育理念和教学方法的影响。新的政策可能提倡创新教育、实践教育或跨学科教育等理念，学校需要积极响应，调整教学方法，推动课程改革，以适应时代的变化。

在应对教育政策变化时，地方性大学还应该加强与政府相关部门的沟通与合作，积极参与政策制定的过程，争取在政策调整中有更多的话语权和资源支持。同时，学校还可以通过与其他高校的合作、产业界的合作等方式，共同应对政策变化带来的挑战，分享经验，共同推动高等教育的发展。

总的来说，当地方性大学面临教育政策的重大调整时，需要从多个方面出发，全面审视学校的定位、目标、课程设置、招生计划、经费分配等方面，灵活调整办学策略，确保学校能够适应新的政策环境，实现稳定和可持续的发展。这需要学校领导层的决策智慧、师生的共同努力，以及与外部环境的积极对接与合作。通过科学有效的调整和改革，地方性大学将更好地服务社会、培养人才，为国家的发展贡献力量。

2. 经济波动

经济波动对学校的影响是显而易见的，尤其是在当前不确定性较高的时期。面对经济的不稳定性，学校必须更加灵活地管理资源，以确保其长期的可持续性和发展。以下是一些应对经济波动的策略，包括增强校企合作、寻找新的资金来源和减少对传统收入模式的依赖。

第一，增强校企合作是应对经济波动的重要举措之一。校企合作可以通过多种方式实现，包括合作研究项目、实习实训基地、技术转移和产业合作等。这种合作不仅可以为学校提供额外的收入来源，还可以为学生提供更丰富的实践机会，增强其就业竞争力。此外，校企合作还有助于学校更好地了解市场需求，调整专业设置和课程内容，提高教学质量和就业率。

第二，寻找新的资金来源是应对经济波动的另一个重要策略。除依赖政府拨款和学费收入外，学校可以探索其他的资金来源，例如申请科研项目、开发校园资源、招募国际学生等。此外，学校还可以积极开展校友筹款活动、与慈善组织合作等，吸引更多的社会资源支持学校的发展。通过多元化的资金来源，学校可以降低经济波动对其财务状况的冲击，保障教学和科研的正常开展。

第三，减少对传统收入模式的依赖也是应对经济波动的重要措施。传统的收入模式往往容易受到经济波动的影响，例如政府拨款的不确定性和学费收入的波动性。因此，学校需要积极调整其收入结构，降低对这些传统收入的依赖程度。例如，通过开发自主招生项目、推进在线教育和远程学习、发展校园商业化项目等方式，减少对传统收入的依赖，提高学校的财务稳定性和抗风险能力。

除以上策略外，学校还应该加强财务管理和风险控制，建立健全的财务制度和预警机制，及时发现和应对可能出现的财务风险。此外，学校还可以通过提高教育质量、拓展国际合作、加强品牌建设等方式，提升学校的竞争力和吸引力，为未来的发展奠定良好的基础。

总的来说，经济波动对学校的影响是全方位的，需要学校采取多种策略应对。增强校企合作、寻找新的资金来源和减少对传统收入模式的依赖是其中的重要举措，可以帮助学校应对经济波动带来的挑战，保障其长期的可持续发展。同时，学校还应该加强财务管理和风险控制，提高竞争力和吸引力，为应对未来的经济波动做好充分的准备。在当前经济不确定性的环境下，学校面临着诸多挑战，需要采取一系列措施来优化资源配置，以确保学校的稳定运行和持续发展。以下是一些针对经济波动的策略，包括增强校企合作、寻找新的资金来源和减少对传统收入模式的依赖。首先，增强校企合作是应对经济波动的重要举措之一。校企合作是学校与企业之间的战略合作关系，通过共享资源和互惠互利的合作方式，促进双方的共同发展。在经济不确定性的情况下，校企合作可以为学校提供稳定的资金来源，同时也为企业提供人才培养和科研合作的平台。学校可以与企业开展合作研究项目、共建实验基地、提供技术服务等，实现资源共享和优势互补，共同应对经济波动带来的挑战；其次，寻找新的资金来源是应对经济波动的另一个重要策略。除传统的政府拨款和学费收入外，学校还可以探索其他的资金来源，如科研项目资助、社会捐赠、校友赞助等。通过多元化的资金来源，学校可以降低对特定收入来源的依赖，提高财务的稳定性和抗风险能力。再次，学校还可以通过开发校园资源、推广校企合作、拓展国际合作等方式，增加非学费收入，为学校的发展提供更多的资金支持。最后，减少对传统收入模式的依赖也是应对经济波动的重要举措。传统的收入模式往往容易受到经济波动的影响，如政府拨款的不稳定性和学费收入的波动性。因此，学校需要积极调整其收入结构，降低对这些传统收入的依赖程度，寻找更加稳定和可持续的收入来源。例如，通过开展在线教育、推广校企合作、提供科技服务等方式，拓展非学费收入，减少对传统收入的依赖，提高学校的财务稳定性和抗风险能力。

3. 技术革新

随着科技的迅猛发展，技术的不断革新已经深刻地影响了各个领域，教育领域也不例外。在这个数字化时代，学校面临着迫切的需求，必须紧跟技术的步伐，更新教学和研究设施，融入新的信息技术和教学方法，以便更好地适应未来社会的需求，提高教育质量和研究能力。

第一，技术的快速发展给学校的教学环境带来了一系列的挑战和机遇。传统的教学模式已经不能满足现代学生的需求，新兴的技术手段如虚拟现实、增强现实、人工智能等正逐渐渗透到教育领域。学校需要更新教学设施，引入先进的教学技术，提升教学手段的多样性和灵活性。例如，通过引入在线学习平台，学生可以更加方便地获取学习资源，随时随地进行学习。教学中的交互式白板、虚拟实验室等工具也能够激发学生的学习兴趣，提高他们的学习效果。

第二，研究领域同样需要紧跟技术的步伐。新的信息技术为科研提供了更广阔的空间，加速了研究的进程。学校需要更新实验室设备，引入先进的科研工具，以应对复杂多变的研究需求。例如，生物领域可以利用基因编辑技术深化对生命的理解，工程领域可以通过仿真技术提高设计效率，社会科学领域可以通过大数据分析挖掘更深层次的社会规律。这些技术的应用不仅可以提高研究的效率，还有助于推动学校在科研领域的国际竞争力。

第三，新的信息技术也为学校提供了更多的教育管理工具。学校管理者可以利用先进的信息系统进行学生档案管理、教学进度监控、学校资源调配等工作，提高学校管理的效率和精准度。同时，通过大数据分析，学校可以更好地了解学生的学习情况，为个性化教育提供有力支持。这些管理工具的引入将有助于学校更好地应对日益增长的管理压力，提升管理水平，为学校的可持续发展奠定坚实基础。

在更新设施的同时，学校还需要培养师资队伍的技术素养。教师作为教育的中坚力量，其技术水平的提高对于整个教育体系的发展至关重要。

学校可以通过组织培训、引进外部专业人才、激励教师参与科研项目等方式，提高教师的技术水平和创新能力。同时，鼓励教师利用新的信息技术手段，创新教学方法，提高课堂的互动性和趣味性，激发学生的学习兴趣和创造力。

除此之外，学校还可以与企业、科研机构建立紧密的合作关系，共同推动技术创新在教育领域的应用。通过产学研合作，学校可以更好地获取最新的技术信息和资源，提高自身在科研和教学方面的水平。同时，学校还可以为企业提供实习实训基地，为学生提供更多的实践机会，促进产学合作的深度发展。

（二）重要历史时期的发展举措

在特定的历史时期，地方性大学可能采取一系列发展举措来抓住机遇和应对挑战。

1. 扩大招生规模和课程多样性

为了满足不断变化的社会需求，学校可能会扩大招生规模，增加新的学科和专业。随着社会的不断发展和变化，教育体系也应当不断地调整和更新，以更好地适应不断变化的社会需求。在这一背景下，学校可能会采取一系列措施，以更全面、灵活地满足学生和社会的需求。首先，扩大招生规模是其中的一项关键举措。通过增加学生招生数量，学校能够为更多的人提供高质量的教育机会，使更多人能够享受到优质的教育资源，促进社会全体的知识水平的提升。这不仅有助于培养更多的人才，还能够为社会的进步和发展提供更广泛的支持。

同时，为了更好地迎合社会的多元化需求，学校还可以着手增加新的学科和专业。这一举措旨在使学生有更多的选择，能够根据个人兴趣和职业发展方向进行更灵活的学科组合。新兴领域的引入可以帮助学校更好地应对社会的科技、经济和文化变革，培养适应未来挑战的创新型人才。这种多元化的课程设置不仅有助于学生更好地发掘和发展自己的潜力，也为社会提供了更丰富的人才储备，推动整个社会向更高水平迈进。

在推动招生规模和课程多样性的过程中，学校需要注重平衡，确保招生规模的扩大不影响教学质量，而新学科和专业的引入能够真正满足社会的实际需求。为此，学校可能需要加强与产业界的合作，了解市场对人才的需求，及时调整课程设置，确保学生所学习的知识和技能能够与社会的发展保持同步。此外，学校还需要投入更多的资源，包括人力和物质资源，以提供更好的教学和学习环境，促进学生全面发展。

综合而言，扩大招生规模和增加课程多样性是学校在适应社会变革、培养更全面人才方面的重要举措。通过这些措施，学校有望更好地发挥其在社会发展中的作用，为学生提供更广阔的发展空间，同时也为社会的进步和繁荣贡献更多力量。

2. 提升科研能力

通过设立研究中心、增加科研投入和鼓励师生参与科研项目，以提升学校的科研能力和创新水平。为了在不断发展的知识经济时代中保持竞争优势，学校需要着重提升科研能力和创新水平。这一目标的实现可以通过多方面的举措来实现。首先，学校可以设立专门的研究中心，旨在集聚优秀的研究人才和资源，促进跨学科合作，加强科研成果的转化和应用。这些研究中心可以专注于特定领域或问题，为学校在特定领域的研究提供更专业的支持和指导。其次，学校应当增加科研投入，包括加大对科研设备和基础设施的投资，提高科研人员的薪酬待遇，为科研项目提供更充足的经费支持。这样可以激励科研人员投入更多时间和精力，开展高水平的科研工作，提高科研产出的质量和数量。此外，学校还应当积极鼓励师生参与科研项目，为他们提供更多的科研机会和资源支持，培养他们的科研兴趣和能力。通过这些举措的实施，学校有望在科研领域取得更显著的成就，为社会的发展和进步作出更大的贡献。

3. 加强国际合作

通过与海外高校和研究机构建立合作关系，加强学术交流和科研合作，提升学校的国际影响力。在全球化的时代，加强国际合作成为提升学校科研能力和国际影响力的关键战略之一。通过与海外高校和研究机构建立紧密的合作关系，学校应充分利用全球范围内的优质资源和多样化的研究环境，进一步提升自身的学术水平和科研实力。

一是建立国际性的学术交流平台对于促进学术合作至关重要。学校可以积极参与国际性学术会议、研讨会以及其他学术活动，与来自世界各地的学者和研究人员展开深入的交流与合作。这种跨文化的交流有助于拓展学术视野，激发创新灵感，并为合作研究提供更广泛的背景和支持。二是建立双边或多边的科研合作项目，共同解决全球性或跨国性的重大科学问题。通过与国际研究机构紧密合作，学校可以汇聚全球尖端的研究力量，共同攻克科研难关。这样的国际合作不仅能够提高学校的科研水平，还有助于形成更广泛的国际影响力。

同时，建立双学位、联合培养博士生等项目，促进学术人才的跨国培养和流动。通过这些项目，学校不仅能够吸引更多优秀的国际学生和学者，还能为本校师生提供更广泛的学术资源和交流机会。这样的国际人才流动有助于学术思想的碰撞和创新，提升学校在国际学术舞台上的地位。

另外，加强与国际企业和产业界的合作也是提升学校国际影响力的有效途径。与企业合作开展联合研发项目，不仅能够促进科研成果的产业化和应用，还能够为学校吸引更多产业资金和资源。

总体而言，通过积极加强与海外高校和研究机构的合作关系，学校能够打破地域限制，充分利用全球范围内的资源，提升科研水平和国际影响力。这种国际合作模式不仅有助于学术发展，也为学校在全球科研领域中树立起更为崭新和引领潮流的形象。

（三）办学成效与社会认可

学校在面对技术革新的挑战时，采取的策略调整和发展举措对其办学成效的影响是显著而深远的，这些举措也将直接影响到学校在社会中的认可度和地位。

一是通过更新教学和研究设施，学校可以提供更加先进和多样化的教育资源和学习环境，这将直接影响到学生的学习体验和学习效果。二是对于学术研究方面的发展举措也将直接影响学校的学术声誉和研究能力。此外，优化教育管理模式和培养师资队伍的举措也将直接影响学校的运行效率和教学质量。三是与企业、科研机构等外部合作伙伴建立紧密合作关系的举措也将对学校的社会认可度产生重要影响。基于以上策略，学校采取的策略调整和发展举措将直接影响到其办学成效和社会认可度。通过更新教学和研究设施、优化教育管理模式、培养师资队伍、加强与外部合作伙伴的合作等举措，学校可以提升教育质量和研究能力，从而在社会中树立良好的形象和声誉。具体内容如下。

1. 提高教育质量

提高教育质量是学校发展中至关重要的一环，它直接关系到学生的学习效果和毕业后的综合素质。因此，学校采取了一系列措施，包括课程改革、师资力量提升和教学设施的改善，以确保学生能够接受更为全面、深入的教育，从而培养出更具竞争力的专业人才。

第一，课程改革是提高教育质量的关键一环。学校通过不断优化课程设置，结合行业发展趋势和市场需求，确保所开设的课程能够充分满足学生的学科需求和实际应用能力培养。引入前沿科技、跨学科知识和实践性课程，使学生在学业过程中能够更好地掌握专业知识，提高解决问题的能力。课程改革还包括灵活的选修制度，让学生根据个人兴趣和职业规划进行更为个性化的学习，促使他们在学术领域展现更大潜力。

第二，师资力量的提升是确保高质量教育的另一个重要方面。学校致力于吸引和培养一支高水平的教职团队，包括经验丰富的专业教授、产业界精英和国际化背景的学者。通过定期的学术培训、学科研讨和国际学术交流，提升教师的教学水平和研究能力。这不仅有助于保持教育内容的前沿性和实践性，还能够为学生提供更广阔的视野和更丰富的学科体验。

同时，为了提高师资的教学质量，学校还鼓励教师参与实际项目和产业合作，将实际经验融入教学过程。这种教学与实践相结合的模式，使学生能够更好地理解和应用所学知识，培养解决实际问题的能力，为学生的未来职业发展奠定坚实基础。

除此之外，学校还着眼于改善教学设施，以提供更为舒适和现代化的学习环境。投入资金更新教室设备、实验室设施、图书馆资源等，确保学生在学习过程中能够得到最佳的支持和帮助。现代化的教学设施不仅提升了教学效果，还能够吸引更多的学生和优秀教职人员加入学校，进一步提升学校的整体教育水平。

2. 科研成果增加

加大科研投入和鼓励创新是提升学校科研成果的关键举措。科研成果的增加不仅可以丰富学校的学术资源，提高学术水平，还能够增强学校在学术界的声誉和影响力，进而促进学校的整体发展。

第一，加大科研投入是提升科研成果的重要保障。学校需要增加对科研项目的经费投入，包括设备购置、实验材料、科研团队建设等方面。这样可以提高科研条件和研究环境，为教师和学生的科研工作提供更好的支持和保障。此外，加大科研投入还可以吸引更多的科研人才加入学校，激发他们的研究激情，推动科研成果的不断涌现。

第二，鼓励创新是促进科研成果增加的重要途径。学校需要建立鼓励创新的机制和政策，激发教师和学生的创新热情，推动科研成果的转化和应用。这可以通过设立科研奖励机制、加强科研项目管理、提供科研经费支持等方式来实现。同时，学校还可以组织各类科技创新竞赛、科技论坛等活动，为教师和学生提供展示创新成果的平台，激励他们不断探索和突破。

第三，学校还应该加强与产业界、科研机构等外部合作，促进科研成果的转化和应用。通过与企业合作开展科研项目、建立科技成果转化基地、推动科技成果转让等方式，将科研成果转化为生产力，为社会经济发展做出更大贡献。

总的来说，加大科研投入和鼓励创新是提升学校科研成果的重要举措。通过不断增加科研投入，搭建良好的科研平台，建立鼓励创新的机制和政策，加强与外部合作，学校可以显著提升科研产出，增强学校在学术界的声誉和影响力，为学校的整体发展注入强劲动力。

3. 社会服务和影响

聊城大学积极参与地方经济和社会发展项目，以其丰富的专业知识和技术力量为当地社会做出积极贡献，从而增强了公众对学校的认可和支持。

第一，学校与当地政府和企业合作，开展各种技术服务和咨询项目。例如，学校可以为当地企业提供技术改造建议，提高其生产效率和产品质量；为政府部门提供政策研究和决策支持，促进地方经济发展和社会进步。

第二，学校积极开展科技成果转化与产业合作，推动科技创新成果向市场转化。学校的科研团队与当地企业合作，将科研成果应用于实际生产和生活中，推动了地方产业升级和技术进步，为当地经济发展注入了新的活力。

第三，学校还通过开展各类社会公益活动，服务于地方社会。例如，组织学生志愿者参与社区建设和环境保护活动，开展科普宣传和健康教育活动，提升了学校在社会中的形象和声誉，增强了公众对学校的认可和支持。

总的来说，聊城大学通过参与地方经济和社会发展项目，为社会做出了积极贡献，增强了公众对学校的认可和支持。这种积极的社会服务和影响不仅促进了学校的发展，也为地方经济社会的可持续发展作出了重要贡献。

4. 结论

地方性大学在其发展过程中的策略性调整和时代机遇的把握，不仅是对自身发展的必然要求，更是对社会经济发展的积极响应和推动。这一过程展示了地方性大学在教育领域的重要价值和作用，以及其对社会进步的不可或缺的贡献。

地方性大学通过策略性地应对挑战，提升自身的办学水平和科研能力。面对教育环境的日益复杂和竞争的加剧，地方性大学需要不断调整办学理念，优化学科设置，改进教学方法，提高教学质量。同时，加强科研投入，培育科研团队，推动科研成果转化和应用，提升科研水平和影响力。这些举措不仅有助于提升地方性大学的学术声誉和竞争力，还可以为地方经济社会发展提供智力支持和人才保障。

地方性大学通过把握时代机遇，在社会经济发展中发挥重要作用。随着科技进步和经济全球化的加速，社会对高等教育的需求日益增长，对人才的需求也日益迫切。地方性大学可以抓住这一机遇，结合地方经济发展的实际需求，调整专业设置，培养符合市场需求的应用型人才，为地方经济社会发展提供人才支撑和智力支持。同时，地方性大学还可以积极参与地方政府的科技创新和产业发展规划，开展产学研合作，促进科研成果转化和技术创新，推动地方经济转型升级，实现可持续发展。

地方性大学的动态调整和发展过程，展示了其在教育领域的重要价值和作用，以及其对社会进步的贡献。作为地方经济社会发展的重要组成部分，地方性大学承担着培养人才、科研创新、文化传承等重要职责，为地方经济社会发展提供了重要支撑和智力支持。同时，地方性大学还是社会进步和文明进程的推动者和引领者，通过不断创新和发展，为社会提供了更多的智力资源和文化滋养，推动了社会的发展和进步。

聊城大学作为地方性大学，在其发展过程中通过优化学科设置、加强师资队伍建设、积极参与产学研合作等举措，不仅提升了自身的办学水平和科研能力，还充分利用时代机遇，为地方经济社会发展提供了重要支撑和智力支持，展现了地方性大学在教育领域的重要价值和作用。上述内容是基于一般的分析框架构建的虚构讨论，旨在展示如何分析地方性大学的办学策略和实践。具体到聊城大学或其他特定大学的情况，建议参考官方资料和具体的学校历史记录。

四、教育叙事与大学的文化传承

教育叙事在大学文化传承中扮演着不可或缺的角色，它是一种沟通过去、现在和未来的重要手段。通过教育叙事，学校能够深入挖掘和诠释自身的历史，传承悠久的文化传统，同时激发创新思维，推动校园文化的不断发展。教育叙事有助于保存和传达学校的历史和传统。每所大学都有独特而丰富的历史，包括创校初期的艰辛努力、重大事件的发生以及卓越人物的涌现等。

通过教育叙事，这些故事得以传承，让师生更深刻地了解学校的渊源和发展历程。这不仅有助于建立学校的身份认同，也为学子提供了校园文化的精神支柱；教育叙事能够激发创新精神。通过分享学校历史上的成功经验和挑战，教育叙事鼓励师生们从中汲取经验教训，启迪创新思维。了解过去的成就和挫折有助于建立对未来的清晰愿景，激发学子们在学术、科研和社会服务领域的创新活力；化传承的策略与实施是确保教育叙事有效传达的关键。学校可以通过设立专门的历史文化传承机构或部门，负责搜集、整理和展示校史资料。

同时，利用现代技术手段，如虚拟博物馆、数字档案等，使这些叙事更加生动直观。定期举办校史讲座、主题展览和校友座谈会等活动，也是促进教育叙事的有效途径，让更多人参与其中，共同感受和传承学校的文化基因。在文化传承的同时，校园文化的创新与发展也是至关重要的方面。学校需要注重融合传统与现代元素，以适应时代潮流和社会需求。创新并不意味着抛弃传统，而是在传承的基础上进行有益的补充和发展。可以通过引入新的教学方法、推动跨学科研究、举办国际性的学术活动等方式，为校园文化注入新的活力。

总体而言，教育叙事在大学文化传承中的作用十分重要，不仅有助于保存和传达学校的历史和传统，还能够激发创新，推动校园文化的发展。通过合理制定文化传承策略与实施，以及注重校园文化的创新与发展，学校可以在传统与现代之间取得平衡，为学子们提供更为丰富、深厚的教育体验。

（一）教育叙事在文化传承中的角色

教育叙事可以帮助学校传承和弘扬历史文化，保留校园精神和价值观；也可以激发师生对学校的归属感和认同感，促进校园凝聚力和团队精神的形成；通过故事的启发和反思，激励人们创新思维，引领学校不断发展和进步。

1. 记录与保存

教育叙事在记录与保存大学历史与文化方面扮演着至关重要的角色。通过叙述大学的创立背景、重要事件以及杰出人物的故事，教育叙事不仅是对学校过去的回顾，更是一种文化传承的载体，具有深远的影响。

第一，教育叙事通过讲述大学的创立背景，将关键时刻、创始人的初衷等元素融入故事中，从而将学校的起源传达给后代。这不仅有助于维护学校的历史真实性，还能够弘扬学校的独特精神和价值观。通过讲述这些故事，学校的传统和文化能够在时间的洪流中得以保留，并为后代提供了一个深刻的历史根基。

第二，教育叙事通过记录学校的重要事件，为后来者提供了解学校发展历程的机会。这些事件可能包括学校的重大变革、社会变迁对学校的影响，以及学校在困境中崛起的奋斗历程等。通过对这些事件的叙述，学校的发展轨迹得以清晰呈现，后代能够更好地理解学校的发展历程，从而更好地塑造学校的未来。

杰出人物的故事也是教育叙事中不可或缺的一部分。这些人物可能是学校的创始人、杰出的校友、教职员工等。通过叙述他们的事迹，教育叙事不仅向后代展示了优秀个体的典范，更展示了这些人在学校发展中的贡献。这些故事激励着后代继续努力，传承学校的优良传统，为学校的未来发展贡献自己的力量。

教育叙事作为一种传统的文化传承方式，通过口口相传、文字记录等方式，将学校的历史、文化、价值观传递给后代。这种传承不仅是简单的信息传递，更是一种精神传承。通过教育叙事，学校的文化得以延续，形成一种深刻的校园精神，成为学校师生共同认同和传承的宝贵财富。

2. 价值观的传递

在大学校园中，价值观的传递是一项至关重要的任务。这些价值观不仅代表着学校的文化和精神，更是塑造了师生行为准则和共同认同的基石。而教育叙事，作为一种强大的传播工具，通过故事化的方式，将学校的核心价值观和精神传递给师生，使其代代相传，成为学校共同的认同和行为准则。

第一，教育叙事通过具体的故事情节，生动地展现了学校的核心价值观。这些故事可能涉及学校创始人或杰出校友的行为和思想，或者是关于学校历史上重要事件的叙述。通过这些故事，人们可以感受到学校价值观的真实力量，从而更加深刻地理解和认同这些价值观。

第二，教育叙事在传递学校价值观的过程中，往往会融入一些丰富多彩的情感因素。通过故事中的人物形象、情节设置和语言表达，教育叙事能够唤起师生内心深处的共鸣和情感共鸣。这种情感共鸣不仅使故事更加生动有趣，也更加有利于价值观的内化和传播。

第三，教育叙事还通过具体的行为示范，展现了学校价值观的实践方式。通过叙述一些具体的事例和案例，教育叙事向师生展示了如何在日常生活和学习工作中践行学校的核心价值观。这种行为示范不仅使得价值观更加具体和实用，也为师生提供了一种可行的行为准则和参考模板。

第四，教育叙事还通过强调学校价值观的重要性和意义，增强了师生对这些价值观的认同感和归属感。通过故事中的反思和总结，教育叙事能够深入探讨学校价值观的内涵和价值，引导师生深刻思考，并将其内化为自己的信念和行为准则。

3. 激发情感共鸣

教育叙事是一种强大的传播工具，不仅能够传递知识，还能够激发人们对于特定历史、文化以及所处环境的情感共鸣。在大学校园中，教育叙事扮演着至关重要的角色，因为它不仅仅是一种传授知识的方式，更是一种塑造身份认同和共同情感的机制。通过故事化的叙述，学校历史和文化得以以生动的方式呈现，从而激发师生们对学校的归属感和自豪感。

第一，教育叙事通过讲述学校的历史故事，帮助师生们更好地理解学校的根源和发展历程。这些故事可能涉及学校的创办人、建校初期的艰辛历程，或是一些具有象征意义的历史事件。通过这些故事的叙述，师生们能够感受到学校历史的厚重和深远，从而建立起对学校的情感认同。

第二，教育叙事通过展现学校独特的文化和传统，进一步激发了师生们的情感共鸣。每个学校都有着独特的文化氛围和传统活动，如校庆活动、毕业典礼等。通过讲述这些文化传统的起源和发展，教育叙事为师生们提供了一种参与感和认同感，使他们能够更好地融入学校的大家庭中。

第三，教育叙事还通过塑造一些具有代表性的校园人物形象，加深了师生们对学校的情感认同。这些人物可能是学校的杰出校友、教职工或者学生领袖，他们的故事和成就成为学校传统的一部分。通过这些人物形象的塑造，教育叙事使师生们能够看到自己在学校的未来发展，从而增强了他们对学校的归属感和自豪感。

第四，教育叙事通过强调学校的使命和价值观，进一步激发了师生们对学校的情感共鸣。每个学校都有着自己的使命和核心价值观，这些价值观不仅是学校文化的体现，也是师生行为准则的指引。通过讲述一些与学校使命和价值观相关的故事，教育叙事使师生们能够更加深入地理解和认同学校的理念，从而增强了他们对学校的归属感和自豪感。

（二）文化传承的策略与实施

为了有效地进行文化传承，大学可以采取以下策略和实施方式：

1. 建立校史博物馆和档案室

在建立校史博物馆和档案室这一举措中，学校将能够以更直观的方式展示自身的发展脉络和丰富的文化传统。这种举措不仅是对学校历史的珍视，也是向师生们传递学校独特价值的有力工具。通过收集、展示历史文献、图片、实物等，学校能够激发师生们对学校过去、现在和未来的深刻思考，进而增强他们对学校的认同感和自豪感。

第一，建立校史博物馆和档案室为学校提供了一个集中展示历史的场所。这不仅包括学校创立的初衷和历史事件，还包括学校发展的各个阶段、取得的重要成就以及遇到的挑战。在博物馆中，可以通过各种形式的展品展示，如历史文献、照片、实物等，来还原学校历史的画卷，让师生们身临其境地感受学校的发展历程。

第二，校史博物馆和档案室为学校提供了一个保存和传承文化传统的平台。学校的文化传统往往是在历史的长河中积淀出来的，通过收集和展示相关资料，可以更好地传承和弘扬学校独有的精神和价值观。这有助于形成学校的核心文化，为后来的师生提供一个可学习、可借鉴的范本，使学校的特色文化得以传承。

第三，通过展示学校历史的各个方面，校史博物馆和档案室也为师生提供了一个学术研究的资源库。学者和学生可以深入挖掘学校的历史文献，进行专业性的研究，从而为学校的发展提供更为深刻的理解和建议。这种学术研究不仅有助于学校提升学术声誉，也促进了学术氛围的营造。

第四，校史博物馆和档案室还为学校的师生提供了一个参与性的学习空间。学生们可以通过参观博物馆，了解学校历史，培养对学校的归属感和自豪感。教师也可以借助这个平台，将学校的历史与教学内容相结合，使教学更加生动有趣。

第五，校史博物馆和档案室也有助于加强学校的社会影响力。学校的历史和文化是学校品牌的一部分，通过向社会展示学校的发展历程和取得的成就，可以吸引更多的人关注和支持学校。这有助于学校在招生、合作以及与社会各界的互动中取得更为积极的结果。

综上所述，建立校史博物馆和档案室是一项有益于学校发展的战略性举措。通过展示学校的历史文献、图片、实物等元素，不仅能够直观地呈现学校的发展脉络和文化传统，还能够激发师生们对学校的认同感和自豪感。这一举措不仅有助于学校内部凝聚力的增强，也能够提升学校在社会中的影响力，为学校的可持续发展奠定坚实基础。

2. 开设校史相关课程和讲座

在学校教育体系中，开设校史相关课程和讲座是一项富有远见的举措。通过系统地向学生传达学校的历史故事和文化内涵，不仅能够丰富他们的知识体系，更能够培养学生对学校文化的认同感、自豪感，促使他们形成文化自觉。这一措施将有助于加强学生与学校之间的情感联系，提升学校文化的传承和发展。

第一，通过校史相关课程和讲座，学校能够为学生提供一个深入了解学校历史的平台。这些课程可以涵盖学校的创立背景、发展历程、重要事件以及相关文化内涵等方面的内容。通过系统的教学，学生可以更全面地了解学校的历史渊源，深入感受学校的发展脉络，从而形成对学校的深厚认知。

第二，开设校史相关课程和讲座有助于培养学生的文化自觉。通过深入了解学校的历史，学生能够更好地理解学校的文化传统、核心价值观以及形成这些文化的原因。这不仅有助于学生形成对学校文化的认同感，更能够引导他们在学习和生活中体现学校文化的精神，形成积极向上的学术氛围。

第三，校史相关课程和讲座的开设有助于激发学生的学习兴趣。通过生动有趣的讲述方式、丰富多彩的教学手段，学校能够吸引学生的注意力，激发他们对学校历史的兴趣。这种积极的学习体验将使学生更加愿意深入了解学校的历史，主动参与到学校文化的传承和发展中。

第四，开设校史相关课程和讲座还有助于拓展学生的综合素养。通过学习学校历史，学生将能够培养批判性思维、历史意识和文化自觉，提高他们的综合素质。这对于学生的综合发展和未来职业生涯都具有积极的影响。

第五，校史相关课程和讲座的开设也为学校提供了一个推广学校文化的途径。通过向学生传达学校的历史故事和文化内涵，学校可以在内部形成浓厚的文化氛围，同时也能够通过学生传播学校文化，扩大学校在社会中的影响力。

综上所述，开设校史相关课程和讲座是一项富有深远意义的教育举措。通过深入的学习和了解学校的历史，学生将更好地认同学校文化，形成文化自觉。这不仅有助于学生的个人成长，更有助于学校文化的传承和发展，为学校的可持续发展奠定坚实基础。

3. 举办文化传承活动

举办文化传承活动是学校推动校园文化建设的重要举措之一。通过定期举办校庆、传统节日庆祝、文化艺术节等活动，学校可以营造浓厚的文化氛围，促进师生之间的交流与互动，激发学生的文化自觉和参与热情。这些活动不仅丰富了校园生活，也有助于学校文化的传承和发展。

第一，定期举办校庆活动是学校文化传承的重要方式之一。校庆活动是学校的重要标志，它不仅是对学校发展历程的回顾，更是对学校成就的庆祝和展示。通过举办校庆活动，学校可以邀请校友、师生以及社会各界人士共同参与，共同见证学校的发展历程，激发对学校的归属感和自豪感。

第二，传统节日庆祝活动也是学校文化传承的重要内容之一。在传统节日来临之际，学校可以组织各种形式的庆祝活动，如春节联欢晚会、端午龙舟比赛等。通过这些活动，学校可以让师生共同感受传统节日的氛围，增强对传统文化的认同感和传承意识。

第三，文化艺术节是学校文化传承的又一重要形式。在文化艺术节期间，学校可以邀请艺术家、学生代表等进行文艺表演，展示学校的文化底蕴和艺术风采。同时，还可以组织文化展览、手工制作比赛等活动，让师生们亲身参与到文化传承的实践中，感受传统文化的魅力。

通过这些文化传承活动的举办，学校不仅可以促进师生之间的情感交流和文化互动，还能够激发学生的学习兴趣和创造力。同时，这些活动也有助于学校的品牌建设和社会形象塑造，提升学校在社会中的影响力和凝聚力。

总的来说，定期举办校庆、传统节日庆祝、文化艺术节等文化传承活动，是学校推动校园文化建设、促进学校发展的重要举措。通过这些活动，学校可以让师生们共同感受和传承学校的文化传统，培养学生的文化自觉和社会责任感，推动学校文化的传承和发展。

（三）校园文化的创新与发展

在进行文化传承的同时，大学还需要不断创新和发展其校园文化，以适应时代的变迁和社会的需求：

1. 融合现代元素

在当今快速变化的社会背景下，学校文化的发展和传承需要与时俱进，融合现代元素成了推动校园文化多元和活跃的重要途径之一。在保留传统文化的基础上，积极融入现代文化元素，不仅能够使校园文化更具时代感和活力，还能够拓展学生的视野，培养他们的创新精神和国际竞争力。

第一，科技是现代社会的重要特征之一，将科技元素融入校园文化可以有效地提升学校的创新力和竞争力。比如，可以组织科技展览、科技创新比赛等活动，让学生们了解最新的科技成果和发展趋势，激发他们对科学和技术的兴趣。同时，利用互联网和社交媒体平台，可以打造数字化的校园文化体验，如线上艺术展、虚拟校园游览等，让校园文化走向更广泛的群体，拓展影响力。

第二，国际化是现代教育的重要趋势之一，融入国际元素可以使校园文化更加开放和多元化。学校可以开设国际课程、组织国际交流活动等，让学生们了解不同国家和文化的特点，培养他们的国际视野和跨文化沟通能力。同时，可以邀请国际学者和艺术家来校交流讲学，举办国际文化节等活动，让学生们亲身体验国际文化的魅力，拓展他们的视野和思维方式。

第三，还可以结合当下流行的文化元素，如流行音乐、时尚艺术等，举办相关的文化活动，吸引更多学生的参与和关注。比如，可以举办音乐节、时尚秀等活动，邀请流行艺人和设计师来校演出和讲座，打造时尚活力的校园文化氛围，满足学生们的审美需求和文化消费欲望。

通过将现代元素融入校园文化，可以使传统文化与现代文化相互融合、相互促进，形成更加丰富多彩、富有活力的校园文化。这不仅有助于传承和发展学校的传统文化，还能够培养学生的创新精神和国际竞争力，推动学校文化的蓬勃发展。

2. 鼓励学生参与

鼓励学生参与文化创新活动是培养学生创造力、拓宽视野、提高综合素质的重要途径。通过举办文化创意比赛、组建学生社团的文化项目等形式，可以激发学生的兴趣，促使其更加积极地投入校园文化的丰富与更新中。

第一，文化创意比赛是一个引导学生发挥创造力的有效途径。这类比赛可以包括各种形式，如文学创作、艺术设计、音乐创作等多个领域，为学生提供了一个展示个性和才华的平台。通过参与比赛，学生们能够在不同的文化领域中展现自己的特长，激发潜在的创新能力。这不仅有助于培养学生的综合素质，更能够为他们未来的职业发展打下坚实的基础。

第二，学生社团的文化项目是培养学生团队协作精神的有力工具。学生社团是校园文化的重要组成部分，通过举办各种文化活动，可以加强学生之间的交流与合作。例如，音乐社团可以组织音乐会，艺术社团可以策划艺术展览，文学社团可以进行文学沙龙等。这些活动不仅能够让学生在个人技能上有所提升，还能够培养他们的团队协作和组织策划能力。

第三，鼓励学生参与文化创新活动还有助于推动校园文化的不断丰富与更新。通过不同形式的活动，学生们能够从中汲取新的文化元素，拓展自己的知识面，提高对多元文化的认知。这有助于打破传统文化的束缚，促进校园文化的多元发展，使其更加富有活力和吸引力。

第四，文化创新活动还可以促使学生更加积极地参与社会实践。通过参与文化比赛和社团项目，学生们可以与外界建立更多联系，深入了解社会文化的发展趋势。这对于他们未来的职业发展和社会交往都具有积极意义，使他们在竞争激烈的社会中更具竞争力。

第五，鼓励学生参与文化创新活动，还可以培养学生对文化传承的责任感。在参与的过程中，学生们会更加深刻地体会到文化传承的重要性，意识到自己是文化传承的一分子。这种责任感不仅体现在对传统文化的传承，还表现在对当代文化的发展和创新上，使学生能够更好地将个人发展与文化传承相结合。

然而，要想取得更好的效果，需要从多个方面着手。首先，学校和教育机构应该提供更多支持和资源，包括资金、场地、人才等，以保障文化创新活动的顺利进行。其次，教师和辅导员在活动组织中应该发挥更积极的作用，引导学生更好地参与其中，并及时给予指导和帮助。同时，学校可以与企业、社会机构等合作，为学生提供更广泛的发展平台和机会，促使文化创新活动更具实际价值。

总体而言，鼓励学生参与文化创新活动对于校园文化的繁荣与发展具有重要意义。通过这些活动，学生们能够锻炼自己的创造力、团队协作精神和社会实践能力，为他们的综合素质提升提供了丰富的机会。学校和教育机构应该共同努力，为学生提供更多的支持和机会，推动校园文化的不断创新和更新。这样，不仅能够培养更多具有创新精神和文化责任感的优秀人才，也能够使校园文化更加多彩和充实。

3. 强化文化研究与交流

强化文化研究与交流对于塑造丰富多彩的校园文化具有重要的推动作用。通过建立文化研究中心，加强与其他高校和机构的紧密合作，以及积极借鉴吸收不同文化的优秀元素，学校能够在培养学生的综合素质、拓展学术研究领域、促进校园文化的融合上取得显著成果。

建立文化研究中心是加强校园文化研究的关键一步。这样的中心可以成为整合学校资源、促进学术交流的平台，通过组织各类文化研究项目、学术讲座、研讨会等活动，推动校内师生深度参与文化领域的研究。在研究中心的支持下，学生和教师可以更加有力地参与到跨学科的文化研究中，促进校园文化的理论深化和实践创新。

加强与其他高校和机构的文化交流是推动校园文化发展的有效途径。通过建立合作关系，学校可以开展文化交流项目，包括学术交流、艺术展览、文化活动等，拓展学生的学术视野，提高他们对不同文化的认知。这不仅有助于学术研究的深入发展，还能够丰富校园文化，为学生提供更广泛的学习体验。

借鉴和吸收不同文化的优秀元素是推动校园文化多元化的有效途径。文化研究中心可以成为一个汇聚不同文化资源的平台，通过引入国内外各种文化元素，促使学生更好地理解和体验多元文化。这包括但不限于语言、艺术、传统习俗等方面，使学生能够在跨文化的环境中成长，培养跨文化沟通与理解的能力。

文化研究中心还可以在校内推动跨学科研究，促使不同专业领域的师生共同参与文化探讨。通过将文化融入各类学科的研究和教学中，学校可以培养更具综合素质的学生，使其具备更强的跨学科能力。这样的交叉融合有助于打破传统学科的界限，激发创新思维，为学术研究和校园文化的发展注入新的活力。

在建立文化研究中心的过程中，学校需要重视对教职员工的培训和支持。提供更多的学术资源、资金支持，鼓励教师参与文化研究，推动校内文化项目的落地。同时，建立国际合作渠道，促使学校与国外高校、研究机构建立起紧密的联系，以便更好地进行文化交流与合作。

此外，加强对学生的引导和培养也是建设文化研究中心的关键环节。通过设立相关的文化研究课程、实践项目和奖学金等激励机制，鼓励学生主动参与文化研究活动，培养他们的学术兴趣和研究能力。同时，提供国际化的学习机会，让学生有机会亲身感受不同文化，拓宽视野。

总的来说，通过建立文化研究中心，加强与其他高校和机构的文化交流，借鉴和吸收不同文化的优秀元素，学校能够在校园文化发展的道路上迈出更加坚实的步伐。这不仅有助于提高学校的学术声誉，还能够培养更具有全球视野和跨文化素养的优秀人才，为社会的进步和发展作出更为积极的贡献。

在大学文化的传承中，教育叙事被视为一种不可替代的力量。它不仅在保存和传递学校的历史和文化方面发挥着重要作用，而且通过创新和发展，能够赋予校园文化更为丰富多彩和生动活泼的特质。本文将深入探讨教育叙事在大学文化传承中的角色，分析实施有效的文化传承策略的重要性，并探索文化的创新与发展路径，以构建一个深具历史底蕴又充满活力的校园文化环境。

教育叙事通过讲述学校的历史、传统和重要事件，成为一种生动的历史记录方式。这种叙事不仅使学校的过去得以保存，而且通过口口相传的方式，将校园文化代代相传。学生和教职员工通过参与这些叙事，深入了解学校的渊源，建立起对学校文化的认同感；教育叙事有助于塑造学校的核心价值观和精神文化。通过故事的方式，传达学校的理念、使命和愿景，引导师生在学术和行为规范上保持一致。这样的叙事不仅强化了学校的文化认同，也为师生提供了共同的价值基准，促使他们在校园中形成积极向上的文化氛围；为了有效传承文化，学校需要制订明确的传承计划。这包括收集和整理学校历史文化的资料，明确传承的目标和方式，确保传承工作有组织、有计划地进行。通过对校园文化的系统整理，可以更好地将教育叙事融入传承计划中；在传承过程中，利用现代科技手段是不可或缺的一环。通过建立数字档案、虚拟博物馆等形式，将历史文化信息进行数字化保存，使之更易于传播和分享。同时，通过社交媒体、在线平台等途径，将教育叙事传播给更广泛的受众，使学校的文化更具活力。

为了使文化传承更富有创新性，大学应当鼓励跨学科研究。通过将不同学科领域的研究与文化传承相结合，可以为传统文化注入新的理念和元素。例如，将艺术、科技和人文相结合，创造出新颖的文化表达形式。同时，学生作为大学文化的一部分，其参与文化创新的活动至关重要。大学应该设立相关的文化创新项目，鼓励学生提出新的文化理念和活动方案。通过支持学生的创新性思维，可以使校园文化更具年轻化和前瞻性。

总之，教育叙事在大学文化传承中扮演着不可或缺的角色。通过保存和传递学校历史文化，塑造学校的核心价值观，教育叙事成为文化传承的桥梁。而为了实现有效的文化传承，学校需要制订明确的传承计划，利用现代科技手段，并鼓励跨学科研究。同时，通过支持学生参与文化创新，大学能够在文化发展的道路上保持活力，构建一个既有深厚历史底蕴又富有创新精神的校园文化环境。这不仅有助于学校的长期发展，也为培养具有创新能力和文化自信的优秀人才奠定了坚实基础。

第六章　校友视角下的教育叙事

校友，也称同窗、同学等，一般是指学校师生对本校毕业生的称呼，有时也包括曾在本校任教或研究的人员。校友是学校最为宝贵的资源之一，学校的发展离不开校友的支持，校友的发展也离不开学校的持续帮助，学校和校友形成一种价值共识，发掘共同目标，共生共享资源，成为发展共同体，创造双赢价值格局。

第一节　口述历史的方法与应用

口述历史是一种通过访谈方式收集和记录口头传说、故事、回忆和言论等历史资料的方法。这种方法可以弥补传统文献资料的一些不足，提供更丰富、更真实的历史信息。口述历史访谈是口述史学科采制和收集口述文献、影音文献的一种工作方法。口述历史在诞生之初即与图书馆有着密切的关联，美国早期的口述历史机构大都设立在图书馆中。2008 年以来，出于建设特色文献馆藏、传承发展区域文化、提升自身影响力等原因，国内多家图书馆纷纷开展口述历史项目，收集了大量口述史料，积累了丰富的文献采集经验。

一、口述历史项目的设计与实施

口述历史项目的设计与实施是一个涉及多个步骤的过程，包括设计阶段、收集阶段、整理阶段和展示阶段。

（一）设计阶段

（1）确定目标：明确项目想要达到的目标，例如了解某个特定历史时期的社会背景，或者还原某个人物的经历等。

（2）选定受访者：根据目标选择合适的受访者，可以包括该历史时期的人物、见证人、专家学者等。

（3）制定访谈提纲：设计问题，确保访谈能覆盖所有重要的历史事件和人物。

（4）确定时间和地点：选择受访者方便且安全的场所和时间。

（二）收集阶段

（1）实施访谈：按照访谈提纲进行面对面的交谈，或记录下受访者的故事。

（2）记录和录音：确保记录的准确性和完整性，可以考虑使用录音设备。

（3）确保安全：确保受访者的安全和隐私。

（三）整理阶段

（1）整理录音：将录音转化成文字形式，便于阅读和编辑。

（2）编辑和筛选：筛选出有价值的片段，进行适当的编辑。

（3）建立档案：为项目创建档案，包括访谈记录、照片、视频等。

（四）展示阶段

（1）制作视频或文档：将整理好的资料制作成视频或文档的形式进行展示。

（2）分享和传播：通过网络、社交媒体或线下活动等方式分享给公众。

（3）反馈和迭代：收集反馈，对项目进行迭代和改进。

实施口述历史项目需要注意以下几点：确保受访者清楚项目的目的和保密性；尊重受访者的隐私和观点；尽可能提供翻译或解释专业术语；保持耐心，访谈可能需要多次才能完成。

二、校友故事的收集与价值

校友是学校的形象资源，代表着学校的品牌形象，特别是优秀校友，更是在校学生心目中的一面旗帜，校友故事的价值

在岁月的长河中，每一所学校都如同一艘承载梦想的巨轮，航行在知识的海洋中。船上的每一位乘客，即我们的校友，都在他们的人生旅程中留下了独特的印记。这些印记汇聚成一篇篇生动的校友故事，不仅丰富了学校的文化底蕴，也为后来者提供了宝贵的启示和借鉴。以下是校友故事的收集。

韩立群，教授，山东聊城大学中文系原系主任，全国优秀教师；著有《郭沫若史剧创作论》《沈从文论》《现代女性的精神历程》《中国语文革命》《中国现代小说史》；在全国学术期刊发表论文百余篇，获省部级以上奖励多项，1933 年获全国普通高校优秀教学成果一等奖。

我与聊大

韩立群

改革开放 30 周年时，我曾在一篇题为《改革开放圆了我创业梦》的小文中说："聊大是改革开放之子，她 30 年的创业史创造了在经济欠发达地区兴办大学教育的奇迹，记录着创业者在改革开放时代潮流激励下把梦想变为现实的神奇。而我正是在这里圆了自己的创业梦——科研梦和教学改革的梦……感谢聊大——为我提供了发展平台！感谢改革开放时代——圆了我创业的梦！"这虽是一段自我抒情的文字，却也道出我与聊大的不解之缘，及这不解之缘与改革开放的深切联系。

聊大 40 年的历史是一个艰难而豪迈的创业历程。我是这个历程的见证者与参与者，同几代聊大人心气相通、命运与共，既经历了创业的艰辛与痛苦，更体味了创业成功带来的幸福与自豪。40 年后回顾这段艰难的创业史，我更加深刻地认识到改革开放所赋予"聊大"这个名字的时代内涵，

从而感到身为一个聊大人的自豪，而且我更加意识到一个普通教师命运与理想的得失成败，其关键因素是学校与教育事业的发展状态，而根本因素则是时代——一个给学校与教育事业提供发展机遇的改革开放、科教兴国的时代。正是改革开放和科教兴国的伟大战略所激起的时代潮流促成了聊大的诞生与跨越发展，从而使聊大人的创业梦神奇般地变成了现实。

为见证这段创业历史，我想以自己与聊大的关系及其感情内涵的变为契机，将聊大 40 年发展过程分为艰难创业和跨越发展两个阶段来叙述。

在创业艰难阶段，聊大选择了我。

聊大创业史实包括从山师分院到聊城师院再到聊城大学的三次跨越。所谓创业艰难阶段，是指 20 世纪 70 年代山师搬迁聊城和扎根聊城办分院的那个最艰难的时期。经历过这段艰难的教师曾将这往返多次跨渡黄河的搬迁戏称为“四渡赤水”。

第一次往返渡河搬迁是 70 年代初因战备而引起的。

当时山东省委根据战备要求作出驻济高校立即搬迁内地乡村的决定，文件下达后，驻济四所重点高校除山工（即山东工学院，后改为山东工业大学，现已并入山东大学）因工厂无法搬迁而免迁外，其他三所都以战速度搬迁到位：山医（即山东医学院，后改为山东医科大学，现已并入东大学）搬迁到泰安楼德镇，山大文科搬到曲阜县与曲师（时为曲阜师学院，现为曲阜师范大学）合并组建新的山东大学，而山师（即山东师学院，今山东师范大学）则奉命迁到聊城。

聊城虽是座历史名城，运河古都，但那时却因经济长期落后而变成地上一座被遗忘的荒凉衰败的大村落：没有柏油马路，没有公共汽车，尘滚滚的土路上络绎不绝地跑着铃声叮当的小驴车；没有水电暖，挑子、蜂窝煤炉和油灯、蜡烛成为家庭必备物品；没有百货公司，购物全靠几度的乡村大集；没有新建的大学校舍，奉命入住的是原聊城师范与聊校腾挪出的破旧校址和郊外一片备作校办农场的盐碱地。传统观念中学是城市文化的产物，它的根深深扎在经济发达、设施完备的现代城园里，只靠行政之力将其移植到经济欠发达的农村城市聊城，是难以存活的。果然不出所料，两年后师生自发地以迅雷不及掩耳之势二渡赤大回迁，以人心所向实证了在经济欠发达地区办大学的艰难性和不可行然而事物的发生与发展总是相反相成的。山师搬迁聊城虽以回迁终结，在这片土地上留下了脚印，撒下了种子，成为后来在聊城扎根创办分序幕。因为省委并没有因自发回迁而撤销搬迁聊城的决定与指令，因此与李云生书记为首的山师党委也没有向省委写同意回迁的报告，而是在山师迁回济南后建立了山师留守聊城处，并安排党委负责同志与部分愿留下来的教师留守。留守处的职责不仅是守护管理东西两院校舍和农场，而且还保有教学功能，在1971级至1973级学生全部迁回济南后，又招收了中文与政治1974级两个聊城班，安排驻济教师轮流来聊上课。这就为二次返聊办分院奠定了基础。

山师迁聊期间，我正被借调省委政治部工作。但与驻聊的山师中文系领导依然保持着密切联系，特别是思想感情的沟通比过去更加密切，组织对我的关怀也更加无微不至，不仅吸收我入党，而且将两地分居10年的爱人单力洽从遥距千里的烟台调入山师中文系任教。虽然她随学校搬迁聊城，我依然留省委工作，却使我终于有了一个与济南只一水之隔的聊城的家。正是家的渴望驱使我拒绝了省委留我在教育组工作的安排，而把一颗虔诚的心投向聊城。那时随兴抒写的题为《望归》的一首小诗，记录了上述情绪：

> 不觉又是盛夏回首无限惊讶亲人翘首以待岂堪独隔天涯
> 东昌人杰地灵海源书香之家聊水可窥明月光岳望断晚霞
>
> ——1972年6月25日于省委第一宿舍

可见，我虽没有随迁聊城，却因对家的渴望竟早已萌生了归聊的心愿。这大约就是后来我接受党委派遣去办山师聊城分院的感情基础。

第二次渡河搬迁是1975年学朝农办分院。

学习沈阳农学院在朝阳农村办分院的经验，引发了全国高校到农村办分院的热潮。山师因为有驻聊留守处的基础，便率先行动起来。这是一次自上而下的教育改革，山师党委一手制订计划，并组成以学校党委副书记邵阳同志为首的聊城分院党的核心小组，具体组织分院行政职能部门处级班子和确定各系党政领导人选。我就在这时被党委确定为分院中文系领导班子成员，从此加入创业者行列，在分院党的核心小组领导下开始投入创建分院中文系的艰巨事业。

这次渡河搬迁与上次相比有两点不同。一是目的态度不同：前次是因战备而搬迁，态度被动消极，而这次则为教改而搬迁，态度主动积极。二是难度力度不同：前次是学校整体搬迁，只求步调一致，组织与思想工作难度力度不大，而这次则是选拔 1/3 干部教师到经济欠发达地区创办大学教育，组织与思想工作难度与力度特大。而党委态度主动积极是这次渡河搬迁成功的主导因素。

第一，响亮提出教育创业的指导思想，以此激励有志教师和干部到聊城艰苦创业。正是这个指导思想提升了赴聊教师与干部的思想境界，使之从被动的服从分配者转化为积极的教育创业者。例如中文系薛绥之、孙良明两位年富力强、学业有成的老师，就是在创业思想感召下决意到分院创业的。当我们代表分院中文系邀请其去聊城创业时，他们的回答都是：只要能把他们的科研项目带下去，就决心去聊城发展创业。薛绥之先生毕业于北京大学，是中国现代文学史料研究知名学者，60 年代初山师中文系 1955 级学生编写的现代文学大型史料丛书（包括《现代作家小传》与《现代作家作品研究资料》两个系列，由大众日报社出版），就是在他直接参与策划与指导下完成的。70 年代他重点转向鲁迅史料研究，所著《鲁迅作品注解异议》出版后，在鲁研界乃至整个学术界产生了巨大反响。办分院前夕他正潜心于鲁迅生平史料与鲁迅作品研究资料的收集与研究，有一个编辑出版《鲁迅生平史料》与《鲁迅著作研究资料》两套丛书的系统而宏大的计划。孙良明先生 50 年代毕业于北京师范大学，是著名语言学家黎锦熙先生的研究生，他语言学研究成果多而又颇具创见。办分院时他与山师中文系总支副书记主传文同志正代表师出席教育部于广州召开的语言学科科研会议，会上山东争得两个重点国家项目：一是汉语字典编写，由山师中文系承担，一是汉语成语辞典编写，由山师中文系承担（项目文件下达后，达后，山师党委确定孙良明为该项目主持人）。他们都是堪称学术带头人的中年学者，带上自己主持的项目去办分院，就不仅为分院文科科研事业发展奠定坚实基础，而且以事实昭告那些对办分院持有消极犹疑态度的人：办分院不是荒废学业，而是艰苦创业！

第二，依据政策确定后干部就是决定因素的原则，在创业思想确立后，集中精力，排除一切困难与阻力，组建一支年富力强、德才兼备、务实精干的分院院系两级领导班子。事实充分证明，创办分院的队伍之所以顺利“二渡赤水”并扎根聊城创业，正是这支干部队伍发挥了决定作用。他们不愧是在聊大创业史上最艰难的时期冲出一条生路的教育先锋突击队。分院创业的艰难集中表现为教育资源极度匮乏：师资匮乏，图书资料匮乏，基建经费匮乏。这是直接限制与阻挡分院生存发展的三条鸿沟。所谓艰难创业，也就是创业者群体紧密团结在分院党委周围，发扬“一不怕苦，二不怕死”的奉献精神，群策群力，跨越这三条鸿沟。

跨越的第一道鸿沟是师资匮乏，采取的是选调与自培两条腿走路的方针：选调是应急之策，自培则是长远战略。那时以人事处为龙头，各系都有一个调查研究产生的选调对象名单，称为“联络图”。中文系的“联络图”就先后列入拟调入教师 20 余人。其中重点中学与中师优秀语文教师占绝大多数，这些教师教学经验丰富，基本功扎实，熟悉中学教育改革与发展状况，调入后不仅有利于改变高师中文系教学脱离中学实际的倾向，而且促进了中文系教学内容与教学过程的改革。1991 年完成并荣获山东省普通高校优秀教学成果一等奖的《中学语文教师素质培养规程》正是在这背景下产生的必然性成果。1993 年获全国普通高校优秀教学成果国家级一等奖的《高师语文学科专业技能培养规程》则是此项目的发展深化。所谓自培，主要包括两个相互联系的环节。一是选留优秀本科毕业生与研究生留校任教。中文系从 1974 级到 1980 级每届都选留 3~4 名优秀本科毕业生留校，共留 29 名。1979 年分院数学系与中文系被批准招收研究生，中文系薛绥之教授连续招收四届现代文学专业研究生（共 9 人），其中 5 人毕业后被选留任教。正是这批与分院同时成长起来的毕业生成为后来聊大跨越发展的骨干与有生力量。后来他们绝大多数成为中文系教授和学科带头人，两人被评为享受国务院政府特殊津贴专家，一人成为特聘教授；更有一些因工作需要被提升到学校与省厅领导岗位，其中省教委主任 1 人，省委宣传部宣讲团主任 1 人，校长 2 人，研究生院院长 1 人。二是通过访学、进修和代培研究生等途径提高青年教师专业学术水平与独立进行教学与科研的能力。分院中文系曾先后向北京大学中文系派进修教师 5 人次，分别进修现代文学、美学与语音学，多次向北京师范大学、复旦大学、武汉大学、华东师范大学、东北师范大学等重点大学中文系，选送访问学者和代培研究生。这些经过名校代培的青年教师，理论视野开阔，知识结构趋向合理，并与导师建立起学术交流渠道，回校后很快就成为教学与科研骨干。

跨越的第二道鸿沟是图书资料的匮乏。办分院时虽许诺从总院图书馆分出 1/3 图书给分院，但实际上运来的图书不仅远不到 1/3，而且教学与科研必需的专业书籍和期刊几乎可称凤毛麟角。为跨过这条鸿沟，分院采取了两项有效措施。一是以图书馆为龙头联合各系专业人员走遍全国新华书店与古旧书店，购进必需图书。我和薛绥之先生就曾多次同图书馆资深采编张厚涵到北京、天津、上海采购过大批图书。由此发现古旧书店是一个储蓄珍贵图书资料的民间宝库，并且经民间藏书者介绍收购了一批种类多而又经济适用的私人藏书。二是自编供教学科研需要的资料书。中文系由薛绥之先生主持编写的《鲁迅作品教学手册》《鲁迅作品教学初探》《鲁迅杂文词典》《鲁迅生平资料丛抄》和《鲁迅生平史料汇编》等系列史料丛书，由姜启先生主持编写的《特级教师教案选》和《中学语文备课资料库》等语文系列资料丛书等，都是在这一背景下编写而成的。

跨越的第三道鸿沟是基建经费不足，所采取的有效措施是勤俭节约和白手起家修建校园。分校校园是原聊城师范遗留下的破旧校址，除两栋土砖砌的二层教学楼和一座简陋而失修的礼堂外，便是破壁残垣，遍地蒿莱。然而，我们教师年富力强，且经受过较长时间的劳动锻炼，而血气方刚的工农兵学员则多是来自生产第一线的劳动模范和经验丰富的基层干部，所以修建校园的工程（主要包括打机井，普柏油路，建实用平房，植树造林，挖防空洞等）终于按计划保质保量地完成了。勤俭节约白手起家修建校园是聊大人艰苦创业精神的集中而形象的体现。正如《聊大颂》中所写：

我们是创业者——
从古老的泉城走来
从美丽的海滨走来
从文明的校园走来
从温馨的家庭走来
没有舍弃舒适的痛苦
个个满怀艰苦创业的豪迈！
我们的校园是断壁残垣，遍地蒿菜
喝的是唐庄挑来的含泥井水
吃的是大集上买来的玉米小麦
我们没有在艰难中退缩
每颗纯朴的心灵里
都洋溢着对党和人民的爱！
我们是创业者
校园的第一条柏油路是我们修起来
第一排校舍是我们盖起来
第一眼机井是我们挖出来
那葱郁参天的排排大树是我们亲手栽起来！
三十年风尘染白了鬓发
我们没有青春消逝的悲哀
我们知道——
无私奉献是创业者的情怀！
在跨越发展前夕我选择了聊大

1981年聊城师院成立。这既是聊大创业史上第二次跨越，预示着聊大跨越发展的必然趋势，又以昭告山师分院历史终结，而引发教师队伍中部分人的思想动荡。其中包括那些从山师来聊创业五年的资深教授与学术骨干，他们虽不是集体回迁济南，却纷纷通过各种途径先后调回山师或省城其他单位。这实际上是另一种形式的回迁，从 1981 年到 1985 年中文系先后调回山师和济南及其他单位的教师干部就达 15 人，其中包括薛绥之和孙良明等教学与科研支柱人物。在这种形势下，我也一度陷入重新选择的窘境，曾在拿到驻济三所高校商调函后，向聊师领导提出调离申请，但结果还是继续留了下来。留下来的原因固然是领导执意劝阻，但起决定意义的主观因素则是我痛苦反思与认真权衡的结果。首先使我留下来的原因依然是灌注聊大人灵魂的创业精神。经痛苦反思后我认识到：省委决定以山师分院为基础建立独立建制的省属聊城师范学院，正是实施科教兴国战略的一项巨大措施，既是对聊大第一阶段艰苦创业精神的弘扬，又给聊大跨越发展提供了广阔绚丽的天地。其次是聊师新领导班子是一个既有创业精神，意进取，又富有高校办学经验，更加成熟干练的创业班子。正是从他们身上，我重新看到学校的希望，从而做出留下来继续创业的选择。若说办分院是聊大选择了我，那么在聊城师院成立后教师纷纷调离时我依然留下来，则是我选择了聊大。

历史证明，个人命运，特别是知识分子的命运与理想，总是由他生存发展的时代所决定的。1961 年我毕业于山师中文系，幸运地被选留重点研究室，在著名学者田仲济先生指导下从事现代文学研究。那时我就有一个创业梦，就是希冀在教学科研一体化发展道路上达到一个近乎理想的境界。经过了许多事情，但我的创业梦终于在聊大艰苦创业中变成现实，这虽与个人选择有关，但根本而言是改革开放与科教兴国时代给聊大与我提供了创业与发展的机遇。40 岁是人生黄金盛年，我 40 岁时与聊大结下不解之缘，今天正是聊大 40 岁诞辰，我送的生日礼物是与聊大 40 年休戚与共的创业者发自肺腑的礼赞：

聊大，聊大！
您扎根黄河平原
崛起于科教兴国时代
原野无垠是您的胸怀

黄河滔滔是您的气概！
栽起梧桐林
引进凤凰来
美丽的桐园
联结整个世界；
挖起校园湖
引进运河来
晶莹的湖水
沟通五湖四海！
崇教尚学中华韵
敦厚奋进育英才
您跨越发展的步伐
彪炳与时俱进的时代风采！
教师教育大出风采
名校工程继往开来
国际化办学星光道
聊大人走上国际大舞台！

张广立，男，汉族，1957 年 8 月生，山东阳谷人。1979 年考入山东省聊城师范学院（现聊城大学）物理系，1983 年毕业参加工作。1984 年 12 月加入中国共产党。1983~1993 年，任聊城六中教务处主任。1993~1998 年，任聊城七中校长。1998~2002 年，任聊城四中党总支书记、校长。2002 年至今任聊城三中党委副书记、校长。全国优秀教师，山东省优秀教育工作者，山东省基础教育先进个人，聊城十佳科技校长，水城名校长。

张广立从事教育教学与教育管理工作已有近 30 个年头，历任聊城七中、四中校长，在多年的实践、探索中，积累了丰富的教育、管理经验。他多次受命于危难之中，勇挑重担，改革创新，积极提升所任职学校的教育教学质量，为聊城教育事业发展做出了重大贡献，受到上级领导的高度赞扬。由于个人工作成绩突出，他荣获了“全国优秀教师”“中国百名创新型校长”“山东省优秀教育工作者”“山东省基础教育先进个人”“山东省富民兴鲁劳动奖章”、聊城市“优秀教育工作者”“十佳科技校长”“水城名校长”“全心全意依靠教职工办学的好书记好校长”等多项荣誉称号，并多次被市委、市政府记功、奖励。

一串串闪光荣誉的背后，是他对教育的不懈追求，对师生的高度负责，对工作的无限热爱！他所任职的学校开始之初都是校风、办学条件、教育教学质量低的弱校，但他精于管理，善于创新，凭借聚思广益，民主法治的工作方式方法治理学校后，校风很快变好，教育教学质量大幅度提高，两三年就成为知名学校。他所任职的聊城七中、四中和三中就是很好的见证，在聊城人民中享有较高的声誉。

张广立于 1983 年大学毕业后被分配到聊城六中，刚刚走上工作岗位的他面对的是在校的学生只有四个教学班，当年招生的四个新初中一年级学生还没有到校的状况。张广立被安排到初二年级三班任班主任，教三班、四班两个班的物理课。上班后的第一项工作就是带领学生清理建筑垃圾。因为聊城六中原是聊城机械局所管辖下的几个工厂企业联合办的一所学校，校名就叫一联办。因学校办不下去了，1982 年 6 月东昌府区教育局接管，并投资兴建了一幢 12 个教学班的教学楼。为迎接新生进校和教学楼的使用，学校节省资金、清理建筑垃圾的工作就给了在校的这四个教学班了。张广立认真对待走上工作岗位后领导安排的第一份工作，他组织学生借车借锨，带领学生一干就是三天，新建的教学楼和校园被清理得干干净净。第四天正准备上课的张广立，又被教导主任叫去，说学校安排有变动，你今年要先到初一年级教植物课，等明年有了初三年级你再上初三教物理，张广立接受了。可到了第二天，还没领到教课书，教地理的教师又找到张广立说，你改教一年地理课，主任说他不好意思再找你了，叫我自己找你再换一下科目，行吗？张广立二话没说又教地理课，任初中一年级二班班主任。

张广立认为工作岗位就是实现自己人生价值的舞台，并把教育好学生当作己任，不能误人子弟。这最朴素的人生理念使他对待自己现在的工作无怨无悔，经常说：“与其开口埋怨，不如闭口做事”，这句话也成了他以后做事的准则。接下来的时间，张广立一门心思用在了怎样备好课，怎样设计教学过程，才能激发学生学习的兴趣；怎样教育学生，管理好自己的班，形成一个团结友爱、积极向上的班集体。他对待工作的良好心态和工作的勤奋，换来了他带班各项工作的样样先进。1984 年学校领导班子换届，经民主推荐张广立走向了领导岗位，任教导处副主任，分管教学工作。张广立走向领导岗位后，潜心对待领导安排的每一项工作，积极协助领导做好学校的各项工作，使学校连年被评为东昌府区教育系统先进单位。一举使建校时间不长的聊城六中成为聊城知名的初级中学。

聊城七中的前身和六中一样，是市机械局管辖的几个工厂联办的一所学校，叫二联办，东昌府区教育局接管后更名为聊城七中。聊城七中所处理位置偏僻，学校条件落后，1993 年初中计划招生 300 人，报考学生还不足 270 人。

面对七中这样的落后局面，张广立没有气馁，也没有抱怨。在多数人把困难挫折当成绊脚石的时候，他却把逆境当成了成功的垫脚石。他把改变七中人甘愿落后不思进取的心态，当作彻底改变七中的必由之路。于是开始了他的“一一七一一”工程，响亮的一个口号。细培精育勤扶植，不创一流誓不休。形成一种思想：强调客观不是七中人的意识，有所作为才是七中人的追求。树立七种观念：第一种观念，多改变自己，少埋怨环境；第二种观念，多抢挑重担，少推卸任务；第三种观念，多互助少互斗；第四种观念，工作要多研究少重复……第七种观念，多开放少封闭。唱好一支歌曲《不白活一回》。坚定一个信念：只要我们团结奋进，我们的目的就一定能达到。他还用自己的工资买了《成事之道在吾心》这本书，赠给十八个班主任老师。思想意识的转变可以导致工作态度的变化和教育教学行为方式方法的转变，学校全体师生员工的精神面貌发生了翻天覆地的变化，整个校园洋溢在积极向上的气氛。1994 年 5 月在东昌府区教育局组织的初三年级英语、数学、物理、化学竞赛中，以上课目荣获全区第一名，这是七中教师以往连想都不敢想的事情。这次成绩对大家精神上的鼓舞和信念上的坚定作用是可想而知的。

七中人就是靠张广立校长的“一一七一一”工程建立起了七中人崭新的精神家园，重塑了七中人良好的学校形象。培植七中人信念精神的同时，他还注重改善学校的办学条件，他亲自组织参与新建了集教学、教研和实验于一体的综合楼和教师住宅楼，使学校的师生员工精神面貌和办学条件都发生了翻天覆地的变化，一举成为全市知名的初级中学。张广立校长也分别在1993年、1994年获得了记三等功的奖励，1995年获得了记二等功的奖励。

1998年8月，张广立校长又调任聊城四中校长、党总支书记。经历聊城七中变化的张广立校长深刻认识到：一所学校的落后，人们往往看到的只是它办学条件的落后、教育教学质量的低下和校风校纪的不良，他认为这些都不是主要因素。导致落后的主因是学校由于落后而形成的不思变化、不思进取的落后的学校文化。他当时很多教职工存在着习惯归因法：即把自己工作上无成就的原因归咎于学校的办学条件、学生的基础差等一些客观因素上，从不从自身工作态度、工作表现、努力程度、不思进取等主观因素上找差距。对一个落后学校来说，客观上办学条件落后，生源质量差这也是不争的事实，但因此消极工作、抱怨和诉苦是解决不了问题的。要从根本上改变一所学校的落后面貌，必须从创建积极向上的校园文化开始，必须从营造发愤图强的校园气氛开始，从克服总结经验的习惯归因法开始，从催人奋进的选人、用人、育人机制开始。

聊城四中是一所具有几十年建校历史的完全中学，但由于多年来高中教育教学质量低下，每年高考升学人数都以个位计。在当时普及九年义务教育扩大初中招生的情况下，四中人对区里是否还保留四中高中招生表现出了极大的怀疑。张广立在到四中后的第一个教师会就讲到，四中高中能不能保持继续招生的关键是由我们高中的教育教学质量来决定，命运掌在我们自己的手里。四中生源差，这是事实，是聊城一、二、三中招生后剩余的学生提四中的生源。外因是变化的条件，内因才是变化的根本。改变四中教育教学质量，改善办学条件，必须从改变我们自己开始。他在四中最耀眼的地方树起了“强调客观不是四中人的意识，有所作为才是四中人的追求”和“勤奋自信拼搏，把握自己的命运，勇于竞争活出自己生命的意义”的两面警示牌，制定了教师业绩考核和高聘奖励条例等一系列催人奋进的选人、用人、育人机制，全方位充分调动了广大教师的工作积极性，吹响了四中人向先进学校迈进的号角。1999 年高考录取人数由 1998 年 10 人上升到 29 人，2000 年上升到 79 人，2001 年上升到 135 人，一举成为市里的高考先进单位。同时，张广立校长也被评为山东省优秀教育工作者，授予富民兴聊劳动奖章。

正当张广立踌躇满志，准备在四中大展宏图之际，他再次被市领导委以重任，支持工作，调他任聊城三中校长。聊城三中是一所省级重点中学、省级规范化学校，相比区直的七中、四中而言，三中无论是在人员构成、教风、学风、社会环境，还是在教育管理等方面，都要比七中、四中复杂，困难得多。加之办学规模大在校生人数多，自 1999 年以后教育教学质量逐步滑坡，其工作起来的难度可想而知。面对困难，张广立没有退缩，而是勇往直前。接任之后，他深思熟虑，针对三中特点，科学定位，重新确定了学校发展的基本方向，那就是“育名生、做名师、建名校，让每一个学生心中充满阳光”的“三名”办学目标和“用智慧把握人生方向，以知识辅就成功之路”的校风及“厚德、博学、励志、笃行”的校训。以此为指导，他大刀阔斧地搞改革，带领领导班子先后制定了聊城三中领导班子周工作回顾、聊城三中重大项目工作追究制、领导班子分包年机制、领导班子听课制、学生导师制、后勤财务管理办法等一系列规章制度，建立并形成了以制度约束与人身关怀并重的行政管理模式，以教学成绩与合作精神为参照的教师量化评估体系。

同时，他深知要使一所学校尽快走出低谷，步入良性发展的快车道，就必须以人为本，集思广益，依靠教职工办学。于是，他花费大量时间去了解每个教师，走近每个教师，去熟悉每个教师的特点。在此基础上，还帮助教师做职业规划，分析现状和不足，谈谈未来定位，借此去了解教师所想、所需。在他的思想里，校长的职责就是要关心爱护教师，为他们创设一个公平、公正、透明的发展平台。为了帮助教师快速成长，他针对实际，实行了三中教师业绩考核奖励办法、高聘制、教师职称评定办法等一系列科学的管理体制和配套措施。他带领班子靠制度规范，靠典型示范，靠考评监督，靠奖励激励，在他的带领下学校已有了一支高素质的教师队伍。2004年在全市首届评出的10位高中水城名师中，三中一校就占了3人。此后，李秀莲、马金燕老师被评为市突出贡献的青年专家，现今，有近百人分别被评为全国师德标兵、市拔尖人才、市优秀教师、省市教学能手、市优秀班主任、市十佳教师。

“高标准是财富，低标准是累赘”这是张广立担任学校主要领导以来一个最深刻的认识。他认为，作为在一定程度上左右一个单位发展命运的“一把手”，头脑必须是充实的、清醒的、超前的，否则就做不到创新。而这一切又都必须建立在坚持不断学习的基础上，张广立一直有一种危机意识。他说：“我们三中人要有四种意识，即市场意识，竞争意识，忧患意识，发展意识。”他一向把危机、忧患当作干好一切工作的内驱力。他还常说：“我们每个人要不断加强学习，为自己不断充电，使自己必须成为学者型、专家型的管理者。”几年来，看书、读报刊、阅览网上信息、不断写作、虚心学习外地经验一直是他的必修课。他先后走访了国内很多重点大学、重点高中，参加了数十次学术会议。交流学习之余，他把个人心得记录整理下来，其中《加快教育发展，铸就教育辉煌》《德育的核心在唤醒》《让每一位学生心里充满阳光》等文章不时见诸报端，并被多家网站转载。总之，在学习的时间上，他不比在校高中生少多少。

对班子成员，张广立要求同样如此。他一直强调，只有学习型的领导班子，才是与时俱进，不断开拓创新，提升自己领导水平的合格组织。在全市中学中，他率先组织举办了“阳光讲台”，要求班子成员结合各自分管的工作，以构建和谐校园为主题，理论结合实际，在全体教工会上轮流进行宣讲。这样即增加了工作的透明度，又提高了领导班子的知识和管理水平。现在聊城三中每一项重大工作的创新灵感都来自他和班子成员扎实的知识积累。

一个好校长就是一所好学校，一所出色的学校总是跟一个出色的校长联系在一起。从担任校长职务以来，要求教师做到的张广立首先做到，要求教师不做的他从来不做。他坚持每天第一个到校，在教职工正式工作前，已转遍了学校的每一个角落，三中的任何一处情况，他都熟记于胸。节假日和寒暑假，他更是牵挂着学校的平安，一心扑在学校的工作上，用心血和汗水抒写着自己的工作业绩。张校长无私奉献，艰苦奋斗，率先垂范，开拓创新的精神和品质让他在教职工心目中生了很强的向心力和凝聚力。

张广立每到一所学校都坚持做点实事，留点业绩。因此，不管在哪一所学校都能找到他的业绩。到三中工作后，他认为一个学校的发展不再一味地做大，而是要做精、做强。他常讲："学校的竞争是优质办学条件的比拼。"为进一步改善办学条件，提升三中的办学水平，他在编外人员多，学校负担重，资金严重短缺的情况下，多方筹措资金给每间教室安装上了全市最先进的多媒体教学系统。2005 年又筹建了高标准、高水平，集现代信息技术于一体的 15000 平方米的教育科研楼；2008 年完成了校园的花坛、名人塑像等软文化建设；2009 年改建铺设了全市一流的 400 米标准塑胶报道；完成了教师微格式信息化办公设施……他在加强学校硬件设施建设同时，更关注的是校园文化建设，他创设了以"拒绝平庸，追求卓越"为主题的校园文化建设方略，营造了"成功从心开始""让我们做得更好"的校园文化氛围，使学校充斥着生机与活力。全校形成了校风正、学风浓，教师善教、学生乐学的良好风气。

雨果说"有些人是铁，有些则是磁石"。张广立就是这样一块磁石。正是他的这种博学严谨，豁达谦和，宽容诚信的人格魅力，常常地吸引着身边的人。在他的带领下，聊城三中乘着素质教育改革的春风，走出了低谷，一路凯歌，取得了一个又一个令人振奋的成绩，多次被评为"市高考优胜单位"。2002 年被名牌大学录取人数居全市之首，十几名学生被北大、人大、北外、中科大录取；2003 年高考又创佳绩，应届重点本科、普通本科上线人数、上线率均为城区高中第一名，同时有两名学生被北京大学录取，

9名学生被人大、中科大录取；2004年本科录取人数又突破700人大关；2005年顺着质量阶梯又有攀升，有2名学生被香港科技大学录取；2006年又取得全国重点名牌大学、本科大学升学率（不含音、体、美）、上线人数录取率三项聊城第一名；2007年刘秋林获全市理科状元，被清华大学录取；2008年以后，在山东省素质教育改革的大潮中，学校教育教学质量一直稳居全市前列，也一直占据了全市应有的位置，现已铸就了“应届生考取大学人数多，高分人数多、全国名牌大学多”的“三多”优质品牌，成为聊城学校教育的衡亮点。同时，张广立被上级部门评为“聊城市十佳科技校长”“全心全意依靠教职工办学的好书记好校长”“水城名校长”“山东省富民兴鲁劳动奖章”“全国优秀教师”。

成功，意味着做出较大的牺牲和贡献；荣誉，是对无限奋斗不息的人的心血和汗水的奖赏。一个勇敢的探索者的脚步是不会停下来的。张广立站在教育这块精神高地上，守望着自己的理想，守望着那份坚定的信念，谱写着一曲人生平凡而卓越的乐章。

校友故事承载着学校的历史记忆。校友故事如同一部活生生的校史，记录了学校从出生到发展的每一个重要时刻。从学校的创立之初，到每一个重要的历史节点，都有无数校友用自己的行动和成就，为学校书写了辉煌的历史篇章。这些故事里，有学校创立的艰辛与初心，有学校发展过程中的转折与突破，也有学校取得辉煌成就的喜悦与自豪。他们构成了学校独特的历史记忆，让后来的学子能够深刻感受到学校的发展脉络和历史轨迹。这些故事，如同历史的灯塔，照亮着后来者前行的道路，激励着他们为学校的荣誉而努力拼搏。

校友故事是生动的励志教材。在这些故事中，我们看到了无数校友在困境中坚韧不拔、勇往直前的精神风貌。他们的成功经历，不仅证明了努力与坚持的力量，也为后来者树立了榜样，激发了他们追求卓越的信心和勇气。

校友故事在社会上产生着广泛的影响。校友们在各个领域取得的成就，不仅展示了学校的办学实力和教育品质，也为社会进步和发展做出了积极贡献。他们的故事，成为学校与社会沟通的桥梁，让更多的人了解学校，关注学校，进而支持学校的发展。

校友故事是学校文化的重要载体。在这些故事中，我们感受到了学校独特的文化气息和精神风貌。它们传递着学校的核心价值观和教育理念，让后来者能够深入了解学校的文化底蕴和精神传统。这些故事在传播中不断发酵和沉淀，成为学校独特的精神标识。

校友故事是一种情感联结的纽带。校友们在学校度过了人生中宝贵的青春时光，他们之间的情谊如同一条红线，将他们紧密地联系在一起。这些故事，不仅唤起了校友们对母校的深情回忆，也激发了他们对母校的热爱和归属感。这种情感联结，让校友们在人生的道路上相互扶持、共同进步。

校友故事对未来具有启迪作用。随着时代的变迁和社会的发展，学校面临着新的挑战和机遇。校友们的故事，为后来者提供了宝贵的经验和智慧，启发他们思考如何更好地应对未来的挑战和把握机遇。这些故事，如同灯塔一般，指引着学校在未来的航程中勇往直前、不断创新。

用校友的典型示范对学生进行隐形教育，让在校学生受到感染、受到教育，从中学会思考、学会判断，增强了隐性教育的效果。现在的学生有更多的时间和机会接触更多的人和事，接触各种思想观念，在校学习阶段是他们世界观、人生观和价值观形成的关键时期。校友的典型示范在学生思想教育方面具有示范效应，一代又一代的校友们以工作实践的亲身经历和生动事例，讲授“为学”“为人”之道，对在校学生很具感染力和影响力。尤其是做出突出贡献的优秀校友，他们的人生经历更加丰富，对世事人生的看法更加成熟且独到，他们通过自己多年的亲身经历为学生现身说法，用自己高尚的人格感动、教育学生。校友对在校学生而言，是学长，同为母校的莘莘学子，对母校的亲情使他们在思想感情上紧密地融合在一起。提及校友，在校学生尤为敬重，倍感亲切，校友的今天就是他们的明天，校友走向社会的奋斗精神、成长之路、成功之道、肺腑之言，是他们今后走好人生之路的形象生动、容易接受、令人信服的教育内容。校友中的优秀典型，更是在校学生最为亲近的学习榜样，是最常被引用、最有说服力的教育题材。通过校友典型示范教育，使在校学生沐浴在优秀校友的思想境界、道德风范、高尚品格之中，从而有助于他们树立正确的人生观、价值观和世界观。

校友的典型示范丰富了校园文化，传承和发展了学校精神。

校友典型示范以育人为宗旨，通过多种措施、方式，充分发挥校友的典型示范在在校学生教育中的作用。比如，举办校友文化节，开展校友与在校学生面对面的交流、座谈、访谈等活动，让在校学生在与优秀校友交流、接触的过程中，聆听校友们的成长和奋斗故事，继承和发扬校友们的拼搏精神，激励他们立志成才，成就精彩人生，进而使学校精神薪火相传，不断弘扬、丰富和发展。设立优秀校友陈列室，宣传校友的事迹；建立校友林或以优秀校友命名校园标志物来营造教育氛围，将校友的典型示范融入校园文化生活之中，成为校园文化的一部分，丰富校园文化的内涵，促进学生的全面发展。

总之，校友故事的价值是多方面的，它既是历史的传承，也是励志的教育；既是社会的影响，也是文化的传播；既是情感的联结，也是未来的启迪。因此，我们应该珍视和挖掘校友故事的价值，让它们在学校的发展中发挥更大的作用。同时，我们也应该积极创造更多的校友故事，为学校的未来注入更多的活力和动力。

三、口述历史在校史研究中的应用

校史编撰是高校发展到一定历史阶段的必然产物。20 世纪 90 年代以来，高校修史颇具规模，而口述校史档案作为对现存档案的有效补充，正是在校史编撰过程中产生的。对我国高校档案馆（室）来说，口述校史档案工作是一个新的领域。清华大学是在国内高校中开展口述校史研究最早的学校。在清华校史研究工作中一直十分重视亲历者的述说和回忆。1959 年，清华大学成立校史编委会，针对学校不同历史时期、各个层面的工作积极开展口述档案的征集整理工作。进入 21 世纪，口述校史才成为高校工作中一个朝气蓬勃的新领域。中国科技大学在 1998 年学校 40 周年校庆之际，从档案中逐年挑选出若干重大历史事件编排成册，出版了《中国科学技术大学大事记》。2007年，广西师范大学启动了“口述历史”项目。2008年，北京语言大学启动了“北语名师对外汉语教学口述史系列丛书”项目。2012年，中国传媒大学成立了口述历史研究中心及口述历史博物馆，并提供一座约8000平方米的独立大楼作为工作场所保存、归类整理崔永元10年收集到的所有口述历史影像资料，并拟建成数字化存储检索系统。

在校史研究中，口述历史为研究者提供了宝贵的第一手资料。通过采访校友、教职员工和其他相关人士，我们可以深入了解学校的发展历程、重大事件以及人文环境等方面的内容。通过记录这些口述历史，可以使学校的历史更加完整和丰富。同时，口述历史还可以帮助学校建立起更为深厚的校友情感，促进学校的发展和传承。比如：遥想建校之初的那段岁月，很多老领导、老教师和我们这些学生至今记忆犹新。当时，学校办学条件十分艰苦，三座小红楼和礼堂是仅有的教学用房；教职工所住的平瓦房，破烂不堪，冬冷夏热，下雨就进水；仅有的一座伙房已年久失修，小水塔和两口机井水量不足，水质浑黄；校内整个排水系统始终没能妥善解决，致使不少洼地春夏秋是污水潭，严冬成溜冰场。但是，再艰苦的条件也没有挡住我校第一批创业者的步伐。寒冬腊月，学校领导和广大师生昼夜奋战，轮班推磨钻井，打出一眼深42米的机井。同时，全校师生挖路基、拌灰土、运石子、化沥青，亲手修建了学校第一条柏油路。学校第一批教学楼、宿舍楼和图书馆等也是在这一时期开工建设，至1981年，房舍建筑面积已从建校之初的不到2万平方米增加到了4.2万多平方米。

就是在这样的艰苦环境下，一批老山师人怀着创业梦想，扎根聊城，潜心学问，教书育人。入学后，每当在校园看到那些孜孜以求、朴实无华的老师们的身影，我们都投去崇拜的目光。中文系薛绥之先生主持的全国鲁迅研究重点项目，引起学术界广泛关注，在当时国内外鲁迅生平资料搜集和研究方面达到了最高水平。英语系的张传真、星兆钧、肖文学等老师讲课的情景历历在目，他们将自己所授的课程讲得出神入化。至今，回忆起到中文系听课时，薛绥之、张效之、史恩涛、贺德扬、王世舜、韩立群、

仲跻培等老一辈师长的风采，以及他们“拿学问当日子过”的治学精神，都令我感喟不已，心底产生无穷动力。（党委书记，李喆）

口述档案的征集，有助于弥补校史文献资料空白。目前高校档案馆主要征集教学科研、党政管理等方面的纸质资料，虽然数量巨大，但涉及内容偏向实务，对学校办学理念、文化传承等人文精神领域反映不够。而校史研究更多是历史文化领域的研究，需要从学校过往、师生交往中蕴含的小细节处汲取精神内涵，仅仅是常规档案不足以支撑校史文化研究进一步发展。此外，高校档案保存受外界环境影响，历史上曾发生的战争、历次政治运动都严重阻碍了我国高校办学，大量记载学校历程的珍贵文献资料遭到破坏；同时新中国成立初期档案管理制度不够完善，存档意识较为薄弱，缺少专职的档案管理工作者，本该归档的一些重要历史时刻都没能记录下来；甚至一些高校由于拆分合并，档案管理人员工作变动，发生档案遗失的严重问题。近几十年来，人们逐渐意识到缺少文献资料的紧迫性，高校办学史上的诸多空白亟须有亲历者来填补，其中最快速有效的方式就是口述档案采集。采访这些历史见证者或他们的后代，如实记录他们的亲身经历和感受，才能最大程度再现高校过往。

口述档案的征集，有助于丰富校史研究角度。随着几十年档案工作的发展，常规档案征集已经形成一套基本成熟的体系，归档的资料大多是制式文件，制作档案人员的立场也较固定。虽然真实记载了学校的部分发展历程，但叙事角度难免单一，受限于档案制作者自身的世界观和价值观，常规档案无法反映历史的全部真实面貌。想要客观公正地研究校史文化，就必须多面向、多层次地挖掘不同立场、不同身份的亲历者，卷入同一重大历史事件中有何不一样的过往和感受。口述档案采访可以自由选取不同身份背景的对象，让他们谈论同一议题，因为各自经历和立场的差异，讲述的内容必然有出入，如此才能真正打开研究校史文化的视野，从多角度体现高校办学历程中的各个侧面。

除此之外，口述历史对于学校的文化传承也有重要的意义。口述校史能够让师生更加深刻地认识到自己是学校大家庭中的一员，增强对学校的归属感和认同感。通过共同回忆学校的历史、共同传承学校的文化，师生之间的凝聚力得以提升，形成团结向上、共谋发展的良好氛围。口述校史是学校品牌形象建设的重要组成部分。通过讲述学校的辉煌历史、优秀传统和杰出成就，能够提升学校的知名度和美誉度，树立学校在社会上的良好形象。这种形象塑造有助于吸引更多的优秀学子加入学校大家庭，推动学校的持续发展。口述校史不仅包含了学校的历史事件和人物传记，还蕴含了学校的教育理念和价值取向。通过对这些内容的深入解读和传播，能够不断丰富学校文化内涵，提升学校的文化底蕴。口述校史是学校核心价值观的重要传播渠道。通过讲述学校的历史传统、优秀品质等，能够弘扬学校的核心价值观，引导师生树立正确的世界观、人生观和价值观。这种价值观的弘扬有助于形成积极向上的校园文化氛围，推动学校的精神文明建设。

综上所述，“口述史”档案正是要填补“正史”档案文献之不足，抢救学校文化记忆，以求真实、完整地保留学校各个时期的办学历史，从而加强对学校历史文化的守望和大学人文精神的塑造。

第二节　校友角色在校史中的体现

一、校友对学校发展的影响

校友资源是一种重要的、特殊的社会资源，在学校建设与发展中的地位日渐凸显，利用好校友资源将会加快高校发展的步伐。

首先，校友是支持学校发展的特殊资源。同时，高校的发展也离不开校友资源，这也促使很多知名高校将校友工作列为学校发展的重中之重，2015 年 10 月 24 日，国务院印发了《统筹推进世界一流大学和一流学科建设总体方案》，要求到 21 世纪中叶，我国一流大学和一流学科的数量和实力跻身世界前列，这对于资金原本就不宽裕的大学来说，凭借自身能力在短时间内形成这样的宏伟蓝图，几乎是不可能的。所以，我们要凝聚校友精神，汇聚校友力量，共同推进双一流大学的建设。其次，校友是学校发展建设的重要名片。学校能否发展取决于是否具有优质的生源、政府经济的支持、社会影响力等一系列的重要因素，要在众多高校中脱颖而出，必须有一定的竞争力，这就要求学校具有优质的基础设施以及良好的社会知名度和公信力。而校友正是学校精心培养的成果，同时也是学校向社会推出的一张张名片。最后，校友是学校联系社会的桥梁，学校的发展要与社会的发展相结合，通过校企合作，加强学校与社会的联系，建立一系列产学试验基地，促进学校与社会的双向发展。在此过程中，校友扮演着重要的角色，能打通学校通往社会的道路。

二、校友网络在校园文化建设中的作用

校友资源能够推进校友文化的形成与学校文化的建设，这在长期的发展实践中得到广泛认可。有美国学者指出，校友文化的作用可以落实到资金筹措，招生就业，提升学校影响力，提供政策素材，协调处理社会，政府和高校的关系五个方面，对校友资源的认识也从单纯的经济效益拓展到智力、精神等多方面。校友文化参与协同育人不但符合全员育人的理念，遵循育人规律，更凝聚起社会育人资源，使育人工作更有实效性。而由校友资源开发出的学校文化具有重要作用。2002 年 2 月和 5 月，教育部与省政府分别下文，批准了我校更名为聊城大学。筹备、论证、申请学校更名期间，我在学校办公室工作，全程参与了这项事关学校发展命脉的艰苦工程，见证了全校上下追求梦想、勠力前行、敢于超越的勇气与行动。可以说，从师范类院校到综合性大学，几代人的追求和奋斗终于结出了丰硕果实。这是学校发展史上的一个重要里程碑，是学校在 21 世纪再创辉煌的一个具有战略意义的转折点，为学校进一步发展跨越奠定了基础，也终结了山东西部没有综合性大学的历史，优化了我省高等教育的布局。

这一时期，我校逐渐形成了自身文化底蕴和大学精神。

再过 10 年，到建校 60 周年时，我校要大幅提升在全国高等教育格局中的地位，成为国内地方高校中首屈一指、对全国产生重要影响的高等

学府，实现季羡林先生为聊城大学揭牌题词时所希望的“流风余韵普及神州矣”。

校友资源体现在“立德树人”的学校文化中。这种校友文化和学校文化彰显着校友的榜样作用，这是高校思政教育的重要组成部分。中国政法大学在建校以来涌现出了一大批优秀校友，如热心公益、维护弱势群体权益的法律援助律师佟丽华，投身荒漠、防风治沙三千亩的检察官喻中升，在抗疫一线接送1000多位病人的湖北校友陈胜，等等，他们的身上体现着“厚德、明法、格物、致公”的法大校训，彰显着“经国纬政，法泽天下”“经世济民，福泽万邦”的法大精神，共同构筑起了校友文化，将这些事迹应用于育人工作，对打造大学精神大有裨益。同时，将这些校友“正能量”融入较为单一的校园文化后，在校生更能切实地感受到法大文化的传承，比仅仅依靠理论学习更加生动。

校友是学校全部人才培养质量的体现，是学校的宝贵财富和重要的教育资源。学校的建设发展和校友进步发展，学校的荣誉和校友对国家、社会的贡献紧密相连，而培养校友更是持续的过程，必须形成开发校友资源、传播校友文化的长效机制。必须时刻牢记“服务校友”的宗旨，培育在校生的校友意识，建立严密的校友服务体系，让校友在离开母校后也能感受到母校带来的温暖，这也更加符合校友资源利用的可持续性。

校友文化是大学文化的重要组成部分，对大学文化建设具有重要的引领、凝聚和支撑作用。将校友文化融入大学文化建设之中，有利于推进高校立德树人根本任务的落实。从校友文化与大学文化关系入手，从思想路径、组织路径、技术路径三个维度出发探究挖掘校友资源、凝聚校友力量、强化校友认同的实践进路，对通过校友文化建设强化大学生大学文化认同，发挥大学文化的育人效能具有重要意义。

总之，校友资源的重要性不言而喻。随着“互联网+”的迅猛发展，对校友资源的开发利用又提出了新的要求和挑战，如何能在做好“服务校友”的基础上创造性地开发校友资源，是我们每一位校友工作者下一步必须思考的问题。

三、校友成功故事对学校品牌的贡献

校友是学校的名片，校友对外展现的综合素质对母校声誉和形象会产生最直接的影响。校友工作是高校发展的重要环节，校友文化建设更是一所大学文化底蕴的拓展和延伸。在“三全育人”的理念中，校友还是支撑高校建设和发展的主要力量之一，校友资源服务到全员育人的各项事业中，贡献于全程育人的学生发展中，体现在全方位育人的教育理念中。高效利用校友资源，创新开展校友工作能为校友反哺母校、回馈母校打造桥梁，使校友成为实现“三全育人”体系的重要一环。

首先，校友工作可以通过信息媒介进行宣传，如校友微信群、学校校友服务微信公众号、校友会网站等。认真记录、撰写、分享优秀校友事迹，弘扬学校的精神和品格，及时提供校友和在校生关注的学校信息，弘扬学校的正能量，将校友名片效应融入学校的影响效应之中。

其次，全国各地的优秀校友起到了为高校“开枝散叶”的作用，各个地方校友会通过凝聚各地校友的力量，对优秀校友们进行发现和培养，整合了地方校友们的力量，在全国范围内塑造学校形象。

最后，校友资源的开发源自校友服务，我们的校友工作也必须严格以为校友服务为出发点，秉持着终身服务的宗旨，结合自己的平台优势为校友发展“搭台唱戏”，在提升校友资源优势的过程中不断实现合作共赢。

在当今社会，学校的品牌建设已经成为提升学校影响力和竞争力的重要手段。而校友的成功故事，作为学校品牌建设中的一张亮丽名片，不仅展示了学校的育人成果，也为学校吸引了更多的关注和赞誉。本文将从多个角度探讨校友成功故事对学校品牌建设的重要作用。

校友成功故事是学校教育成果的生动体现。每所学校都以其独特的教育理念和育人模式，培养出了一批又一批的杰出校友。这些校友在不同的领域取得了卓越的成就，他们的成功不仅是个人能力的体现，更是学校教育成果的缩影。通过宣传和展示校友的成功故事，学校能够向社会展示其教育理念的先进性和育人模式的有效性，从而提升学校的品牌形象。

校友成功故事为学校吸引更多的优质生源，吸引更多有潜力和志向的学生报考学校。这些学生通过学习和成长，不仅能够在学校中接受优质的教育资源，更有可能成为未来社会的杰出人才，为学校的品牌建设添砖加瓦。因此，校友成功故事在吸引优质生源方面，起到了不可替代的作用。

校友成功故事为学校的社会声誉增添了厚重的一笔。我校优秀的教学团队，取得的教研成果《高师语文学科专业技能培养规程》获得全国普通高校优秀教学成果国家级一等奖，产生了广泛社会影响。校友在不同领域取得的成就，往往能够引起社会的广泛关注和认可。这些成就不仅为学校赢得了荣誉和赞誉，更为学校在社会上树立了良好的口碑。当社会提及这些杰出的校友时，自然会联想到他们的母校，从而增强了对学校的认同感和信任感。这种信任感对于学校的发展至关重要，它能够为学校创造更多的发展机遇和合作空间。

校友成功故事还为学校的产学研合作提供了有力支持。许多校友在毕业后，不仅在各自领域取得了显著成就，还积累了丰富的行业资源和经验。通过与这些校友开展产学研合作，学校不仅能够获取最新的行业信息和技术动态，还能够促进科研成果的转化和应用。这种合作不仅有助于提升学校的科研水平和社会影响力，还能够为学校带来更多的资源和支持。

校友成功故事对学校品牌建设的作用不容忽视。它不仅是学校教育成果的展示，也是吸引优质生源和社会认可的重要途径，更是学校产学研合作的有力支持。因此，学校应该充分重视校友资源的挖掘和利用，通过宣传和展示校友的成功故事，为学校品牌建设注入更多的活力和动力。同时，学校也应该继续深化教育教学改革，不断提升教学质量，为培养出更多优秀的校友奠定坚实的基础。

第三节　教育叙事与身份认同

教育叙事在塑造校友身份、建立校园文化与校友认同感，以及形成校史故事与校友共鸣方面发挥着至关重要的作用。通过共享的经历、价值观和记忆，教育叙事不仅加深了校友对学校的情感联系，也强化了他们在社会中作为校友的身份认同。

一、教育叙事在塑造校友身份中的作用

校友身份，指的是个体在某一学校接受教育后，因对该校的认同、情感联系和归属感而形成的身份认同。它不仅包括学术成就，还涵盖了在校期间的经历、人际关系、校园文化等多个方面。校友身份是个体社会身份的重要组成部分，对于个体的职业发展和人生轨迹产生深远影响。教育叙事通过讲述学校的历史、成就、挑战及其克服过程，塑造了校友共享的身份基础。这些叙事不仅包含了学校的官方历史，也融入了校友个人的经历和感受，使校友能够在这些故事中看到自己的一部分，从而加强了他们作为该校校友的身份感。

教育叙事通过讲述发生在校园中的故事，让校友在回忆中重温那段美好的时光，从而增强其对母校的认同感和归属感。同时，教育叙事所传递的价值观、精神追求和校园文化，也是塑造校友身份的重要因素。因此，教育叙事与校友身份之间存在着密切的关联。

教育叙事通过讲述学校的历史和传统，使校友深入了解学校的文化底蕴和价值观。这些故事不仅让校友感到自豪，还激发了他们对学校的归属感和认同感。通过传承学校文化，教育叙事帮助校友构建了一个共同的精神家园，使他们在离校后依然能够保持与学校的紧密联系。

教育叙事通过讲述教育故事，传达了学校的教育理念和精神追求。这些故事往往以师生互动、学生成长为核心，展示了学校在教育过程中的智

慧和成果。通过弘扬教育理念，教育叙事激发了校友对教育事业的热爱和责任感，促使他们为教育事业的发展贡献自己的力量。

教育叙事通过讲述学校的发展历程、师生故事等，使校友感受到学校大家庭的温暖和力量。这些故事让校友之间产生了共同的情感和记忆，增强了他们之间的凝聚力和归属感。在校友聚会等活动中，通过分享这些故事，校友们能够迅速拉近彼此的距离，形成紧密的校友网络。

教育叙事不仅关注学校的过去和现在，还展望未来。通过讲述学校的发展规划和目标，教育叙事激发了校友对学校未来的期许和责任感。校友们愿意为学校的发展贡献自己的力量和智慧，共同推动学校不断前进。这种责任感和使命感使得校友与学校之间形成了更加紧密的联系，强化了他们的校友身份。

为了塑造校友身份，学校需要深入挖掘自己的历史和文化，整理出一系列具有代表性和感染力的教育叙事。这些故事应该能够体现学校的核心价值观和教育理念，让校友在故事中感受到学校的独特魅力。

在教育叙事的传播过程中，学校可以采用多种呈现方式，如校史展览、纪录片、微电影等，以吸引不同年龄和兴趣爱好的校友。同时，学校还可以利用社交媒体等网络平台，将教育叙事传播给更广泛的校友群体。

学校应积极邀请校友参与教育叙事的创作和传播过程，让他们成为故事的主人公和讲述者。这不仅可以增强校友的归属感和自豪感，还能为学校的教育叙事注入更多的活力和真实感。

随着时间的推移，学校的教育叙事需要不断更新和完善。学校应建立持续更新机制，定期收集新的教育故事和成果，为校友提供更多了解学校的机会和渠道。

教育叙事在塑造校友身份中发挥着重要作用。通过传承学校文化、弘扬教育理念、增强校友凝聚力和激发校友责任感与使命感，教育叙事帮助校友构建了一个共同的精神家园，使他们在离校后依然能够保持与学校的紧密联系。为了充分发挥教育叙事的作用，学校需要深入挖掘学校历史与文化，采用多元化呈现方式，加强校友互动与参与，并建立持续更新机制。

只有这样，才能让教育叙事成为塑造校友身份的有力工具，为学校的长远发展奠定坚实基础。为了充分发挥教育叙事在塑造校友身份中的作用，本文提出了以下实施策略与建议：首先，高校应重视教育叙事的建设，将其纳入课程体系和校园文化建设中；其次，加强校友联络和沟通，通过定期举办校友活动、发布校友通信等方式，让校友能够持续关注母校的发展；最后，充分利用新媒体平台，通过社交媒体、官方网站等渠道，广泛传播母校的故事和文化，吸引更多校友的关注和参与。

教育叙事强调个人经历与教育内容的结合。将个人的成长故事、学习体验融入教育中，能够激发学生的学习兴趣，增强他们的学习动力。同时，这种结合也让学生更加深刻地理解教育内容，提高学习效果。教育叙事能够帮助学生和教师共同构建学校的共同记忆。通过讲述学校的历史事件、杰出校友的故事等，能够激发师生对学校的热爱和归属感，形成学校的独特凝聚力和向心力。教育叙事不仅关注学校的历史，也关注学校的现在和未来。它通过将历史与现在相结合，让学生和教师能够从中汲取智慧，为学校的未来发展提供借鉴和启示。

二、校园文化与校友认同感的建立

校园文化，简而言之，是指在学校内部形成的一种特有的文化现象，涵盖了学校的传统、价值观、行为准则、校园风气以及由师生共同创造的精神财富和物质财富的总和。这种文化不仅仅体现在学校的规章制度和课程设置上，更渗透在师生的日常行为、思维方式和校园的物理环境中。

校园文化对学校的整体发展和学生的个体成长具有至关重要的作用。一种健康、积极向上的校园文化能够激发学生的归属感和自豪感，促进他们的全面发展。同时，校园文化也是学校对外展示自身特色和教育理念的重要窗口。学校文化是一所学校的灵魂，它包括了学校的核心价值观、教育理念、历史传统、校风学风、校园环境等多个方面。一种健康的学校文化可以为学生提供良好的成长环境，培养他们的道德品质、学术精神和社会责任感。同时，学校文化也是学校品牌的重要组成部分，对于提升学校的社会声誉和影响力具有重要意义。

校友认同感，是指校友对母校的认同程度和情感联结。这种认同感源于校友对母校文化的理解和接受，以及他们在母校度过的美好时光。强烈的校友认同感能够激发校友对母校的归属感和荣誉感，促使他们为母校的发展贡献自己的力量。

校友认同感与学校文化之间存在着密切的联系。一方面，学校文化为校友认同感提供了土壤和养分，使得校友能够在其中找到自己的归属感和价值感；另一方面，校友认同感又能够反过来促进学校文化的发展和传承。校友们在离校后，会将在母校所接受的教育和文化带入社会，并通过自己的言行举止为母校的文化做出贡献。

学生荣誉的设立能够肯定成绩优秀的学生所付出的努力，勉励他们始终保持进取精神，努力成为学校的荣耀。定期举办在校生与毕业校友共同参加的学术研讨会，与会者除了在学术方面进行深度探讨，还能参加学校组织的各种非学术活动，学生以活动主角的身份展示研究项目、科研成果，并由学校教授与杰出校友给出评价和建议。通过这样的活动，在校生不仅能在学术领域收获知识与经验，更能广泛地与全球各校区师生、业界杰出校友建立联系，极大地促进自身的发展。同时，被邀请到场的校友也得到了自身价值的实现，其尊重与自我实现需求得到满足。学术研讨会体现了“在校生即校友”的理念，学生在活动结束后可以持续对这些经历进行体悟，进而强化他们对学校的认同。

校园文化与校友之间的关系密切而微妙。一方面，校园文化是校友认同感建立的重要基础。另一方面，校友的参与和反馈又不断丰富和完善着校园文化。这种互动关系使得校园文化和校友认同感相互促进、共同发展。

丰富多彩的校园文化活动对于增强校友认同感具有显著作用。通过举办各种学术讲座、文艺演出、体育比赛等活动，不仅能够丰富师生的课余生活，还能加强他们之间的交流和合作，增强其对学校的归属感和认同感。

传统和仪式是校园文化中不可或缺的元素。它们承载着学校的历史和记忆，通过定期的庆祝和纪念活动，将学校的价值观和精神传统传递给每一位师生。这种传承不仅加深了师生对学校的了解和认同，也为校友提供了维系母校情感的纽带。

校园环境和建筑设计是校园文化的重要载体。美丽、舒适、富有特色的校园环境能够给师生带来愉悦和自豪的感受，增强他们对学校的认同感和归属感。同时，建筑设计也是展示学校文化理念和教育特色的重要手段。

通过培养校友的认同感，可以增强校友对母校的归属感和自豪感，激励他们为学校的发展和荣誉而努力奋斗。

总的来说，培养校友认同感有助于构建一个紧密联系的校友社区，促进校友与学校之间的合作与互动，共同推动学校的发展和进步。以下是培养校友认同感措施：

1. 加强校史教育：通过开设校史课程、举办校史讲座等方式，让校友了解母校的发展历程和辉煌成就，增强他们的自豪感和荣誉感。

2. 举办校友活动：定期组织校友聚会、座谈会等活动，为校友提供一个交流和互动的平台，增进彼此之间的了解和感情。

3. 建立校友联络机制：建立完善的校友联络机制，保持与校友的定期沟通和联系，让他们时刻感受到母校的关怀和温暖。

4. 推广校园文化：通过校园网站、社交媒体等渠道，积极推广母校的校园文化和价值观，让校友在离校后仍能够感受到母校的文化氛围。

5. 随着社交媒体和网络的普及，校友网络和社交平台成为建立校友认同感的新途径。通过这些平台，校友可以保持与母校的紧密联系，分享自己的经验和感悟，参与母校的各项活动。同时，这些平台也为母校提供了一个向校友展示自身发展和成就的重要窗口，进一步增强了校友对母校的认同感和荣誉感。

随着社会的不断发展和变化，校友认同感的培养也面临着新的挑战和机遇。一方面，随着校友群体的不断扩大和多元化，如何满足不同校友的需求和期待成了亟待解决的问题；另一方面，随着数字化和网络化的发展，如何利用新媒体和互联网技术来更好地推广母校文化和培养校友认同感，也成为新的挑战和机遇。因此，我们需要不断完善和创新校友认同感的培养方式和方法，以适应时代的发展变化。

总之，校友认同感对于学校文化的传承和发展具有重要意义。通过加强校史教育、举办校友活动、建立校友联络机制等措施，可以有效地培养校友的认同感和归属感。同时，也需要不断评估和改进培养措施的效果，以适应时代的发展变化。相信在全校师生的共同努力下，我们一定能够打造出一个具有凝聚力和向心力的校友群体，为母校的发展做出更大的贡献。

三、校史故事与校友共鸣的形成

每一所学校都有其独特的历史和故事，这些故事不仅是过去的回忆，更是连接现在与未来的桥梁。

回顾过去50年的发展，我校之所以能够在艰难中起步、在曲折中前进、在困境中崛起、在发展中壮大，得益于坚持社会主义办学方向，坚持贯彻党的教育方针，坚持遵循高等教育规律，坚持发展是第一要务等国内众多发展较快的大学都在坚持的发展经验。对于校友而言，校史故事不仅是他们共同的记忆，更是他们情感的归宿和身份的象征。本文将探讨校史故事如何与校友产生共鸣，并分析这种共鸣形成的原因。校史故事是一所学校文化的重要组成部分，它记录了学校的成长历程、教育理念、师生风采和辉煌成就。这些故事不仅是过去的回忆，更是学校精神传承和文化积淀的体现。通过了解校史故事，校友能够深入了解学校的文化内涵，感受学校的发展脉络和传承精神。校史故事，尤其是那些反映学校精神、价值观和社区生活的故事，能够在校友之间产生强烈的共鸣。这种共鸣不仅基于对过去共同经历的回忆，也源于对学校价值和使命的共同认同。

校史故事往往与校友的个人经历紧密相连，他们或许亲身经历过那些故事中的场景，或许听说过那些故事中的传奇人物。这些共同的情感体验使校友对学校产生深厚的情感共鸣，从而使他们愿意为学校的发展贡献自己的力量。校友是学校的骄傲和代言人，他们希望通过自己的努力和成就彰显学校的荣誉。校史故事作为学校的重要符号，成为校友身份认同的源泉。通过了解校史故事，校友能够深刻认识到自己与学校之间的紧密联系，从而更加珍惜和维护自己的校友身份。校史故事中的辉煌成就和艰难历程，让校友对学校的发展充满信心和期待。他们愿意为学校的未来贡献自己的力量和智慧，共同推动学校不断前进。这种使命感与责任感是校友共鸣的重要组成部分，它促使校友积极参与学校的各项活动，为学校的发展出谋划策。

校友与学校的情感共鸣，为学校的品牌形象塑造提供了有力的支持。校友在社会各界的影响力，使他们对学校的认同和热爱成为传播学校品牌形象的重要渠道。这种正面的社会传播不仅提高了学校的知名度，也提升了学校的社会声誉。

情感共鸣促使校友之间形成紧密的联系网络，这种网络在信息传递、资源共享等方面具有独特的优势。校友之间的合作与交流，不仅推动了个人事业的发展，也为学校的发展注入了新的活力。

校友与学校的情感共鸣，使校友对学校的发展充满责任感和使命感。他们愿意为学校的发展贡献自己的力量和智慧，积极参与学校的各项活动，为学校的未来出谋划策。这种社会责任感在推动学校发展的同时，也促进了社会的和谐与进步。

学校应该深入挖掘自己的历史和文化，整理出一系列具有代表性和感染力的校史故事。这些故事应该通过校史馆、宣传栏、校园网站等多种渠道进行展示和传播，让更多的校友了解和感受到学校的魅力。

学校可以定期举办校友交流活动，邀请校友分享他们在学校的生活经历、创业故事等。这些真实的故事不仅能够激发其他校友的共鸣和兴趣，还能够增进校友之间的情感联系。

学校可以将校史故事与现代教育理念相结合，开展形式多样的教育活动。例如，可以通过主题班会、讲座、实践活动等方式，让校友在参与中感受到学校的教育理念和育人精神，从而更加深入地理解和认同学校的文化价值观。

第四部分

综合分析与展望

第七章　综合分析与研究展望
——地方大学转型发展之路

关注教育叙事理论在地方性大学校史研究中的应用和贡献，特别是如何通过教育叙事推动校史研究和大学发展思路的创新，对大学的发展具有重要意义。

在当前社会环境下，高等教育正面临着前所未有的挑战和机遇。传统的大学发展模式已无法完全满足人们对教育的多元化需求，因此，我们需要探索新的发展思路，以适应时代的变化。地方大学转型发展既是新一轮产业技术革命背景下经济产业结构转型升级和创新驱动发展的迫切要求，也是贯彻落实国家对高等教育分类发展整体战略部署，加快教育综合改革、建设现代教育体系的重大举措。在这个过程中，教育叙事作为一种新的教育理念，为我们提供了一个全新的视角。教育叙事强调个体在教育过程中的主观体验和故事性表达，注重发掘和传递个体的生活经验、价值观念和知识技能。通过教育叙事，我们可以更好地理解学生的需求和兴趣，培养他们的自主学习能力和创新精神，从而提高教育质量。以教育叙事的角度推动大学发展，需要从目标、途径等方面进行转变。总之，从教育叙事的角度出发推动大学发展，是一种关注学生个性化发展、提高教育质量的新思路，我们可以为大学的发展注入新的活力，培养更多具有创新精神和实践能力的人才。

第一节 教育叙事引领明确“转什么”

地方性大学在当前教育改革的大背景下，面临着转型与发展的关键时期。只有从教育叙事的角度深入分析现状，明确转型与发展方向，地方性大学才能在新时代背景下实现内涵式发展，为我国高等教育事业作出应有的贡献。

一、培养目标的转型：知行合一，学以致用

人才培养始终是高等学校的第一职能，创建高水平应用型大学，要突出“学以致用”的特征，强调“知行合一”的达成，从偏重于培养学术性、研究性人才培养体系，向重点培养高层次、高素质、创新性、应用型人才转型。一要在专业技术教育中融入职业元素，处理好理论与技能、基础性和职业性的关系，围绕专业理论进行学习，实现学习、技术、职业三者的有机结合，使学生既有一定理论水平，又掌握企业、行业所需的基本技能。二要在一般的专业训练基础上促进学生综合素质的提高和创新性能力的发展，使学生能够学以致用、全面发展。三要兼顾学生的差异性，对培养目标进行多元化设计，实现学生的个性发展，为地方和行业、企业培养各类高层次应用型人才。各专业都要根据这一培养目标，在明晰专业定位的基础上，根据专业所对应的行业或岗位群的基本素养和核心能力，确定专业所要培养人才的知识、能力和素质，细化培养目标要求，实现专业知识与立德树人的有效融通。

二、教学内容的转型：能力导向，实践逻辑

我国往往按照纯学术的逻辑，以学科知识体系为核心构建教学内容体系，课程设置及教材编写不仅缺乏行业产业的参与，而且不能根据地方产业需求和人才技能需求来设计。高水平应用型大学教学内容的确定，必须打破学生所学一切内容来自已经建立的学科课程的局面，按照通识教育与

专业教育相结合、知识分类与行业分类相结合、课程结构与职业需求相结合、理论教学与实践教学相结合的原则，构建依托学科、面向应用、理论与实践相互渗透、平台加模块的教学内容体系。教学内容改革的重点是以培育一流课程和强化应用型课程群建设为牵引，以产业技术进步驱动课程体系教学内容改革，将新产业、新业态、新技术、新模式融入课程建设。整合专业基础课、核心课、专业技能应用和实验实习课，加强专业基础课与专业技术课、理论教学与实践教学的衔接，增加地方性教材资源，开发面向行业和企业的特色课程，将创业课程和行业准入标准融入整个课程体系，充分体现与地方产业需求的对应性、与地方经济社会发展的适切性，形成以用为本、突出学生实践能力培养的课程群和课程模块，促进课程体系向“技术逻辑体系”转变。

三、教学方法的转型：产学结合，学用联结

在传统的培养模式中，学校总是处于劳动力市场的后台，而企事业等用人单位处于前台。由于学校孤立于劳动力市场之外，对劳动力市场上的信息缺乏了解，或者反应迟钝，造成前后台脱节，培养的人才不适应经济社会发展的需要。应用型人才培养教学方法的转型就是要从劳动力市场的后台走向前台，参与到地区人力资源的配置中去，建立产学研结合、学用紧密联结的教学模式，积极推广项目导向、任务驱动、教学做合一、情境体验、案例教学、模拟教学、探究教学等。要立足实践应用，尽量避免过多的理论灌输和空洞说教，采用技术应用与创新项目教学等行动教学方法，重点培养学生认识问题、分析问题和解决问题的能力。要加强与行业企业的联系，开展多种形式合作，聘请成功的、有经验的管理者来学校兼职，或举办讲座，开阔学生的视野，引导学生早早地接触实际问题，培养独立工作能力和创新意识。

四、教学条件的转型：产教融合，校企合作

以深化产教融合、校企合作为牵引，搭建“多元协同、支撑有力、融

通共享”的教学平台。一是建设校企一体、产学研一体的实验实习实训中心（基地）。建立健全以大工程为背景、面向全体学生的工程基础训练与基础实验平台，以专业能力与职业素养培养为主线、以一级学科为依托的专业实践平台；建立健全校企合作基地，让学生在真实环境中开展顶岗实践，真刀真枪地去实践锻炼，在提升职业素养的过程中培养实际工作能力和职业精神。二是建立现代产业学院。突破传统依托单一生产主体建立的实习基地承载能力有限、企业融入性差、过程监控困难等限制，对接产业园区、行业龙头企业、地方政府，在合作共建浪潮信息技术学院和现代电影产业学院的基础上，推进建成集成电路、化学储能、智能制造、人工智能、数字经济等现代产业学院和未来技术学院，建立“全过程、一体化”产教深度融合模式，使之成为人才培养基地、创新创业教育基地、学生就业基地和科研成果转化基地。三是创建现代产业研究院。将学校的科研团队与产业集群连接起来，打破教师科研的封闭式循环，延伸研究的链条，开拓教师科研的空间，为企业创新提供精准的智力支持和技术支撑。

五、教学人员的转型：双师双能，专兼结合

建设高水平应用型大学，要把具有培养双师素质、双能素养和具有应用科学技术研究、成果转化及产学研合作能力，作为应用型高校教师专业成长的主要目标。一是要加大“双师型”教师的引进。围绕专业人才培养需要，根据“破五唯”的要求，引进有行业背景和行业经验的教师，聘请行业、企业优秀专业技术和管理专家担任学校的兼职教师，加大行业、企业兼职教师在学校教师团队中的比例。二是要加强教师“双能”培养。制订完善的教师“双能”培养培训计划，定期选派教师到行业、企业挂职锻炼，使他们了解行业企业生产、管理和服务一线工作要求，培养他们的实践应用能力。加强对兼职教师高校教学能力的培训，使他们具备高校的教学能力。有计划选派青年教师到高校进修学习，以提高他们的专业理论能力。用一句通俗的话来说，就是“既能进得了课堂，又能入得了厂房”。三是要加强实践教师队伍建设，要根据不同学科专业的实践教学要求配备足够

的实践教师，通过政策导向和制度设计吸引优秀人才加入实践教师队伍中，鼓励理论教学教师，特别是高水平的理论教学教师从事实践教学。四是要着力提升教师队伍应用学术研究能力，强化教师队伍对于现实问题的敏感意识，提高其解决实际问题的能力，以及面向经济社会发展设计教学内容与思考科研课题的能力，推动科研活动的实践性以及知识和技能的持续更新，实现应用性研究与人才培养之间的持续良性互动循环。五是要改革教师管理制度建设，建立与应用型人才培养相适应的教师评价制度、绩效考核、职称评聘、薪酬激励和科研成果奖励等制度，引导教师投身教学、开发实验实践项目、开展有利于应用型人才培养的应用研究，形成能转化为服务社会的应用研究成果。

六、教学评价的转型：多元考核，重在效果

推动高素质应用型人才培养，要从评价学生的知识结构与能力结构、教育教学过程等方面入手，从偏重理论知识考核转向注重实践能力的考核，从偏重显性的基本理论知识，转向提出问题、分析问题、解决问题等综合能力的考核。在考核形式上，以健全完善应用能力考核和过程考核体系为牵引，深化考试方法改革，改变过去以笔试为主的单一考核方式，鼓励课程负责人根据课程的特点，进行多种方式、多个方面的考核，在注重基础理论考核的同时，更加注重应用能力和实践动手能力的考核，包括采用案例分析、项目设计、软件开发、论文或调查报告、作品创作与展演等多种方式考查学生的实际应用能力等。同时，要改变以往对课程质量印象式、粗略化、主观性的评价方式，逐步做到定性与定量相结合、宏观与微观相结合、主观印象与客观标准相结合，提高教学质量考核与评价的科学化水平。

第二节　教育叙事引领谋划“如何转”

地方性大学在转型过程中，除了需要明确转型的方向和目标，还要确

定具体的策略与路径。创建高水平应用型大学是一个系统工程，既要重视宏观站位、顶层设计和目标引领，又要脚踏实地，敢于创新，努力探索出一条适切的一流建设路径。“十四五”以来，聊城大学坚持定“根”在区域，定“魂”在育人，定“位”在应用，定“标”在高水平，深化校内、校地和校企“三大融合”，推动高水平应用型大学建设增活力、创特色、见实效。因此，我们要按照“稳定规模、调整结构、明确定位、深化改革、融合发展”的总原则，统筹规划、综合施策，坚持不懈、久久为功，落实“真目标”，实现“真转型”，确保“真成效”。

一、落实办学定位

从教育叙事的角度来看，地方性大学需要明确自身的发展定位，发挥自身优势，紧密结合地方需求，提高教育教学质量，加强对外交流与合作，为实现内涵式发展奠定坚实基础。地方性大学需要深入挖掘和传承自身的历史文化底蕴。每所大学都有其独特的历史背景和文化传统，这是大学发展的重要基石。通过教育叙事，大学可以将其独特的历史文化融入教育教学过程中，形成自己独特的办学特色和优势。坚守高水平应用型办学定位，以服务国家战略和经济社会发展需求为己任，积极构建与学生、地方、企业、社会有机融合的关系，构建定向于行业、定性于专业、定型于应用、定位于教学、定格于实践的应用型办学格局。强化以育人为本、以学生为主体的办学理念，以厚植学科基础为前提，以融合专业课程体系为支撑，推动形成人才共育、资源共享、融合赋能的高质量内涵式发展模式。地方性大学在当前教育格局中扮演着重要的角色，因此，面对日益激烈的竞争，这些大学需要明确自身的发展定位，以实现持续、健康的发展。

二、突出专业引领

地方性大学在转型过程中，承担着专业结构优化的重要任务。优化专业结构旨在通过对现有专业的调整和优化，提高人才培养质量和适应社会需求的能力。高水平应用型大学建设需要高水平专业建设支撑，高水平专业建设的最终目标是培养高水平的人才，需要依托专业建设这个平台整合升级课程、教师、教学、学生及教学方法等资源。一是科学制定专业发展规划，建立“动态调整、融合发展”的专业群建设发展机制。重构贯通知识和实践的课程体系，请教育专家、优秀企业家、行业专家500余人共同参与论证，打造“厚基础、重实践、强能力”的专业人才培养课程体系，将通识教育、专业教育、实践创新创业教育有机融为一体。聚焦政府、企业、学校、学生四方需求，对接“四新”优化专业布局，巩固理科传统优势，凸显新文科特色，打造新工科亮点，构筑新农科高地，培育新医科基础，确保优势、特色专业重点发展，骨干专业稳定发展，新兴急需专业培育发展，饱和专业控制发展，结构合理、联系紧密、优势互补、资源共享的区域特色专业集群系。二是建立健全学校专业增设、淘汰、改造的动态调整机制。改造提升传统专业，及时将产业新科技、行业新动态、学科新进展转化为学科专业知识，赋予其新的课程体系、教学内容、技术装备和研究方向，增加专业的高新技术附加值，扩大其适应面，增强专业集群生命力；开发新专业，对地方经济转型的行业新趋势、新需求保持敏感度，及时理性拓展区域特色鲜明、人才需求旺盛、发展前景良好的新专业；培育跨学科专业和新兴交叉融合专业，打造一批与区域经济、行业发展的支柱产业、主导产业、重点产业相支撑的特色品牌专业。三是校企合作开展专业建设。校企双方要打破“表层”合作，以学生持续发展为目标，共同制定人才培养方案、课程大纲和评价、共同推进课程资源、课程教材建设，确保人才培养质量。

三、狠抓专业认证

高站位谋划、高起点建设、高标准要求，以“师范”“工程教育”两类认证为引领，充分发挥专业认证在教育教学观念更新、人才培养架构重建、教学资源保障支撑等方面的“推进器”“配置器”“孵化器”功能，将专业认证作为推进教育教学改革、提高人才培养能力、形成高水平人才培养体系的重要抓手。通过专业认证，倒逼“以学生为中心”的理念落地落细，构筑起学生“知识、能力、素质、责任”四位一体、全面健康发展成长体系，植入认证新理念，从人才培养方案制定、教师教学理念对接、教学实践组织实施、结果成效检测考量等环节，引导广大教师积极探索教学改革，使人才培养目标明确化、培养方案科学化、培养过程规范化，实现“以教师为中心”的教学向“以学生为中心”的教学转变，通过构筑教学质量监控机制、毕业生跟踪反馈和社会评价机制，不断深化完善基于学习效果和评价结果的持续改进机制，进一步推动培养目标、毕业要求、课程体系、课程大纲、课堂和实践教学、教学管理、教学条件等方面持续改进提升，最终形成人才培养的闭环质量监控体系，带动应用型专业集群的整体提升。

四、强化校企融合

在当前社会经济发展的背景下，地方性大学如何转型，以更好地适应市场需求，培养符合社会需要的人才，成为一个亟待探讨的问题。“十四五”以来，聊城大学加快推进省市共建、城校融合步伐，与聊城市和聊城各县区签署城校融合发展协议等一系列各层面全领域协议，推动实施学科产业对接、高端人才汇聚、基础教育示范、产业升级助推、创新平台培育等“十大工程”，聚焦创新驱动发展战略，推动校企合作走向更高层级、更具深度、更高水平的校企融合，实现创新链、产业链、教育链、人才链“四链联动”。对此，地方性大学应加强与企业的合作，通过教育叙事的角度，明确转型方向。一是建立行业企业参与的治理结构。二级学院将产教融合、校企合作作为学院工作的重要内容，试点设立由企事业单位参与的学院理事会（董事会），履行对学院学科建设、专业设置、人才培养等重大问题的审议、指导、咨询、监督和协调等职权。二是建立校政行企协同育人机制。二级学院要全面推行与政府、科研院所、行业企业联合培养人才的改革，共同制定人才培养方案、共同开发课程与教材、共同组织教师团队、共同建设高水平实验室、共同建设综合性实习与就业基地、共同参与人才培养质量评价。三是搭建院地、院企合作平台。将融入地方经济社会发展作为转型发展的重要突破口，在治理结构、发展规划、人才培养、技术创新、继续教育等方面实现紧密结合，在教学、科研等基础设施建设方面实现共建共享。行业特点明显的二级学院可以与行业部门、行业组织、大型企业实行共建共管或共同组建合作平台。二级学院要与企业签订实质性合作协议，多方位建设人才培养协同创新中心，推动实质性、深层次的产教融合、协同育人。例如，聊城大学紧密对接山东“十强产业”，与知名企业共建聊大科创轻型太阳能电池工程中心等50余家合作平台与高端智库，还与聊城市高新区共建的大学科技园，致力构建“大学＋众创空间＋孵化器＋科技园”的全链条孵化体系。

五、充实教学内容

针对应用型人才培养目标，丰富应用型教学内容：一是持续推进学做相融，把实践贯穿应用型人才培养全过程，让学生在理论学习过程中穿插实践环节，突出产业体验，让学生对即将进入的领域应该有比较详细的了解，包括行业战略规划、产业国际国内背景、产业在社会发展中的地位以及产业发展对处于不同岗位上从业人员的素质要求和继续教育的方向，推动理论与实践相互交融，螺旋上升。二是增加研究性、创新性实践，引导学生参与科技竞赛和创新创业大赛，以赛促学，让学生参与教师科研项目，开展合作研究；聚焦服务型实践，吸引学生加入科技小分队，在教授、博士团队带领下深入企业开展科技服务，在新时代的伟大实践中培养工程实践能力、应用创新能力。三是强化专业教育和思政教育的融通，比如理学、工学类专业课程要注重强化学生工程伦理教育，培养学生精益求精的大国工匠精神，激发学生科技报国的家国情怀和使命担当；农学类专业课程要在课程教学中加强生态文明教育，注重培养学生的“大国三农”情怀；医学类专业课程要在课程教学中注重加强医德医风教育、医者仁心教育等。

六、改革教学方法

积极推进教学手段和教学方法改革，推动课堂教学从“以知识传授为中心”向“以能力为中心”转变。一是大力开展课堂研究性教学，探索研究性、探讨式、互动式、启发式等多种教学方式，科学引导学生解放思想，鼓励学生善于动手，勇于突破“范式”，主动参与创新。二是充分运用信息化教学手段，逐步建立知识、能力、素质、智慧综合培养的“四维”课堂教学标准，着眼于学生的全面发展和可持续发展，充分发挥课程在知识传授、能力培养、素质建构、智慧开发等方面的作用，着力提高学生的自主学习能力、与人合作能力、自主决策能力、收集处理信息能力、解决实际问题能力、自我提升能力、发明创造能力。三是更多地运用基于实际应用的案例教学、项目教学方法，提高专业课程运用真实任务、真实案例教学的覆盖率。

七、完善教学设施

将现代信息技术全面融入教学改革，推动信息化教学、虚拟现实技术、数字仿真实验、在线知识支持、在线教学监测等广泛应用，通过校校合作、校企合作联合开发在线开放课程。加强实验实训教学基地建设。根据生产、服务的真实技术和流程构建知识教育体系、技术技能训练体系和实验实训实习环境，建立校企一体、产学研一体的大型实验实训实习中心。统筹各类实践教学资源，构建功能集约、资源共享、开放充分、运作高效的专业类或跨专业类实验教学平台。全面优化应用型大学办学设施，完成工程技术与现代农业产教融合项目建设，提升实验实训楼使用效益：建立公共实验管理平台，提高大型科研设备的利用率和大型仪器设备共享率。

八、深化综合改革

向应用型转变不是单项、局部的改革，而是从全局、整体、系统的角度设计、实施和推动综合改革。要坚决克服路径依赖，坚决消除“新办法不会用、老办法不管用、硬办法不敢用、软办法不顶用”的弊端，主动谋划推进各领域的改革创新。要推进治理体系转型，坚持和完善党委领导下的校长负责制，建立政府、行业、企业深度参与的学校理事会、董事会和学院专业理事会、专业指导委员会等制度，全面激发应用型大学办学活力。要加强党的全面领导，坚持问题导向、标本兼治，注重长效、专项实施，落实新时代教育评价改革和高水平应用型大学建设新要求，持续深化干部人事、教学科研、人才引进、人才培养等一系列体制机制改革。要改革学校部分职能部门设置及职能定位，建立健全事中监督和事后评估制度，推动流程再造，强化重要事项督办落实，把办学思路真正转到培养应用型人才上来，转到产教融合校企合作上来，转到服务地方经济社会发展上来，转到凝练特色、铸造品牌上来。

九、落实学院办学

创建高水平应用型大学，每个二级学院甚至每个专业的情况都不尽相同，所采取的路径措施也不一样，对此不能“一刀切”。要以此为契机，按照“系统规划、分步推进、重点突破、宏观调控”原则，推进以两级管理改革为保障的体制机制改革，在应用型人才培养、师资队伍建设、学科建设等方面赋予二级学院更多的职责权利，激发二级学院的办学活力，形成学院间教学理念相互交流、办学资源相互共享，办学水平整体提升的生动局面。要进一步理顺厘清学校与学院的关系，优化机构设置，推进管理重心下移，明确各部门职责边界，公布“权力清单”，减少审批事项，优化工作流程，推进以二级学院为实体的综合改革；完善与办学绩效相衔接的经费投入、资源配置方式，引导和激励学院深化改革发展、提高办学质量。同时，要大力提升二级学院治理能力，构建二级学院重大问题决策的支撑体系，建立健全党政分工合作、共同负责的领导机制，为实现管理重心下移提供能力和制度保证。

第三节　局限性与未来展望

在进行地方性大学的教育叙事研究时，虽然能够提供深刻的洞察和有价值的发现，但这类研究同样存在一定的局限性。同时，针对这些局限性，未来的研究方向也展现出广阔的前景。

一、局限性

本书虽然尝试从教育叙事的角度探讨地方性大学转型的问题，但由于研究视角和范围的局限性，仍存在一些不足之处。对于地方性大学而言，尤其是历史较长的学校，相关的历史资料可能不完整或难以获取，这对于深入地进行校史叙事研究构成了挑战。地方性大学校史研究可能受限于可获取的历史资料和数据的完整性和准确性，特别是对于早期历史和口述历史的记录可能存在缺失或偏差。此外，口述历史和个人叙事虽然丰富了研究的内容，但也带来了主观性问题，受访者的记忆可能会受到个人情感和观点的影响，影响叙事的客观性。同时，目前的研究可能过于侧重校内视角，忽略了校外因素，如社会经济变迁、政策环境等对学校发展的影响。

二、未来展望

尽管地方性大学的教育叙事研究存在一定的局限性，但正是这些局限性，提示了未来研究的方向和潜力。本书提供了一个新的视角，有助于理解和认识地方性大学转型的复杂性。此外，本书为地方性大学转型的实践提供了一定的参考和启示。在研究中通过整合多元数据（如档案资料、口述历史、社会媒体内容等），采用混合研究方法，可以提高研究的全面性和客观性。未来研究可进一步探索跨学科的研究方法，将教育学、历史学、社会学、人类学等学科的理论和方法应用于地方性大学的教育叙事研究中，从多角度深化对学校发展复杂性的理解，以获得更全面深入的研究视角。同时，未来的研究应更加关注学校发展过程中的挑战、失败和争议，这些内容是学校历史的重要组成部分，对于理解学校的发展策略和文化建设具有重要价值。此外，要更好地顺应社会发展潮流，利用最新的数字技术和媒介（如虚拟现实、数据可视化等）创新教育叙事的呈现方式，增强叙事的吸引力和影响力。探索校史资料的数字化保存和分析，以及教育叙事在新媒体环境下的创新形式。

创建高水平应用型大学不可能一蹴而就，这需要不断地凝聚人心，逐步形成共识，不断地实践探索。学校党员干部和师生员工要在弘扬伟大建党精神中砥砺初心使命，持续弘扬聊大人的家国情怀，进一步锤炼敢为人先的精神品格，埋头苦干、无私奉献，开拓创新、锐意进取，选准转型发力点，确立培育支撑点，培育发展增长点，全力书写转型攻坚新答卷。大学之道，在立德树人，在培根铸魂；学校之强，在精神之立。风雨多经志弥坚，关山初度路犹长。大争之世，非优即汰；崛起之时，不进则退。信心在，勇气就在；努力在，成功就在，少一些“雪拥蓝关马不前”的踌躇，多一点“风卷红旗过大关”的果决，勠力同心、携手共进，中流击水、迎难而上，为建成高水平应用型大学而拼搏奋进。